für
Martin und Walter

STUDIA Universitätsverlag
Herzog-Sigmund-Ufer 15, A-6020 Innsbruck
www.studia.at · verlag@studia.at (http://www.studia.at)

Autoren
Josef Nussbaumer
Stefan Neuner

Gedicht Buchrücken
Christine Rainer

Druck und Buchbinderei
STUDIA Universitätsbuchhandlung und -verlag

ISBN: 978-3-903030-44-2

Ein Produkt von: *teamGlobo*

NUSSBAUMER | NEUNER

HOFFNUNGSTROPFEN

studia Universitätsverlag Innsbruck

Kurzbeschreibung: Dieses Buch handelt **nicht** von einer heilen Welt, in der **alles** perfekt und gut ist. Nein keineswegs! Es handelt vielmehr davon, dass auch in unserer heutigen – oft als katastrophal bezeichneten – Welt eine schier unüberschaubare Fülle von erfreulichen, positiven Erscheinungen und Aktivitäten zu finden ist und sich zudem sehr viele Belange in den letzten Jahren und Jahrzehnten (zum Teil erheblich) ge- und verbessert haben.

Autoren: Josef Nussbaumer lehrte bis zum Sommersemester 2017 Sozial- und Wirtschaftsgeschichte an der Universität Innsbruck (SOWI-Fakultät). Seit 1. Oktober 2017 ist er in Ruhestand. Stefan Neuner ist promovierter Volkswirt und Sozial- und Wirtschaftshistoriker. Beide sind Gründungsmitglieder von *teamGlobo.*

teamGlobo: Der Verein *teamGlobo* bezweckt die Förderung der Forschung im Hinblick auf globale Ungerechtigkeiten sowie die finanzielle Förderung von in diesem Bereich karitativ tätigen Personen und Organisationen. Die Erlöse aus diesem Buch werden zu 100 Prozent dafür verwendet. Nähere Informationen finden Sie unter: teamGlobo.net

INHALT

EINLEITUNG

Die vielleicht wichtigste Aussage der vorliegenden Arbeit sei ganz an den Anfang gestellt: Dieses Buch handelt **nicht** von einer heilen Welt, in der **alles** perfekt und gut ist. Nein keineswegs! Es handelt vielmehr davon, dass auch in unserer heutigen – oft als katastrophal bezeichneten – Welt eine schier unüberschaubare Fülle von erfreulichen, positiven Erscheinungen und Aktivitäten zu finden ist und sich zudem sehr viele Belange in den letzten Jahren und Jahrzehnten (zum Teil erheblich) ge- und verbessert haben. Um dies zu dokumentieren, wurden diese Hoffnungstropfen zusammengetragen. Sie sollen die Stimmungslage von Leserinnen und Lesern aufhellen bzw. zu einem kleinen „Brillenwechsel" bewegen. Wer die Welt nur durch eine schwarze Brille sieht, sollte sich nämlich nicht wundern, dass all die Gegenstände, die er betrachtet, dunkel erscheinen. Eine andere Brille kann dagegen dabei helfen, das Beobachtete ein wenig zu erhellen bzw. scheinbar sehr Negatives zu relativieren.

Das menschliche Dasein ist von einer scheinbar paradoxen Situation geprägt. Selbst wenn es uns gut, ja sogar unvergleichlich besser geht als früher, neigen wir dazu, die negativen Fakten überzubewerten. Dies zeigen auch nationale Vergleichswerte, wie sie in Abbildung 1 aufgelistet sind. Am ehesten glauben noch die Chinesen daran, dass die Welt besser wird. Die Meinung, dass es mit der Welt aufwärts geht, ist nämlich in China fast doppelt so verbreitet wie im Rest der Welt[a] und damit zehnmal so häufig wie in Deutschland. Die Gründe für diese paradoxe Stimmung sind vielseitig und können hier nicht zur Gänze geklärt werden, ein paar kurze Skizzen seien dazu dennoch angeführt.

(1) Zwei Drittel der menschlichen Konversation – ob bei den Kung-Buschmännern in Botswana oder in der Mensa einer britischen Universität – beruhen nach Erkenntnissen der Anthropologen Polly Wiessner und Robin Dunbar auf Klatsch. Positive Urteile über unsere Mitmenschen machen nur zehn Prozent dieses Klatsches aus.[b]

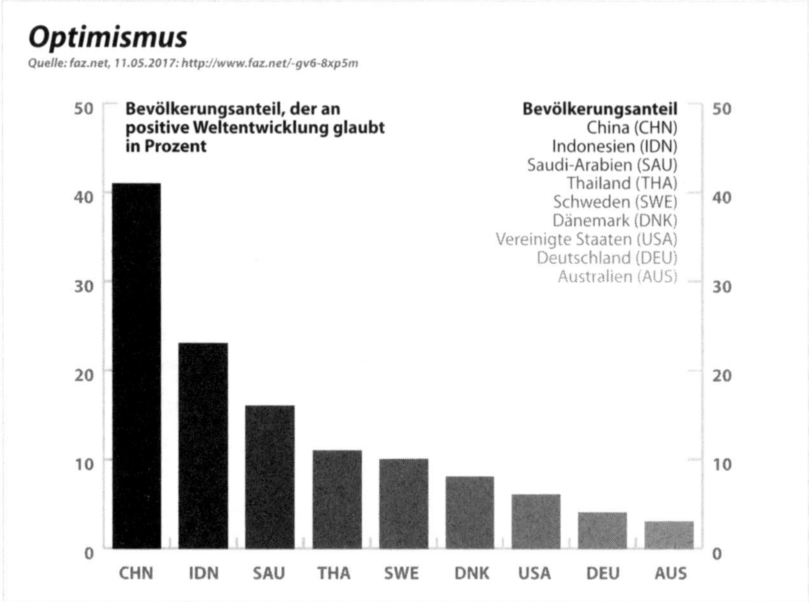

Abbildung 1: Optimistischer Bevölkerungsanteil

(2) Diese Überbetonung von negativen Ereignissen könnte auch durch die Evolution mitverursacht sein. Die Priorisierung von negativen Nachrichten machte es nämlich möglich, potenzielle Gefahren frühzeitig zu erkennen. Nur Pessimisten konnten überleben. Ein Optimist wurde sprichwörtlich gefressen, da er die Gefahr nicht oder zu spät erkannte. Die Menschheit konnte somit quasi nur durch (permanente) Überbetonung der Gefahren überleben.[c] Der Pessimismus der Menschheit ist somit älter als die Massenmedien. Selbst heute noch bringen wir unseren Kindern bei, mehr auf Gefahren als auf Chancen zu achten. Das ist im alltäglichen Leben sicher sinnvoll und hat uns in der Evolution gute Dienste erwiesen. Es ist allerdings keine gute Strategie, um die Welt im Ganzen zu verstehen, es verstellt den Blick auf die positiven Entwicklungen um uns herum.[d]

(3) Mit anderen Worten: *„Wir sind auf Fehler fokussiert"*. Sorgen, Ängste, Zweifel dominieren unsere Gedankenwelt. Wissenschaftliche Studien belegen, dass wir etwa 60.000 einzelne Gedanken täglich haben. Davon sind aber – nach sehr pessimistischen Schätzungen – lediglich drei Prozent positiver Natur.[e] Dies zeigt sich hinein bis in kleine

sprachliche Nuancen, wie Antje Heimsoeth es an einem kleinen Beispiel andeutet. Bei Rückmeldungen eines Ereignisses an Dritte – so meint sie – verwenden wir sehr oft anstatt der Formulierung *„Es war gut"* die Formulierung *„Es war nicht schlecht"*.[f] Es bedürfte und bedarf vieler mentaler Techniken, die es möglich machen, dieses eher negative Denken zu verändern und stattdessen eine positive Grundhaltung und eine neue, positive Sicht von sich selbst und anderen zuzulassen, die wir zudem in unserem Alltag gut gebrauchen könnten.

(4) Einen weiteren wichtigen Grund zur eher negativen Weltsicht liefern die Medien. So wird ein Mensch ständig mit einer Vielzahl an Informationen bombardiert. Doch nur ein Bruchteil der Informationen kann im Gehirn verarbeitet werden. In unserem Kurzzeitgedächtnis wird daher entschieden, welche Nachrichten wichtig sind. Negative Nachrichten haben die größte Wahrscheinlichkeit berücksichtigt zu werden. Ihnen wird eine höhere Priorität als positiven Meldungen zugewiesen. Die Nachrichten konzentrieren sich auf aktuelle Ereignisse, und viele davon sind negativ. Die positiven Veränderungen hingegen entwickeln sich sehr langsam. Die Meldung – so dazu Max Roser pointiert –, dass die Kindersterblichkeit in Sambia erneut um 0,004 Prozent gesunken ist, wird es kaum in die Tagesschau schaffen.[g] Und ähnlich – aber mit anderen Beispielen – meint dazu der Gewaltforscher Steven Pinker: Wir werden permanent in die Irre geführt. Wenn Sie die Fernsehnachrichten einschalten, erfahren Sie immer nur von Dingen, die passiert sind. Nie von Dingen, die nicht passiert sind. Sie werden keinen Reporter sagen hören: *„Ich berichte live aus einer Großstadt, in der kein Bürgerkrieg herrscht."* Oder: *„Ich stehe vor einer Schule, in der niemand Amok gelaufen ist."* Solange die Gewaltrate nicht auf null gesunken ist, wird es immer genügend Grausamkeiten geben, um die Abendnachrichten zu füllen. Aber es wäre ein Trugschluss, daraus statistische Trends abzuleiten.[h] Deshalb sollten sich kritische WeltbetrachterInnen einer Sichtweise bedienen, die der ehemalige US-Präsident Bill Clinton einmal so zusammenfasste: *„Follow the trend lines, not the headlines."*[i]

Implizit geht es somit auch darum, sich durch eine oft als hoffnungslos empfundene, ja depressive Stimmung, nicht fehlleiten zu lassen. Vor allem sollte daraus nicht lethargische Inaktivität gefolgert werden. Eine der gefährlichsten Formulierungen diesbezüglich lautet: **Da kann man ohnedies nichts machen**. In sehr vielen Belangen ist diese Feststellung nämlich schlichtweg falsch und drückt nur eine Gleichgültigkeit aus, gegen Missstände **nichts** unternehmen zu wollen. Das Auftreten gegen Missstände beginnt dabei nicht primär beim Handeln, sondern bereits beim Informieren über Tatbestände. Dann aber sollte es in der Tat auch zum Handeln kommen.

Zudem sei betont, dass die in diesem Band gesammelten positiven Ereignisse nur ein ganz kleiner Bruchteil von Hoffnungstropfen (struktureller und individueller Art) sind, die sich tagtäglich global ereignen und sehr oft auch still und leise unser Leben erleichtern. Zum Teil bemerken wir viele dieser positiven, Hoffnung spendenden, oft auch sehr kleinen Ereignisse ob unserer Gestresstheit, Abgelenktheit und Abgestumpftheit überhaupt nicht. Viel häufiger wird Positives durch die täglichen (oft negativen) Schlagzeilen völlig zugeschüttet und kommt so kaum oder nur sehr kurz an die „Oberfläche". Und dennoch wären und sind „hoffnungsvolle" Skizzen und Berichte für unser Befinden von eminenter Bedeutung, da ein sinnvolles Leben **ohne** Hoffnung kaum möglich erscheint.

Wer die heutige Zeit zu sehr verdammt und mit zu viel Pessimismus sieht, läuft zudem Gefahr, die „schlechte neue" Zeit durch die Wiedereinführung der „guten alten" Zeit zu ersetzen. Und das ist wohl eine noch viel gefährlichere Variante, die vor allem auch von vielen populistischen Gruppen gefordert wird. Wollen wir wirklich wieder jene Zeiten, in denen diese populistischen Brüder (meist sind es Brüder) das Sagen hatten? [j] Optimistisch ließe sich das aus heutiger Sicht auch so formulieren: Der innere Unfrieden der Gesellschaft muss keineswegs zwingend in Wut, Hass und Gewalt ausarten. Er kann auch produktive Kräfte freisetzen, die nach Wegen zu einer solidarischen Gesellschaft suchen.[k] Auch diesbezüglich passiert tagtäglich eine ganze Menge.

Alle, die an der Verbesserung von gegenwärtigen Zuständen zweifeln, seien zum Abschluss dieser Einleitung an ein Wort von Albert Einstein erinnert, der einmal meinte: *„Die reinste Form des Wahnsinns ist es, alles beim Alten zu belassen und gleichzeitig zu hoffen, dass sich etwas ändert."*[l]

Mit anderen Worten: Aktivismus für eine Verbesserung von Weltzuständen, und seien die Verbesserungen noch so klein, ist nie Zeitverschwendung. Möge somit das eine oder andere in diesem Buch angeführte positive Beispiel auch dazu anregen und ermuntern, noch weitere positive Aktionen zu tätigen.

Josef Nussbaumer
Stefan Neuner

Innsbruck,
im ersten Regierungsjahr
von Donald Trump

1 BEVÖLKERUNG

EINE WENDE IST MÖGLICH

Die globale Bevölkerungsentwicklung wird als eines der großen Weltprobleme gesehen. Immerhin gibt es Szenarien, die davon ausgehen, dass im Jahr 2100 über zwölf Milliarden Menschen unseren Globus bevölkern könnten. Verglichen mit heute wären das viereinhalb Milliarden Menschen mehr, die dann zusätzlich mit Nahrung, Ressourcen und Arbeitsplätzen zu versorgen wären,[a] und dies, obwohl schon heute viele Erdenbürger nicht ausreichend versorgt sind. Zugegeben, das ist ein Verteilungsproblem, aber nicht nur. Außerdem drohen in Zukunft vermehrt Verteilungskämpfe, wenn die Armen versuchen werden, auch einen größeren Teil vom globalen ökonomischen „Gesamtkuchen" einzufordern. Aber sind Szenarien mit über zwölf Milliarden Menschen auf unserem Planeten realistisch?

Letztlich wird es davon abhängen, wie und ob die Fertilitätsraten sich verändern bzw. inwieweit Frauen global die Anzahl ihrer Wunschkinder selber bestimmen können. (z.B. Zugang zu Verhütungsmitteln). Seit den 1950er-Jahren hat es diesbezüglich enorme Veränderungen gegeben. Um 1950/55 brachten die Frauen im Weltdurchschnitt noch fünf Kinder zur Welt, in Afrika waren es sogar zwischen sechs und sieben. Seither hat sich die Kinderzahl halbiert; sie liegt heute bei 2,5 Kindern pro Frau, in Afrika allerdings immer noch bei 4,7.[b]

Entscheidend wird sein, wann die Frauen im Weltdurchschnitt nur mehr 2,1 Kinder gebären. Das würde nämlich einen Stillstand des Bevölkerungswachstums bedeuten. Europa unterschreitet mit 1,6 Kindern bereits diesen Wert, Asien hat diesen Wert mit 2,2 Kindern schon beinahe erreicht. In Afrika bekommen die Frauen im Durchschnitt allerdings noch so viele Kinder, dass die globale Bevölkerungszahl immer noch steigt.[c]

Mit anderen Worten: Es wird nicht zuletzt davon abhängen, ob sich das Menschenrecht auf freiwillige Familienplanung möglichst bald und möglichst global durchsetzen kann oder nicht. Immer noch haben rund 220 Millionen Frauen, die gerne verhüten möchten, keine Möglichkeit dazu.[d] Die Folge: Noch immer werden global jedes Jahr über 70 Millionen Frauen ungewollt schwanger. Nur zum Vergleich: Pro Jahr wächst die Weltbevölkerung um ca. 80 Millionen Menschen. Verhütung gegen ungewollte Schwangerschaften wäre – so auch die Sicht der *Deutschen Stiftung Weltbevölkerung* – einer der Auswege aus dem weltweiten Bevölkerungswachstum. Dazu bräuchte es Aufklärung,[e] mehr Bildung und Geld. Joel Cohen, Professor der *New Yorker Rockefeller-Universität*, meinte dazu 2011 einmal, dass die globale Versorgung mit Verhütungsmitteln für Frauen, die sich diese nicht selber leisten können, weniger kosten würde, als die Amerikaner nur für Halloween ausgeben und meinte dazu süffisant, dass dies doch gar nicht so viel für die Lösung eines Weltproblems sei.[f] Dass Bildung einen erheblichen Einfluss hat, ist unter Fachleuten unbestritten. So meint etwa der Demograph Wolfgang Lutz, dass eine rasche Verbesserung des weltweiten Bildungsniveaus die Weltbevölkerung nur mehr leicht steigen ließe, ja diese bis Ende des Jahrhunderts sogar unter den heutigen Wert sinken würde.[g] In seinem „Best-Case-Szenario“ bezüglich der globalen Bevölkerungsprognose bis 2100 geht er sogar davon aus, dass die Weltbevölkerung von heute (2015) 7,3 Milliarden Menschen auf lediglich 8,5 Milliarden Menschen bis 2050 wachsen würde und danach bis 2100 wieder auf eine Marke, die nahe bei 7 Milliarden liegt, sinken könnte.[h] Dies könnte nach Klingholz und Lutz möglich sein, wenn vor allem die noch weniger gebildeten Regionen intensiv in das „Humanvermögen“ investieren würden. Es wäre wohl ein Segen für die gesamte Weltgemeinschaft, wenn sich diese Prognose bewahrheitet.

WELTWEITE MIGRATION

Weltweit waren Ende 2015 (erstmals seit Gründung der UNO) über 65 Millionen Menschen auf der Flucht.[i] Im globalen Kontext bedeutet dies, dass ein Mensch von 122 gezwungen wurde, sein Heim zu verlassen.[j] Soweit die traurige Botschaft. Neben dieser Tristesse gibt es aber auch einen enormen Hoffnungsschimmer, der von Amnesty International veröffentlich wurde: Die Organisation hat 2016 einen Refugees Welcome Index veröffentlicht. Die globale Umfrage mit mehr als 27.000 Teilnehmern aus 27 Ländern zeigt: Flüchtlinge sind in vielen Regionen der Welt willkommen, am meisten im bevölkerungsreichsten Land der Welt: China.

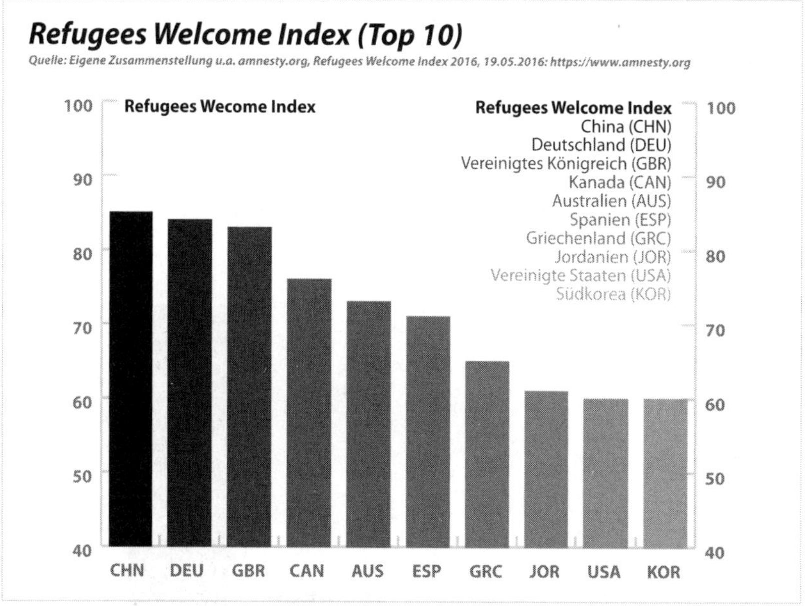

Abbildung 2: Refugees Welcome Index 2016

UGANDA UND FLÜCHTLINGE

Das keineswegs reiche Uganda gilt als Musterland für die Flüchtlingsaufnahme in Afrika. Immerhin hat das Land in letzter Zeit bereits rund eine Million Flüchtlinge aufgenommen und gehört damit weltweit zu jenen zehn Ländern, die bei der Flüchtlingsaufnahme am großzügigsten sind.[k] Anstatt sich abzuschotten, empfängt es die Schutzsuchenden mit offenen Armen. Sie werden bei ihrer Ankunft medizinisch untersucht, bekommen einen Identitätsausweis sowie freien Zugang zu medizinischer Versorgung und Bildung. Auf dem Land erhalten sie ein Stück Grund und Baumaterial, um sich selbst eine Unterkunft zu bauen. Die Neue Zürcher Zeitung titelte deshalb im Frühjahr 2017 sogar damit, ob Uganda nicht *„ein Modell für die Welt“* und somit für die globale Flüchtlingspolitik sei.[l] Eine vom UNO-Welternährungsprogramm in Auftrag gegebene Studie zeigte im Herbst 2016, dass sich die integrative Flüchtlingspolitik Ugandas auch wirtschaftlich auszahlte. Jeder Flüchtlingshaushalt, dem die Regierung Agrarland zur Verfügung stellt, trägt unter dem Strich jährlich 220 Dollar zur ugandischen Wirtschaftsleistung bei. Als besonders förderlich für die Wirtschaft bewertet die Studie zudem die in Uganda üblichen Geldzahlungen als Ersatz für die direkte Nahrungsmittelhilfe.[m]

Abbildung 3: Uganda und die Flüchtlinge

In der traurigen Welt der (globalen) Flüchtlingsrealität verdient Ugandas Migrationspolitik großen Respekt. Sie ist ein äußerst wertvoller Hoffnungstropfen gegen Ausgrenzung und Fremdenhass. Viele Politiker von erheblich reicheren Ländern könnten davon lernen.

Wie offen übrigens die Ugander gegenüber Ausländern sind, zeigt sich an einem weiteren Hinweis. In einer Umfrage des afrikanischen Meinungsforschungsinstituts *Afrobarometer* stimmen rund 75 Prozent aller Ugander der Aussage zu, *„Afrikaner sollten sich frei über internationale Grenzen bewegen können, um in anderen Ländern zu arbeiten und Handel zu treiben"*. Damit belegen die Ugander einen klaren

Spitzenwert unter den 36 befragten afrikanischen Ländern.[n] Es ist zu hoffen, dass diese Ausnahmesituation nicht durch die Überzahl an Flüchtlingen zum Scheitern verurteilt ist. Dies wird wohl nur dann gelingen, wenn auch andere Nationen und deren Bevölkerung sich nicht im Schneckenhaus des Egoismus verkriechen.

HOFFNUNGSTROPFEN

Arbeit für Flüchtlinge: Als Reaktion auf das umstrittene Einreiseverbot von Präsident Trump gab *Starbucks* bekannt, dass 10.000 Flüchtlinge eingestellt werden sollten.[1]

Bangladesch (Kinder): Die Kinderzahl pro Frau sank in Bangladesch in sechzig Jahren von rund acht (1950) auf unter zwei (2010). Im selben Zeitraum sank zudem die Kindersterblichkeit (0 bis 5 Jahre) von 350 Todesfälle auf unter 50 je Tausend Geburten.[2]

Bangladesch (Zukunft): Junge Frauen planen mittlerweile im Schnitt nur mehr zwei Kinder zu bekommen. Die Schulbildung der Mädchen und Frauen und der Zugang zu Verhütungsmitteln haben dies ermöglicht.[3]

Bevölkerungsentwicklung (Indien): Indien dürfte den Wert von 2,1 Kindern pro Frau (bedeutet Stillstand des Bevölkerungswachstums) im Jahr 2020 erreichen und das ohne Ein-Kind-Politik à la China. In den urbanen Regionen Indiens liegt die Fertilitätsrate bereits jetzt bei 1,8 – nicht mehr weit weg von der Quote in der EU von 1,6.[4]

Bevölkerungsentwicklung und ökologischer Fußabdruck: Nicht in jedem Fall verschärft ein Wachstum von Bevölkerung und Wirtschaft die Lage des globalen Ökosystems. Zwischen 1993 bis 2009 wuchs die Erdbevölkerung um 23 Prozent, die Weltwirtschaft aber um 153 Prozent. Der ökologische Fußabdruck der Menschheit habe sich allerdings nur um neun Prozent vergrößert.[5]

Brasilien: In Brasilien ist die Zahl der Kinder je Frau in den vergangenen 30 Jahren von 4,3 auf 1,9 gesunken.[6]

Deutschland ohne Migration: Ohne Zuwanderung käme es in Deutschland bis im Jahr 2050 zur einem Rückgang der Bevölkerung um 29 Prozent. Wäre das der Idealzustand?[7]

Die Armen nehmen die Flüchtlinge auf: Jordanien, die Türkei, Pakistan, der Libanon, Südafrika und die Palästinensergebiete machen zusammen weniger als ein Prozent der globalen Wirtschaftskraft aus, gewährten aber mehr als 50 Prozent aller weltweit registrierten Flüchtlingen und Asylbewerbern Zuflucht.[8]

Einwanderungspolitik: Einwanderungsgesetze sind seit dem Zweiten Weltkrieg tendenziell liberaler geworden, auch in Europa. Dies belegt eine Studie, bei der ca. 65.000 Einwanderungsgesetze aus 45 Ländern ausgewertet wurden.[9]

Entwicklungshilfe: Laut *Weltbank* überwiesen 2014 ausländische Arbeitskräfte über 500 Milliarden Dollar in ihre Heimat. Global gesehen sind die Rücküberweisungen damit knapp dreimal so hoch wie die offizielle Entwicklungshilfe (siehe Abbildung 4).[10]

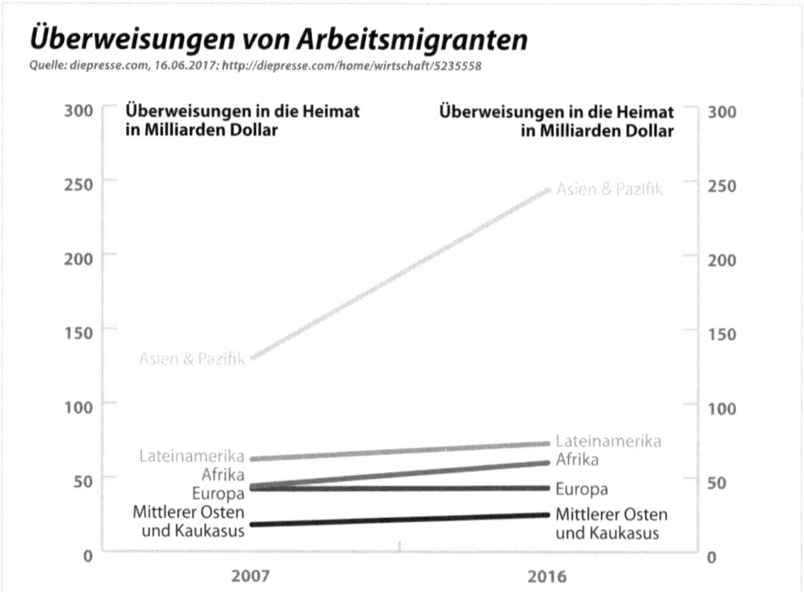

Abbildung 4: Überweisungen von Arbeitsmigranten

Exponentielles Bevölkerungswachstum? Als Thomas Malthus im Jahr 1798 prophezeite, dass unkontrolliertes, exponentielles Wachstum zu Hunger und Armut führen würde, schürte er die Ängste vor Überbevölkerung auf der Erde. Allerdings: Die Weltbevölkerung wuchs noch nie und wird wohl auch in Zukunft nie exponentiell wachsen.[11]

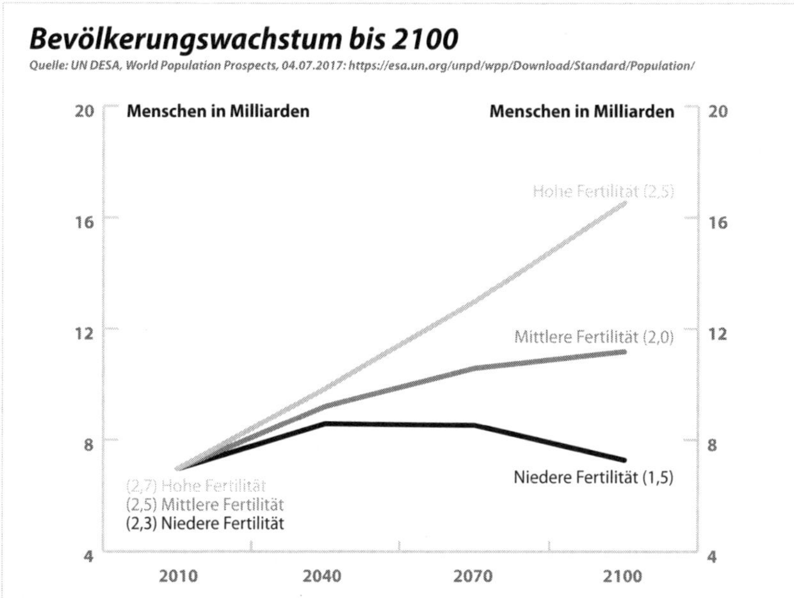

Abbildung 5: Bevölkerungswachstum bis 2100

Fairer Handel: Kann er die Migration bremsen? Dazu Harriet Lamb, Geschäftsführerin von *Fairtrade International*: *„Wir sollten uns nicht überschätzen. Niemand verlässt seine Heimat gern. Der Aufbau einer tragfähigen Ökonomie ermöglicht den Leuten, in ihrem Land zu bleiben.“*[12]

Familienplanung und der ökonomische Vorteil: Eine umfassende Familienplanung wäre ideal. Verhütungsmittel sind überwiegend preiswert und helfen dem Einzelnen sowie der Gesellschaft. Die Vorteile können bis zu (unglaublichen) 150 Dollar pro ausgegebenem Dollar bringen.[13]

Familienplanung: Bis 2030 soll laut UNO weltweit ein Zugriff auf Verhütungsmethoden, Aufklärung und Gesundheitsvorsorge sichergestellt sein. Familienplanung soll ein fester Bestandteil der nationalen Strategien und Programme werden.[14]

Flüchtlinge und Arbeitsmarkt: Der Flüchtlingsandrang wirkt sich positiv auf Jobchancen und Löhne der Österreicher aus. Der Effekt ist zwar nicht sehr groß, aber jedenfalls positiv. So der *Internationale Währungsfonds* (IWF) in einem Länderbericht für Österreich.[15]

Flüchtlingsverteilung: Laut *Amnesty International* (AI) sind 56 Prozent der Flüchtlinge von nur zehn Ländern aufgenommen worden, die direkt an Konfliktgebiete angrenzen und zusammen für nur 2,5 Prozent der globalen Wirtschaftsleistung stehen.[16]

Flüchtlingszuzug als Konjunkturprogramm? Integration ist eine langfristige Generationenaufgabe. Doch in Deutschland könnte das gelingen, obwohl die nackten Zahlen erst einmal alarmierend klingen. Die Voraussetzungen dafür sind aus Sicht der Wirtschaft gut, so 2016 Marcel Fratzscher, Präsident des *Deutschen Instituts für Wirtschaftsforschung* (DIW).[17]

Friedersdorf in Sachsen: 1.300 Einwohner, Oberlausitz, an der tschechischen Grenze. Rund 50 Flüchtlinge sind ohne Problem einquartiert. Es gibt in Sachsen nicht nur Heidenau, Clausnitz oder Bautzen, wo Flüchtlinge beschimpft oder gejagt wurden. Es gibt auch Orte wie Friedersdorf.[18]

Geburten: Weltweit sind ein Drittel der Geburten ungewollt. Wenn es gelänge, das in den Griff zu bekommen, wäre das Problem Überbevölkerung im Wesentlichen gelöst.[19]

Iran: Von den 1980er-Jahren an erlebte das Land den schnellsten Fertilitätsrückgang der Menschheitsgeschichte. Binnen einer Generation sank die Anzahl der Kinder pro Frau von 7 auf unter 1,8 Kinder.[20]

Japan: Die Fertilitätsrate liegt zur Zeit bei 1,4 Kinder pro Frau.[21]

Kinderzahl seit 1970 halbiert: Die Zahl der Kinder pro Frau hat sich seit 1970 weltweit nahezu halbiert. Eine Frau bekam um 2014 im Durchschnitt weltweit 2,5 Kinder. 1970 waren es noch 4,7 Kinder.[22]

Kinderzahl: Die Zahl der Länder, in denen die Frauen weniger als drei Geburten (je Frau) haben, hat sich von gut 50 Ländern anno 1970 auf über 150 Länder 2013 erhöht.[23]

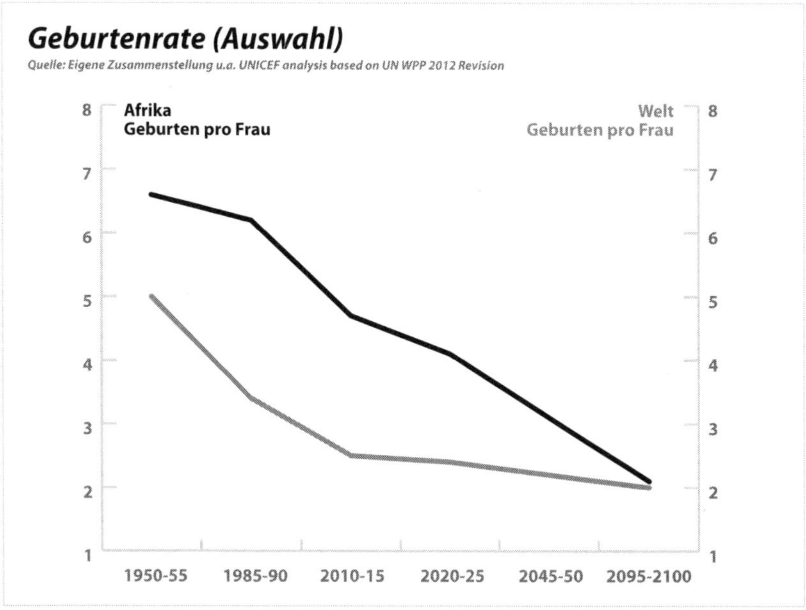

Abbildung 6: Geburtenrate Welt vs. Afrika

Löhne und Migration: Was ist das beste Mittel gegen Migration? Ein globaler Netto-Mindestlohn von einem Dollar pro Stunde. Warum? Weil kein anderes Mittel die Gründe für Flucht derart wirksam umkehrt und somit die Leute im eigenen Land bleiben.[24]

Migration (weltweit): Weniger als ein Prozent der Weltbevölkerung ist auf der Flucht. Zwar ist die Zahl der Flüchtlinge in Europa angestiegen, doch laut UNHCR bleiben 86 Prozent aller Flüchtlinge in den Entwicklungsländern. Auch der Anteil der Migranten an der Weltbevölkerung ist mit 3,3 Prozent überschaubar und nur unwesentlich höher als 1960. Kurzum: nicht der Anteil der Migranten wächst, sondern die Zahl der Weltbevölkerung.[25]

Rettung von Flüchtlingen: Insgesamt wurden im Mittelmeer von November 2014 bis Ende April 2015 fast 19.000 Flüchtlinge von Handelsschiffen geborgen und nur etwa 1.700 von Frontex.[26]

Rücküberweisungen: 2016 haben ausländische Arbeitskräfte in reichen Ländern 445 Milliarden Dollar in ihre (arme) Heimat überwiesen. Die Familien in der Heimat bekommen durchschnittlich 200 Dollar im Monat, was dort 60 Prozent eines Haushaltseinkommens entspricht.[27]

Singapur: Die Kinderzahl pro Frau sank in Singapur von fast sieben pro Frau (1960) auf heute 1,3 Kinder![28]

Weltbürger im Kommen? Für gut ein Drittel der jungen Menschen weltweit steht die eigene Nationalität nicht im Vordergrund ihrer Identität. Laut einer Umfrage des *World Economic Forum* unter 26.600 Menschen aus 180 Ländern begreifen sich 36 Prozent der Befragten zwischen 18 und 35 Jahren zuallererst als Weltbürger.[29]

2 GESUNDHEIT

STILLE WUNDER

Aus dem weiten und schier uferlosen Feld der Gesundheitsentwicklung werden nur einige – beinahe willkürlich ausgewählte – Beispiele kurz skizziert: Erstens die Entwicklung der Kindersterblichkeit, zweitens die Entwicklung der Müttersterblichkeit, drittens der Kampf gegen Seuchen und viertens die Veränderung der Lebenserwartung.

KINDERSTERBLICHKEIT

Immer noch sterben weltweit viel zu viele Kinder pro Jahr. Trotz dieser traurigen Feststellung sollte aber die Erfolgsgeschichte der letzten Jahrzehnte nicht vergessen werden. In den 25 Jahren zwischen 1990 und 2015 sank die weltweite Kindersterblichkeit um mehr als die Hälfte, 1990 waren es immerhin noch 12,7 Millionen Kinder, die jährlich starben, 2015 „nur" mehr 5,8 Millionen, was einen Rückgang von über 50 Prozent bedeutet. Auch die Kindersterblichkeitsrate ist im gleichen Zeitraum um mehr als die Hälfte zurückgegangen: Von 91 auf durchschnittlich 43 pro 1.000 Lebendgeburten. Es sollte auch nicht vergessen werden, dass seit der Verabschiedung der Millenniums-Entwicklungsziele im Jahr 2000 die Kindersterblichkeitsrate wesentlich schneller gesunken ist, als in den 1990er-Jahren. 48 Millionen Kleinkindern konnte so das Leben gerettet werden.[a] Wenn es auch noch viel zu tun gibt, sind die Erfolge doch bemerkenswert: So ist es 24 der 81 ärmsten Länder gelungen, die Kindersterblichkeit um zwei Drittel oder sogar mehr zu senken, zum Beispiel Äthiopien, Bangladesch, Kambodscha und Uganda.[b]

Die Haupttodesursachen sind: Lungenentzündung, Durchfall, Meningitis, Malaria, Tetanus, Masern, Sepsis (Blutvergiftung) und AIDS. Dennoch: Die Erfolge der letzten Jahrzehnte zeigen, dass Fortschritte selbst in den ärmsten Ländern möglich sind. Impfungen retten schätzungsweise bis zu drei Millionen Kindern jährlich das Leben. So sind z.B. imprägnierte Moskitonetze ein kostengünstiger und wirksamer Schutz vor Malaria. Prävention und Behandlung haben seit 2001 sechs Millionen Kinder unter fünf vor dem Tod durch Malaria bewahrt. Entscheidend zum Rückgang von Durchfall und anderen Krankheiten hat beigetragen, dass mehr Menschen Zugang zu sauberem Trinkwasser und sanitären Anlagen haben.[c] Und was bringt die Zukunft? Es liegt an der Weltgemeinschaft die positive Entwicklung der letzten Jahrzehnte nochmals zu verbessern. Ohne internationale Hilfe würden in den Jahren 2016 bis 2030 fast 70 Millionen Kinder – so ein UNO-Bericht – noch vor ihrem fünften Geburtstag an vermeidbaren Ursachen sterben. Weitere 119 Millionen Kinder weltweit würden ohne Unterstützung an chronischer Mangelernährung leiden.[d] Hoffen wir, dass diese Zustände vermieden werden können.

MÜTTERSTERBLICHKEIT

Die Müttersterblichkeit bietet eine ähnliche Entwicklung wie die Kindersterblichkeit. Um 2015 starben immer noch weltweit rund 300.000 Frauen an Komplikationen während der Schwangerschaft, bei der Geburt oder bis zu sechs Wochen nach der Geburt. Dieses Leid ereignet sich zu fast 100 Prozent in den Entwicklungsländern; in der entwickelten Welt dagegen ist dieser Tatbestand kaum mehr zu beklagen. Trotz dieser Situation muss festgehalten werden, dass sich weltweit die Situation der Gebärenden in den letzten Jahrzehnten erheblich verbessert hat, sowohl absolut als auch relativ. Wurden 1990 noch 385 Todesfälle pro 100.000 Geburten gezählt, so sank diese Zahl bis 2015 auf 216.[e]

Besonders erfolgreich waren diesbezüglich die ostasiatischen Länder: Dort fiel die Todesrate binnen eines Vierteljahrhunderts von etwa 95 auf 27 pro 100.000 Lebendgeburten. In Ruanda z.B. gibt es immer noch 290 mütterliche Todesfälle auf 100.000 Lebendgeburten zu beklagen. Dennoch sollte nicht vergessen werden, dass dieser Wert vor 25 Jahren noch bei 1.300 Todesfällen lag. Zum Vergleich: In Deutschland sind sechs Todesfälle (2015) zu nennen.[f] Bis 2030 hat sich die UNO nun zum Ziel gesetzt, die Müttersterblichkeit weltweit auf weniger als

70 Todesfälle pro 100.000 Lebendgeburten zu senken.[g] Dem UNO-Bevölkerungsfonds zufolge sind große Anstrengungen nötig, um die medizinische Versorgung in den Entwicklungsländern entsprechend zu verbessern. Möge es gelingen, diese Absichtserklärungen auch in die Tat umzusetzen.

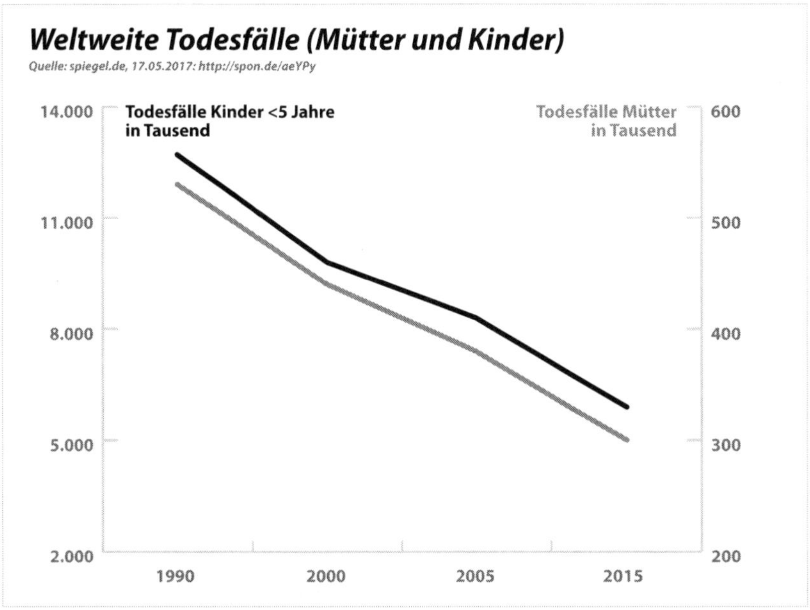

Abbildung 7: Weltweite Todesfälle (Mütter und Kinder)

SEUCHEN

Es ist ein bemerkenswertes Faktum, dass die Medizin gerade bei der Seuchenbekämpfung in letzter Zeit enorme Erfolge verzeichnen kann. Dies soll aber nicht heißen, dass nicht noch viel zu tun wäre, ja ein Ausruhen auf den bisherigen Erfolgen geradezu kontraproduktiv sein könnte.

Das schlimmste Seuchen-Einzelereignis des 20. Jahrhunderts war sicher die **Influenza-Epidemie** des Jahres 1918/19, besser bekannt als „Spanische Grippe". An dieser Grippe erkrankte damals ein erheblicher Teil der Weltbevölkerung. Nach Schätzungen der *World Health Organization* (WHO) forderte die Seuche mindestens 40 Millionen

Menschenleben innerhalb einiger Monate (zum Teil werden noch höhere Zahlen kolportiert). Bei keiner anderen Katastrophe – sei es der Zweite Weltkrieg oder die chinesische Hungersnot unter Mao 1958 ff – starben in so kurzer Zeit so viele Menschen. Auch bei späteren Ausbrüchen der Grippe verloren nicht annähernd so viele Menschen ihr Leben.[h] Ob medizinische Erfolge oder vielmehr glückliche Zufälle die wesentlich niedrigere Opferzahl der späteren Ausbrüche erklären, soll hier nicht erörtert werden. Faktum ist aber, dass wir nun fast 100 Jahre von einer derartigen Epidemie verschont wurden. Der Name „Spanische Grippe" kommt übrigens daher, dass Spanien eines der wenigen Länder war, wo Journalisten über dieses schlimme Ereignis überhaupt berichten durften. Dies suggerierte, dass die Epidemie nur in Spanien wütete, ein völlige Verkennung der Tatsachen. Diesbezüglich sei eine weitere Anmerkung erlaubt: Schnelle Aufklärung, Information und Transparenz gehören zu den wichtigsten Bestandteilen einer erfolgreichen Seuchenbekämpfung. Vertuschung verschlimmert und erschwert das Gegensteuern enorm. Dies gilt für alle Seuchen, auch in der Gegenwart.

Zu den schlimmsten Seuchen, an denen Ende des 20. und zu Beginn des 21. Jahrhunderts die Menschheit erheblich zu leiden hatte, zählen: Tuberkulose (TBC), AIDS, Malaria und die Masern. Abermillionen Menschen fielen diesen Seuchen zum Opfer. Es gibt aber auch hier gerade in jüngster Vergangenheit viel Positives zu berichten.

Die Tuberkulose (TBC) zählt laut WHO immer noch zu einer der schlimmsten (zum Tode führenden, aber heilbaren) Infektionskrankheiten – und das, obwohl die Zahl der Todesfälle seit 1990 stark gesunken ist. Um 2015 starben daran noch rund 1,4 bis 1,5 Millionen Menschen, darunter etwa 400.000 mit HIV. Unter HIV-Patienten ist die Krankheit die häufigste Todesursache überhaupt. Dabei sollte aber nicht vergessen werden, dass um 1990 noch fast doppelt so viele Menschen daran starben. Die Zahl der Todesfälle hat sich seither somit fast halbiert.[i] Betroffen sind immer noch vor allem Länder mit einer schlechten medizinischen Versorgung, Kriegs- und Krisenregionen. [j] Noch eine andere Erfolgszahl diesbezüglich: Zwischen 2000 und 2014 dürften weltweit rund 43 Millionen TBC-Todesfälle durch bessere Diagnostik und Therapien verhindert worden sein. Auch das

Millennium-Entwicklungsziel, *„die Häufigkeit von Neuerkrankungen bei der Tuberkulose zu reduzieren, ist weltweit erreicht worden"*, schrieb die WHO.[k] Es wird aber noch ein steiniger Weg bleiben, die Seuche endgültig zu besiegen. Das Ziel der WHO, die Tuberkulose bis zum Jahr 2050 zu eliminieren, ist daher ein ehrgeiziger Plan.[l]

Eine chronologisch viel jüngere Seuche ist **AIDS**. Erst in den 1980er-Jahren wurde die Öffentlichkeit auf diese Seuche aufmerksam. Die Todeszahl der an AIDS Verstorbenen wird in den 1980er-Jahren noch mit weit unter einer Million angegeben, nahm aber dann in den 1990er-Jahren stark zu und steigerte sich zu Beginn des 21. Jahrhunderts auf über zwei Millionen pro Jahr. Es schien, als würde sich AIDS zu einer globalen Megakatastrophe entwickeln. Dies kann mit zwei Feststellungen relativiert werden. Alle bislang an AIDS Verstorbenen ergeben in etwa eine Totenzahl, die der oben erwähnten Influenza-Epidemie von 1918/19 gleichkommt. In über 30 Jahren AIDS-Geschichte sind somit etwa gleich viele Todesopfer zu beklagen, wie durch eine einjährige Pandemie. Zudem ist festzuhalten, dass die Totenzahl pro Jahr bei AIDS im letzten Jahrzehnt erheblich zurückgegangen ist. Waren 2005 noch rund 2,3 Millionen Todesopfer zu beklagen, so sank diese Zahl bis 2015 auf 1,1 Millionen. Selbst im südlichen Afrika, das besonders stark von der Epidemie betroffen ist, sind zwischen 2001 und 2012 die jährlichen HIV-Neuinfektionen um 34 Prozent zurückgegangen. Weltweit nahmen in 26 Ländern die HIV-Neuinfektionen im Zeitraum 2001 bis 2012 gar um 50 Prozent oder mehr ab.[m] Es ist zu hoffen, dass dieser Trend auch in Zukunft anhält und somit noch erheblich weniger Menschen von der Seuche hinweggerafft werden. Heute träumen WissenschaftlerInnen sogar schon davon, bis ins Jahr 2030 AIDS besiegen zu können.[n]

Die Langzeitseuche **Malaria**[o] zählt zu den schlimmsten Seuchen der Menschheitsgeschichte. Seit der Antike ist sie die am weitesten verbreitete Epidemie und damit **ein** Hauptschlüssel zur Weltgeschichte, insbesondere für den Niedergang von Kulturen und für Fehlschläge imperialer Ambitionen. Noch um 1900 litten etwa Italien oder Griechenland schwer unter der Malaria. Letztlich vertrieben die Trockenlegung der Sümpfe in der Gegend von Rom sowie der massive Einsatz von DDT durch die Amerikaner im Zweiten Weltkrieg die Malaria aus

Italien. Verbreitet wurde die Seuche auch durch Reisanbau oder durch Kanal- und Staudammbauten, also mit der Ausweitung von stehenden Gewässern, die eine Brutstätte für die Moskitos (den Verbreitern der Seuche) darstellen. Insgesamt war und ist die Malaria wohl einer der stärksten Bremsfaktoren der Geschichte: Sie zermürbte Invasionsheere, reduzierte den Bevölkerungszuwachs und verbreitete Trägheit und Lethargie und hat so bis zum heutigen Tag Einfluss auf das Wachstum des Bruttoinlandsprodukts (BIP) der betroffenen Länder. Aber auch bei der Bekämpfung von Malaria gab es in letzter Zeit große Erfolge. Lag die Opferzahl der 1990er-Jahre noch bei geschätzten zwei Millionen Toten (1993), so sank diese Zahl auf unter eine halbe Million (2015). Im Dezember 2015 teilte die WHO mit, dass seit dem Jahr 2000 in 18 von 106 betroffenen Ländern die Zahl der Neuinfektionen um mindestens 50 Prozent gesenkt werden konnte, in 57 Ländern waren es sogar mindestens 75 Prozent. Ein Grund für diesen Erfolg: In den 15 Jahren von 2000 bis 2015 sind fast eine Milliarde mit Insektiziden behandelte Moskitonetze in Afrika südlich der Sahara verteilt worden.[p] Das *UN-Kinderhilfswerk* (UNICEF) geht davon aus, dass es daher seit 2001 etwa 670 Millionen weniger Malaria-Erkrankungen gegeben habe und 4,3 Millionen (sic!) Leben gerettet wurden. Rund 3,9 Millionen davon waren afrikanische Kinder.[q] Es wäre zu hoffen, dass die Erfolgsgeschichte bei der Malariabekämpfung auch in den nächsten Jahren anhält.

Noch erfolgreicher als beim Kampf gegen AIDS und Malaria waren die Medizin und die Weltgemeinschaft beim Kampf gegen die **Masern**. Fielen 1980 noch rund 2,6 Millionen den Masern zum Opfer, so sank diese Zahl in rund dreieinhalb Jahrzehnten auf ca. 120.000 bis 150.000 Todesfälle. Die WHO strebt sogar die weltweite Ausrottung der Masern an. Durch Impfungen konnte die Zahl der Erkrankungen in der Vergangenheit stark reduziert werden, von 1980 bis 2013 um über 95 Prozent. In Regionen mit hoher Impfrate wie bspw. Nord- und Südamerika sind Masern bis auf wenige importierte Fälle de facto bereits ausgerottet; dort wurden im Jahr 2014 weniger als 2.000 Fälle bestätigt.[r] Daher hatte die Zunahme der Impfquote seit den 1980er-Jahren sicherlich einen entscheidenden Einfluss auf den starken Rückgang der Masernfälle. Weltweit stieg die Impfquote bis 2013 auf über 80 Prozent.[s]

So gibt es auch bei den Masern Bestrebungen, diese in der näheren Zukunft auszurotten. Ursprünglich hatte die Weltgemeinschaft das ambitionierte Ziel schon bis 2020 zu erreichen gehofft. Dies wird sich aber wohl nicht ausgehen.

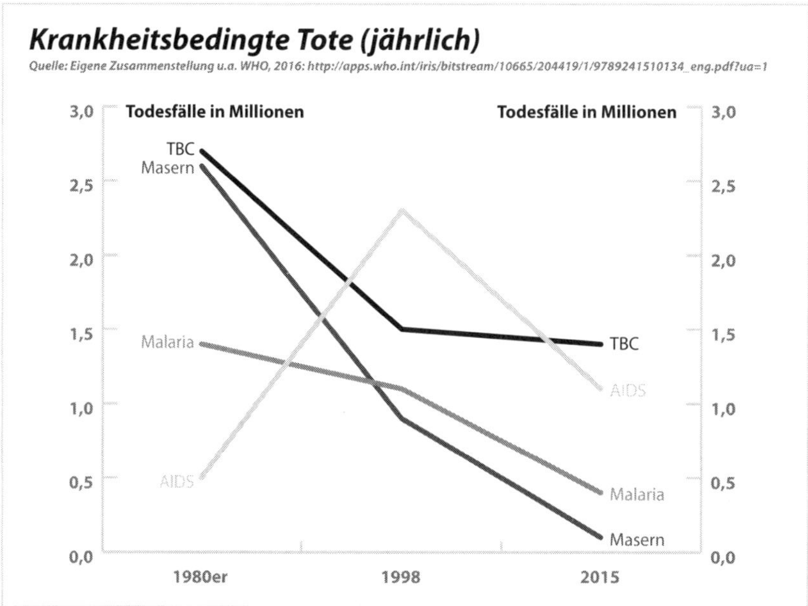

Abbildung 8: Krankheitsbedingte Tote (jährlich)

Mit der Ausrottung der **Pocken** vor 40 Jahren ist es der Menschheit erstmals gelungen, eine Massenseuche, die Hunderte Millionen Menschenleben forderte, zu besiegen.[t] Noch vor 60 bis 70 Jahren (um die Mitte des 20. Jahrhunderts) waren die Pocken in mehr als 30 Ländern verbreitet. Jedes Jahr infizierten sich damals zwischen 10 und 15 Millionen Menschen, zwei Millionen starben daran und Hunderttausende wurden entstellt und erblindeten.[u] Dreißig Jahre später, am 8. Mai 1980 erklärte die WHO die Pocken für ausgerottet. Heute gibt es die Pockenviren-Stämme nur noch im Reagenzglas diverser Geheimdienste und Militärs. Bestände sollen noch in Hochsicherheitslabors in den USA und in Russland untergebracht sein. Deren Vernichtung hat die WHO mehrmals beschlossen, aber immer wieder verschoben, übrigens nicht zuletzt aus Artenschutzgründen. So gibt es etwa auch Hinweise eines russischen Überläufers, der der *Central Intelligence Agency* (CIA) berichtet haben soll, dass in der UdSSR noch unter Gorbatschow ein geheimes Biowaffen-Programm lief, bei dem sogar Interkontinentalraketen mit Pockenviren bestückt werden sollten. Das Programm soll zwar 1992 eingestellt worden sein, wo die Behälter mit den Viren aber geblieben sind, weiß niemand.[v] Als die WHO 1967 ein auf zehn Jahre angelegtes Ausrottungsprogramm plante und durchzusetzen begann, hatten die Pocken die Welt noch fest im Griff. Doch die Anstrengungen wirkten Wunder. Bereits 1976 wurden nur mehr aus zwei Ländern Pockenfälle gemeldet, am Schluss gab es die Pocken nur mehr in Somalia.[w] Die relativ geringen Mittel, die zur Bekämpfung der Pocken eingesetzt wurden, erbrachten ökonomische Vorteile in x-facher Höhe.. Davon profitieren vor allem die reichen Länder, in denen keine Impfprogramme mehr durchgeführt werden müssen.[x]

Seuche	Millionen Tote
Pesttote in der Geschichte	200
Pocken zwischen 1880-1980	500
Pocken im 20. Jahrhundert	300
Influenza	40
AIDS	40

Tabelle: Seuchentote

Es ist in der Tat eigenartig, dass so ein medizinisches, humanes und ökonomisches Wunder, das erst vor gut 40 Jahren so erfolgreich global stattgefunden hat, in der Allgemeinheit fast völlig in Vergessenheit geraten ist. Immerhin waren die Pocken laut WHO eine der *„verheerendsten Krankheiten der Menschheit“*.[y] Offensichtlich neigen wir Menschen in der Tat dazu, uns vor allem negative Ereignisse zu merken und über sie zu berichten. Selbst die großartigsten Erfolge scheinen wir hingegen eher zu verdrängen. Nichts desto trotz hat der Sieg über die Pocken erheblich zur Steigerung der globalen Lebenserwartung beigetragen.

LEBENSERWARTUNG

Die Veränderung der Lebenserwartung in den letzten Jahrzehnten darf zweifelsohne als sensationell bezeichnet werden. So ist die weltweite Lebenserwartung alleine in den vergangenen 35 Jahren um etwa zehn Jahre gestiegen. Laut *The Lancet* hatte eine 1980 geborene Frau eine mittlere, geschätzte Lebenserwartung von 63,7 Jahren (Männer: 59,6). Im Jahr 2015 sind es 74,8 Jahre (Männer: 69,0) gewesen.[z] Heute haben weltweit viel mehr Kinder die Aussicht auf ein langes Leben als früher. Ein 2012 geborenes Kind wird nach Berechnungen der WHO im Durchschnitt sechs Jahre älter als ein Mensch, der 1990 zur Welt kam.[aa]

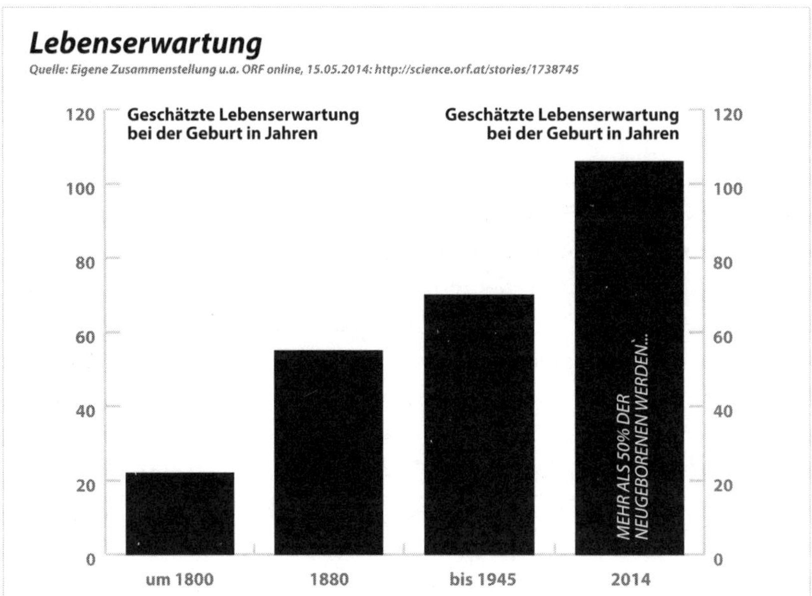

Abbildung 9: Lebenserwartung

Wie unglaublich die Lebenserwartung sich in den letzten Jahrzehnten veränderte, sei nur an zwei weiteren Skizzen angedeutet. Während Jäger und Sammler nur auf 31 Lebensjahre hoffen konnten und die Schweden des Jahres 1800 auf 32 Jahre, lag die Lebenserwartung in Schweden im Jahr 1900 bereits bei 52 und heute bei 82 Jahren.[ab] Heute gibt es sogar so optimistische Schätzungen, dass viele der im Jahr 2000 in Mitteleuropa geborenen Kinder ihren 100. Geburtstag feiern würden, ja von den Kindern, die 2014 zur Welt kamen, sogar mehr als die Hälfte 106 Jahre alt werden könnten.[ac]

Es wird sich zeigen, ob sich diese Prognosen bestätigen, denn bei welchem Alter das Maximum der Lebenserwartung erreicht werden wird, ist unter Fachleuten noch immer sehr umstritten und offensichtlich noch nicht endgültig geklärt.[ad]

Die wohl wundersamste Erscheinung im Bereich der Lebenserwartung ereignete sich 2016. Damals wurde Israel Kristal aus Haifa als 112-Jähriger vom Guinness-Buch der Rekorde zum ältesten Mann der Welt erkoren. Das besondere daran: Israel Kristal überlebte eine der größten und schlimmsten Mordstätten der Nazis, das KZ in Auschwitz (Polen). Dieser Tatbestand erscheint fast wie ein Zeichen des Himmels und wird wohl von manchen auch als Sieg des **Guten** über das **Böse** interpretiert werden.

Israel Kristal wurde am 15. September 1903 in Zarnow in Polen geboren. Er heiratete 1928 und hatte zwei Kinder. Nach der deutsch-sowjetischen Eroberung Polens 1939 wurde er von den Deutschen im Ghetto Litzmannstadt inhaftiert. Seine Kinder starben im Ghetto, seine Frau und er wurden 1944 bei der Auflösung des Ghettos in das KZ Auschwitz deportiert, wo seine Frau ermordet wurde. Bei der Befreiung von Auschwitz im Jänner 1945 wog Kristal nur noch 36 Kilogramm. 1947 heiratete er seine zweite Frau und emigrierte 1950 mit der Familie per Schiff nach Israel. Er lebte in der israelischen Hafenstadt Haifa und hatte zwei Kinder, neun Enkel und viele Urenkel.[ae] Im Jahr 2014 war er der älteste bekannte Überlebende des Holocaust. Am 15. September 2016 feierte er seinen 113. Geburtstag: Lapidar meinte er dazu: *„Man kann sich nicht wie 13 fühlen, wenn man 113 ist.“*[af]

Der 113. Geburtstag war für Kristal – neben dem hohen Alter – noch etwas ganz Besonderes. Er feierte das Bar Mizwa-Fest, jenes Fest, das männliche gläubige Juden mit 13 Jahren feiern, 100 Jahre später nach. Die Bar Mizwa ist das jüdische Fest der Religionsmündigkeit und mit der katholischen Firmung oder der evangelischen Konfirmation zu vergleichen. *„Dieser Tag ist für jüdische Menschen sehr wichtig“*, hatte seine Tochter im September 2016 erzählt. Aber: *„Als mein Vater 13 Jahre alt war, war der Erste Weltkrieg, sein Vater war in der russischen Armee, seine Mutter war drei Jahre vorher gestorben, niemand feierte diesen Moment.“* [ag] Deshalb schenkte ihm seine Familie das Fest zum 113. Geburtstag. Im August 2017 starb Kristal kurz vor seinem 114. Geburtstag.

HOFFNUNGSTROPFEN

Aids (Afrika): Afrika hat im Kampf gegen Aids nach UNO-Angaben 2016 einen Wendepunkt erreicht. Zum ersten Mal würden auf dem Kontinent mehr HIV-Kranke behandelt als sich neu infizierten.[30]

Aids (Neuinfektionen): Die Zahl der Neuinfektionen lag im Jahr 2000 bei 3,1 Millionen Menschen. Im Jahr 2015 sank diese Zahl auf 2,1 Millionen.[31]

Aids (Uganda): In Uganda gibt es mittlerweile bereits einen Schönheitswettbewerb für HIV Betroffene. Es geht um *Miss Y+* und *Mister Y+*. „Y+“ steht für *„youth positive“* (deutsch: „Jugend positiv“).[32]

Aids (USA, Europa): Die Lebenserwartung junger HIV-Infizierter ist um zehn Jahre gestiegen: Wer sich 2017 in den USA oder Europa mit dem Virus ansteckte, kann einer Studie zufolge fast genauso lange leben wie der Durchschnitt der Bevölkerung.[33]

Aids: Die Zahl der Aidskranken, die mit antiretroviralen Medikamenten (ART) behandelt wurden betrug 2000 rund 0,7 Millionen, 2015 dagegen bereits 17 Millionen. Die ART verhinderte zwischen 1995 und 2013 ca. 7,6 Millionen Todesopfer durch Aids. Die Einnahme von Aids-Medikamenten kann das Risiko einer Übertragung des HI-Virus von einem infizierten auf einen HIV-negativen Partner durch ungeschützten Geschlechtsverkehr fast auf Null absenken.[34]

Antibiotikaresistenz und Todesfälle: Die WHO-Mitglieder haben sich am 25. Mai 2015 auf einen globalen Aktionsplan für den Kampf gegen Antibiotika-Resistenzen verständigt, um die rund 700.000 Menschen, die an den Folgen einer Antibiotika-Resistenz sterben, zu verkleinern.[35]

Blinde lernen wieder sehen: 39 Millionen Menschen weltweit sind blind, weitere 246 Millionen schwer sehbehindert. Dabei wären vier von fünf Erblindungen behandelbar oder vermeidbar. *Licht für die Welt* arbeitet seit Jahren daran, vermeidbare Blindheit zurückzudrängen.[36]

Brillen um einen Dollar: Ungefähr 150 Millionen Menschen weltweit bräuchten eine Brille, können sich aber keine leisten. Das Ein-Dollar-Brillen-Projekt des Lehrers Martin Aufmuth aus Erlangen will dagegen in Entwicklungs- und Schwellenländern ankämpfen.[37]

Brillenaktion (Tirol): Ab Mitte 2015 kam es in Tirol/Österreich zu einer landesweiten Brillensammlung. Bis Anfang 2017 wurden so rund 100.000 Brillen im Schiffscontainer nach Afrika geschickt. Pensionierte Optiker spenden zudem öfters auch wertvolle Geräte zur Augenmessung.[38]

Demenzrisiko: Gehirnforscher berichten, dass das Risiko, an Demenz zu erkranken, sinkt. Dies legt zumindest eine Studie aus Großbritannien nahe.[39]

Diphtherie (Deutschland): Durch Impfung konnte die Seuche um 100 Prozent reduziert werden.[40]

Durchschnittsalter (Europa 2050): Das Durchschnittsalter aller Europäer im Jahr 2050 soll bei 50 Jahren liegen.[41]

Gelähmter lernt wieder fühlen und sogar wieder etwas spüren: *„Sie werden nie wieder mit den Händen fühlen können“*, wurde dem gelähmten Nathan Copeland prophezeit. Doch nach Jahren haben Wissenschaftler aus Pittsburgh (USA) dafür gesorgt, dass er mit vier winzigen Hirnimplantaten wieder spüren kann – sogar über einen Roboterarm.[42]

Gesundheitsindex: Der globale Gesundheitsindex misst die Gesundheitslage global und auf nationaler Ebene. Die Werte liegen zwischen 0 (kein Gesundheitswesen) und 100 (beste Gesundheitslage). Im globalen Durchschnitt verbesserte sich die Gesundheitsversorgung zwischen 1990 und 2015 von 40,7 auf 53,7 Punkte.[43]

Handy-Ambulanz (Kenia): Der kenianische Wissenschaftler Erick Njenga hat zusammen mit seinen Kommilitonen ein wichtiges Programm entwickelt, das mit Hilfe tausender kenianischer Gesundheitshelfer die Ausbreitung von Krankheiten mit deren Mobiltelefonen erfasst und meldet.[44]

Hepatitis C: Die jahrzehntelang als unheilbar geltende Infektionskrankheit könnte durch neue und vor allem leistbare Medikamente schon bald ausgerottet sein.[45]

Hygiene und Gesundheit: Zwar kostete der Mangel an sauberen Toiletten und Trinkwasser 2015 noch 808.000 Menschen das Leben. Es waren jedoch immerhin rund 306.000 weniger Menschen als noch zehn Jahre zuvor.[46]

Impfschutz: 1820 war noch kein Erdenbürger etwa gegen Diphtherie, Tetanus oder Keuchhusten geimpft. 2015 waren es 56 Prozent der Weltbevölkerung.[47]

Infektionskrankheiten werden generell weniger. So hat sich die Zahl der Menschen, die an einer HIV-Infektion oder Malaria gestorben sind, zwischen 2005 und 2015 halbiert. Neuansteckungen sind ebenfalls zurückgegangen. Die Tuberkulose-Todesfälle sind im selben Zeitraum um 25 Prozent zurückgegangen.[48]

Intensivstationen (Österreich): Auf Intensivstationen sterben die Patienten immer seltener. Die Mortalität der Patienten ist dabei seit 1999 um etwa 30 Prozent gesunken, obwohl der Anteil der über 80-Jährigen unter diesen Kranken von zwölf auf 20 Prozent gestiegen ist.[49]

Kampf gegen tödliche Krankheiten: Im globalen Kampf gegen Malaria, Tuberkulose und Aids stehen für die drei Jahre ab 2017 weitere 12,9 Milliarden Dollar (11,6 Milliarden Euro) zur Verfügung. Diese Summe kam beim Treffen der Geberländer des Globalen Fonds zur

Bekämpfung der drei Krankheiten im September 2016 zusammen. Bis 2019 sollen dadurch acht Millionen Menschenleben gerettet und 300 Millionen Neuinfektionen verhindert werden.[50]

Keuchhusten (Deutschland): Die Seuche konnte um 96,6 Prozent reduziert werden.[51]

Kinderlähmung (Deutschland): Durch Impfung konnte die Seuche um 100 Prozent reduziert werden.[52]

Kinderlähmung (Indien): Einst war Indien das Land, in dem es weltweit die häufigsten Fälle von Kinderlähmung gab. Heute ist Indien von der Kinderlähmung befreit. Die WHO ist optimistisch, dass dies ein wichtiger Schritt ist, ganz Südostasien von der Krankheit befreien zu können.[53]

Kindersterblichkeit historisch: 1820 starben 43 Prozent der Weltbevölkerung vor ihrem fünften Lebensjahr, 2015 sind es vier Prozent.[54]

Krebs (EU): Die Onkologie will bis zum Jahr 2035 den Anteil der Patienten, die eine Krebserkrankung zehn Jahre überleben, auf 70 Prozent steigern.[55]

Krebs: Noch nie zuvor hat es derart schnelle Fortschritte in der Medizin bezüglich der bösartigen Erkrankungen gegeben.[56]

Lachen als Medizin: Stephen Hawking, der berühmte Physikprofessor meinte, seine Hoffnung sei auf null gesunken, als er die Diagnose seiner schweren Krankheit erfahren hatte. Auf die Frage, was ihn all die Jahre aufrecht gehalten habe, sagt er: *„Es ist wichtig, nicht wütend zu werden, egal wie schwer das Leben ist, denn man verliert all seine Hoffnung, wenn man nicht mehr über sich selbst und das Leben im Allgemeinen lachen kann.“*[57]

Lebenseinstellung: Positive Lebenseinstellung lenkt unsere Gesundheit. 7.000 Menschen wurden zu diesem Thema befragt. Das Ergebnis war eindeutig: Wer an sich glaubt und positiv denkt, lebt länger.[58]

Lebenserwartung (Deutschland): Jedes vierte 2016 geborene Mädchen wird 100: Fast 90 Prozent werden das Jahr 2100 erleben, wie das *Deutsche Institut für Altersvorsorge* (DIA) mitteilte. Von den 2016 geborenen Jungen hat demnach ein Sechstel die statistische Chance, den 100. Geburtstag zu erreichen.[59]

Lebenserwartung (Frankreich): Menschen, die im Jahr 1900 etwa in Frankreich geboren wurden, starben damals im Schnitt mit 45 Jahren. Im Jahr 2000 Geborene haben statistisch betrachtet 75 Jahre Lebenszeit zur Verfügung – also 30 Jahre mehr.[60]

Lebenserwartung (Japan): In Japan trifft eine der niedrigsten Geburtenraten der Welt auf eine der höchsten Lebenserwartungen. Das Hauptproblem ist die niedrige Geburtenrate. 2010 waren in Japan im Schnitt noch 2,8 arbeitende Menschen für die Versorgung eines alten Menschen zuständig. 2060 könnten es nur noch 1,3 sein, warnen Experten.[61]

Lebenserwartung (maximal): US-Forscher meinen, dass ein Alter über 125 Jahre sehr unwahrscheinlich sei. Diese Meinung wird allerdings nicht von allen Forschern geteilt, manche sehen bei 125 Jahren noch keine Grenze. Bryan G. Hughes und Siegfried Hekimi z.B. meinen, dass es überhaupt kein Limit gäbe.[62]

Lebenserwartung (Zuwachs): Jede Woche verlängert sich unser Leben um ein Wochenende.[63]

Lebenserwartung bis 2070: Eine heute 72-Jährige wird vermutlich im Jahr 2070 ihren 125. Geburtstag feiern können.[64]

Lebenserwartung vor 100 Jahren: Dazu der Demograph James Vaupel: *„Vor 100 Jahren nahm man an, dass die durchschnittliche Lebenserwartung niemals 65 Jahre überschreiten werde. Als dann der Gegenbeweis sichtbar wurde, wurde die Grenze wieder und wieder nach oben verschoben“.*[65]

Lebenserwartung vor 300 Jahren: Menschen vor 300 Jahren mit einer durchschnittlichen Lebenserwartung von unter 40 hätten einen Demographen wohl für verrückt erklärt, hätte er ihnen gesagt, dass viele Menschen heute 100 Jahre alt werden. Davon gab es 2015 immerhin 56.000.[66]

Lebenszeit (Rekord): Der Mensch mit dem bisher höchsten erreichten Lebensalter ist die Französin Jeanne Calment. Sie war 1997 mit 122 Jahren gestorben. Calment rauchte, seit sie 16 war, und versuchte erst mit 117 aufzuhören. Ohne Erfolg, mit 118 wurde sie rückfällig.[67]

Lebenszeit (Zukunft): Dazu Rudi Westendorp: *„Der erste Mensch, der 135 Jahre alt werden wird, ist heute bereits geboren."*[68]

Lepra: Die chronische Krankheit wäre vollständig heilbar. Nur fünf Prozent der Weltbevölkerung können überhaupt daran erkranken, der Rest ist immun. Eine Therapie kostet laut Deutscher Lepra- und Tuberkulosehilfe (DAHW) durchschnittlich 50 Euro pro Patient.[69]

Leukämie bei Kindern: Weltweit haben sich die Überlebensraten von Kindern, die an Leukämie erkrankt sind, deutlich erhöht. Obwohl die Heilungschancen inzwischen bis zu 90 Prozent betragen, bleiben jedoch Unterschiede zwischen Staaten und Regionen erhalten. Österreich ist mit Deutschland an der Spitze.[70]

Malaria-Sterblichkeitsraten: Die Zahl der Malaria-Toten sank seit dem Jahr 2000 um 60 Prozent. Zwischen 2000 und 2015 wurden 6,2 Millionen Malaria-Tote verhindert, hauptsächlich Kinder unter fünf Jahren in Afrika südlich der Sahara. Auch die weltweite Malaria-Inzidenzrate sank um geschätzte 37 Prozent, die Sterblichkeitsrate reduzierte sich um mehr als die Hälfte.[71]

Malaria: Laut WHO betrug die Zahl der an Malaria Gestorbenen 2015 zwar noch rund 430.000 Tote, die Sterblichkeitsrate ging aber zurück. So schlafen in den Ländern südlich der Sahara immer mehr Menschen unter Moskitonetzen, die mit Insektenschutzmitteln imprägniert sind. Ein weiterer Erfolg: Kirgistan und Sri Lanka gelten seit 2016 offiziell als malariafrei.[72]

Malariaschutz: Solarbetriebene Moskitofallen sollen gegen Malaria schützen.[73]

Mark Zuckerberg: Gemeinsam mit seiner Frau Priscilla Chan will er in den kommenden zehn Jahren insgesamt drei Milliarden Dollar (2,67 Milliarden Euro) für die medizinische Forschung zur Verfügung stellen. Ziel sei es, dass alle Krankheiten heilbar oder behandelbar würden.[74]

Masern (Amerika): Auch in Nord- und Südamerika wurden die Masern, eine Krankheit, die dort in der Vergangenheit Millionen Menschen getötet hat, für eliminiert erklärt.[75]

Masern (Deutschland): Durch Impfung konnte die Seuche um 99,9 Prozent reduziert werden.[76]

Medikamente (nachhaltige): Jeden Tag landen tonnenweise Arzneien in der Kanalisation. Klaus Kümmerer z.B. versucht deshalb biologisch abbaubare Medikamente zu entwickeln. Er hofft, dass in zwanzig Jahren mindestens die Hälfte aller Arzneimittel nachhaltig sind.[77]

Medizinische Versorgung (weltweit): Es wird geschätzt, dass gegenwärtig noch etwa 5,8 Milliarden Menschen in Entwicklungs- und Schwellenländern ohne regelmäßige medizinische Versorgung sind und 5 Milliarden Menschen keinen Zugang zu sicheren chirurgischen Eingriffen haben. In den nächsten zehn Jahren soll die Zahl um ein Drittel gesenkt werden.[78]

Optimismus und Herzbeschwerden: US-Forscher haben in einer Langzeitstudie herausgefunden, dass eine positive Lebenseinstellung gut fürs Herz ist.[79]

Polio (Kinderlähmung): Durch Bemühungen des Rotarierklubs, der Weltgesundheitsorganisation und vieler anderer konnten die Fälle von Polio seit 1979 um 99 Prozent verringert werden.[80]

Poliobekämpfung (Pakistan): Pakistan ging im Herbst 2016 mit einer großflächig angelegten Impfaktion gegen die Verbreitung des Polio Virus vor. Binnen drei Tagen sollten etwa 100.000 Impfteams 37 Millionen Kinder gegen Kinderlähmung (Polio) impfen. Tausende Sicherheitsbeamte beschützten die Mitarbeiter.[81]

Prothesen und Gehirn: Wissenschaftler der *Universität Genf* haben eine neue Methode vorgestellt, um die Kommunikation zwischen dem Gehirn und einer Prothese in beide Richtungen zu ermöglichen. Dabei soll das Gehirn nicht nur die Bewegung kontrollieren, sondern auch Informationen über die Position der Prothese im Raum erhalten.[82]

Rauchen (Deutschland): Seit Jahren greifen immer weniger Deutsche zu einer Zigarette. Vor 25 Jahren – in der Blütezeit der Zigarette – rauchte ein Deutscher durchschnittlich noch acht Zigaretten pro Tag. 2010 hatte sich diese Zahl halbiert. Ähnlich verläuft es in den USA und in Frankreich.[83]

Rauchen (Verhaltensweisen): Beim Rauchen sei es gelungen, das gesellschaftliche Verhalten zu verändern. Andere einst eingeführte Standards wie die Anschnallpflicht im Auto hinterfrage ebenfalls keiner mehr. Wieso sollten solche Veränderungen nicht auch in anderen Belangen gelingen, etwa das Recht auf Billigfleisch angesichts der sozialen und ökologischen Folgen abzustellen.[84]

Rauchen: In den vergangenen zehn Jahren ist die Zahl der Entwicklungsländer, die das Rauchen am Arbeitsplatz komplett verboten haben, von 4 auf 39 gestiegen. 44 Entwicklungsländer führten in diesem Zeitraum drastische Warnhinweise auf Zigarettenpackungen ein und 24 verhängten Werbeverbote.[85]

Schlafkrankheit fast ausgerottet: 2015 wurden weltweit weniger als 3.000 Fälle gezählt, um die Jahrtausendwende waren es mehr als zehnmal so viele.[86]

Schwerhörigkeit (USA): Trotz MP3-Playern und lauter Musik in der Disco haben immer weniger Leute Gehörschäden. Ähnliches gilt auch für Deutschland.[87]

Seife für Bedürftige aus gebrauchten Seifenresten: Das *Global Soap Projekt* recycelt Seifen von über 1.000 Hotels und vertreibt diese als

Teil der Hilfsmaßnahmen und Hygiene-Bildungsprogramme in 29 Ländern weltweit. Das Motto dahinter: *„Seifen retten Leben!“*[88]

Seuchenbekämpfung: Rund 3,6 Milliarden Dollar hat die Bill-Gates-Stiftung allein im Jahr 2013 ausgeschüttet, unter anderem um Krankheiten wie Malaria und Aids zu bekämpfen.[89]

Smartwatch wird zum Notfall-Knopf für ältere Menschen. Die App *b-cared* sollte dabei helfen. Gemeinsam mit *Samsung* und der *Caritas* wurde deshalb eine Aktion gestartet, um Senioren auf unkomplizierte Art mit der digitalen Welt zu verbinden.[90]

Soziales Engagement und Fürsorglichkeit stiften nicht nur Sinn, sondern verlängern die Lebenszeit mitunter auch um mehrere Jahre. Das klingt nach einer Win-win-Situation.[91]

Straßenverkehrstote (Deutschland): 2016 sind rund siebenmal weniger Menschen auf Deutschlands Straßen umgekommen als 1970.[92]

Suizide (Deutschland): Von 1945 bis 1985 lag die Suizidrate bei ca. 220 bis 240 pro einer Million Einwohner. Seither sank die Zahl auf ca. 114.[93]

Tropenkrankheiten: Sogenannte vernachlässigte Tropenkrankheiten wie Leishmaniose, Elephantiasis (lymphatische Filariose), Flussblindheit (Onchozerkose) und ähnliche Leiden konnten in der jüngsten Vergangenheit in den betroffenen Regionen weiter zurückgedrängt werden. Bis 2020 sollen zehn Tropenkrankheiten besiegt werden, die vor allem die Ärmsten der Armen treffen.[94]

Untergewicht bei der Geburt: Babys, die heute mit Untergewicht geboren werden, haben in ihrem späteren Leben weit weniger gesundheitliche Nachteile als noch vor wenigen Jahrzehnten.[95]

Wahrheit stärkt angeblich die Gesundheit: *„Du sollst nicht lügen“*, denn das tut dir nicht gut. Dazu meint der Psychiater und Psychotherapeut Raphael Bonelli, dass Lügen Stress mit sich bringe und notorisches Lügen deshalb zu chronischem Stress führen kann.[96]

Wurmkrankheit (Guineawurm): Vor 30 Jahren plagte die Infektion noch drei Millionen Menschen in 20 Ländern. Nun könnte sie nach den Pocken als zweite Krankheit der Menschheitsgeschichte vom Erdboden getilgt werden.[97]

Zahnbürsten und Handys: Im Jahr 2013 betrug die geschätzte Zahl an Menschen, die global eine Zahnbürste besitzen, 3,5 Milliarden. Zum Vergleich: Die geschätzte Zahl an Menschen, die ein Handy besitzen wird auf 4 Milliarden geschätzt: Sollte es nicht möglich sein, dass zumindest jene, die ein Handy haben auch eine Zahnbürste besitzen?[98]

3 ARMUT

SCHRITT FÜR SCHRITT

Texte und Diskussionsbeiträge darüber, ob die Armut auf unserem Planeten historisch abgenommen hat, gleichgeblieben ist oder gar zugenommen hat, füllen Bibliotheken. Bei all den Aspekten, die es hier zu berücksichtigen gilt und die in diesem Buch nicht einmal ansatzweise angedeutet werden können, muss aber eines gleich vorweg festgehalten werden: In den letzten 200 Jahren – beginnend mit der Industriellen Revolution – wurde auf unserem Planeten ein Prozess gestartet, der den relativen Anteil der absolut Armen kontinuierlich verkleinert hat. Abbildung 10 zeigt dies recht plastisch.

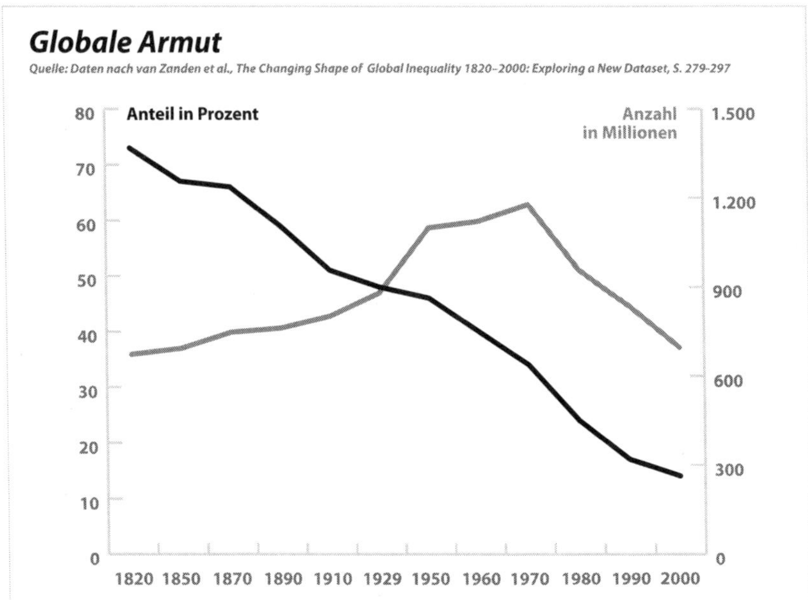

Abbildung 10: Globale Armut

Wird nun jener Anteil der Weltbevölkerung, der noch im 19. Jahrhundert der absoluten Armut zuzurechen war, mit der Entwicklung etwa nach dem Zweiten Weltkrieg verglichen, dann kommt dies in der Tat einem Quantensprung hin zum Besseren gleich. Abbildung 11, in der die realen Pro-Kopf-Daten des BIP von 1820 bis 2003 verzeichnet sind, unterstützt das eben Gesagte nochmals auf überzeugende Weise.

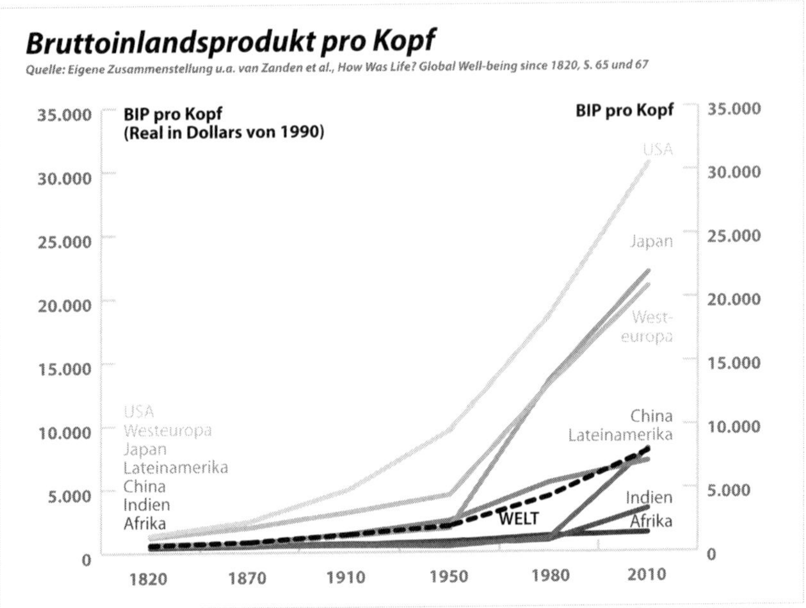

Abbildung 11: Bruttoinlandsprodukt pro Kopf

Bei all den positiven Aspekten, die darin zu finden sind, sollte allerdings ein Tatbestand nicht übersehen werden. Die Verbesserung der individuellen Pro-Kopf-Einkommen erfolgte auf regional recht unterschiedliche Art und Weise. Mit anderen Worten: Die USA, Japan und Westeuropa dominieren mittlerweile. Ganz anders präsentiert sich die Lage für Afrika. Generell hat sich die Schere zwischen armen und reichen Nationen stark auseinander entwickelt. Das globale Ungleichgewicht hat sich auch in jüngster Zeit nicht verbessert.

Dennoch muss festgehalten werden, dass sich auch in der jüngeren Vergangenheit (etwa seit 1990) in vielen Regionen dieses Globus der Anteil und damit oft auch die Anzahl der Armen erheblich verkleinert hat. Zu nennen ist insbesondere China, wie Abbildung 12 recht eindrücklich zeigt. Der Rückgang der Armen von rund 60 Prozent anno 1990 auf knapp über 10 Prozent anno 2010 darf als historisch sensationell bezeichnet werden.

Andere Regionen konnten auch Erfolge verbuchen, aber nicht in derselben Größenordnung.

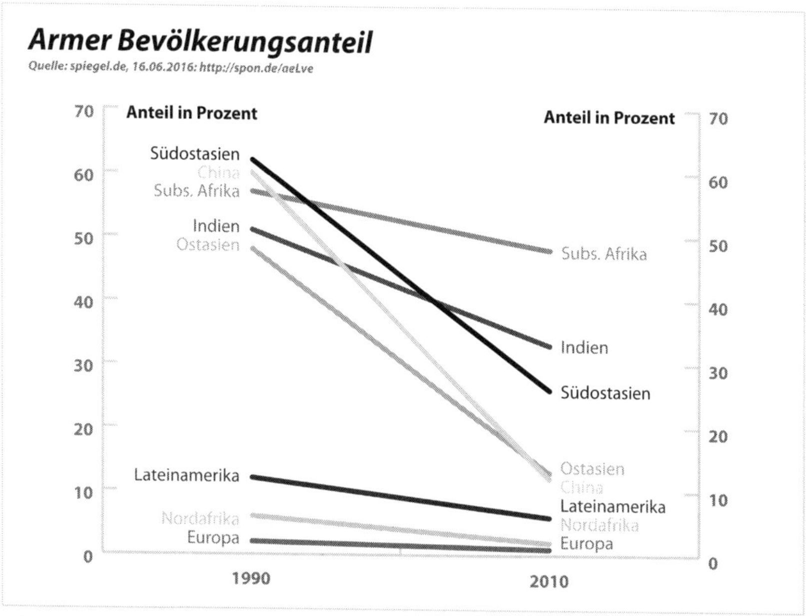

Abbildung 12: Armer Bevölkerungsanteil

Dass es selbst in sehr kurzen Zeitspannen (etwa in 10 Jahren) zu recht vielversprechenden Verbesserungen kommen kann, zeigt die Entwicklung des Anteils der Menschen, die mit weniger als 2 Dollar pro Tag auskommen müssen. Im Jahr 2001 betrug dieser Anteil fast 30 Prozent der Weltbevölkerung. Bis 2011 hat sich dieser Anteil um fast 50 Prozent auf 15 Prozent reduziert. Auch dies ist ein Indiz, dass zumindest die Richtung der Armutsbekämpfung stimmt. Summa summarum kann so festgehalten werden: Die Weltgemeinschaft ist weit davon entfernt, die Armut ausgerottet zu haben, aber es wäre genauso falsch, wenn die Erfolge bei diesem Kampf nicht gesehen werden.

DIE UMSONST-APOTHEKE

Das indische Gesundheitssystem ist für die Minderbemittelten schockierend schlecht. Aber selbst in einer so brutalen sozialen Realität gibt es Menschen, die sich damit nicht abfinden und es auf wundervolle

Art und Weise schaffen, Hoffnung für Hoffnungslose zu organisieren. Einer davon ist Omkarnath Sharma, geboren um 1940.[a] Als 12-Jähriger wurde er von einem Auto angefahren und ist seit damals schwer gehbehindert. Aber auch das hielt ihn nicht ab Kranken zu helfen. Fünf bis sieben Kilometer schlurft er tagein, tagaus in seinen weich gefütterten Pantoffeln – richtige Schuhe sind ihm zu unbequem – durch die besseren Viertel Neu-Delhis. In einem selbst entworfenen, orangefarbenem Outfit verkündet er lautstark sein Anliegen. *„Der Medicine Baba ist hier! Gebt mir Eure alten Medikamente! Schmeißt sie nicht weg, sie können das Leben eines Armen retten!“* Mit den Arzneien, die ihm die Hausfrauen aus den reicheren Vierteln der indischen Hauptstadt überlassen, betreibt er eine Umsonst-Apotheke. In dem garagengroßen Verhau in einem Arme-Leute-Viertel bietet er dann seine Medikamente den Armen an und hilft ihnen so. Sharma steht für ein Phänomen, das den für viele erbarmungslosen Alltag Indiens zumindest ein bisschen erträglicher macht. Wo der Staat versagt, nehmen viele Inder die Sache selbst in die Hand. Ob Medizin, Medien, Landwirtschaft, Bildung, Justiz: Es gibt kaum einen Missstand in Indien, den nicht ehrenamtlich tätige Bürger bekämpfen. Nach einer Studie der Bundespolizei CBI vom Februar 2014 waren mindestens zwei Millionen Nichtregierungsorganisationen (NGO) auf dem Subkontinent aktiv. Auf 600 Inder kommt demnach eine NGO. Zum Vergleich: Polizisten gibt es in Indien nach Angaben des Innenministeriums nur einen pro 943 Einwohner.[b] Hoffnungstropfen bahnen sich – wie eben Wasser – immer wieder auch einen Weg zu unwegsamen Orten.

GRUNDEINKOMMEN

Indien und Kenia wollen ein bedingungsloses Grundeinkommen einführen beziehungsweise testen – ein bedingungsloses Grundeinkommen als Strategie gegen das Massenelend. Diese Idee bewegt Politiker und Zivilbürger vieler Länder. Und darin steckt eine Chance für mehr globale Gerechtigkeit. So denkt die indische Regierung an die landesweite Einführung eines Grundeinkommens, um die extreme Armut zu bekämpfen. Kenia will das Modell in 300 Dörfern ausprobieren.[c]

Was ein Grundeinkommen in Entwicklungsländern bewirken kann, zeigt ein Modellprojekt in Namibia.[d] Finanziert von der Evangelischen Kirche erhielten die 1.200 Bewohner des Ortes Otjivero – Kinder eingeschlossen – drei Jahre lang umgerechnet zehn Euro pro Monat. Studien zufolge war die Wirkung positiv. Durch die Steigerung der Kaufkraft nahmen einfache geschäftliche Aktivitäten zu – vom Brotbacken über einen Kaufladen bis hin zu Reparaturarbeiten aller Art. Jedes Kind besucht inzwischen eine Schule, während es zuvor weniger als die Hälfte waren. Gleichzeitig wuchs das Selbstbewusstsein der Frauen, von denen viele zum ersten Mal ein Einkommen hatten. Da sich Namibias Regierung bisher weigert, ein Grundeinkommen über Steuern zu finanzieren, ist das Modell ausgelaufen. Dennoch zeigt dieses Experiment, dass ein Grundeinkommen ein unbürokratisches Instrument zur Stärkung der Armen sein kann. In reichen Ländern müssen Anhänger des Grundeinkommens beweisen, dass ihr Modell den Armen mehr bringt als der Sozialstaat. Das ist nicht immer einfach. In vielen armen Ländern gibt es keinen Sozialstaat. Und wo es einen gibt, kommen die Sozialleistungen oft nicht bei den Armen an.

Ein Grundeinkommen, das den Menschen direkt ausgezahlt würde, wirkt auch direkt. Auch mit wenig Geld können die Armen bei umliegenden Geschäften und Kleinbauern einkaufen. Familien können sich Werkzeuge oder Nähzeug zulegen, um Dienstleistungen anzubieten. Das ist jene Hilfe zur Selbsthilfe, die in der Entwicklungspolitik immer propagiert wird.

5-STERNE-KOCH

Ein junger indischer Koch sieht auf der Straße einen alten Mann, der beinahe verhungert. Er wirft seine Karriere hin und kümmert sich nur noch darum, die Ärmsten der Armen in seiner Heimat Madurai zu ernähren.[e] Es war ein langer Weg zu diesem Erfolg: Narayanan Krishnan arbeitete 2002 als junger Koch in einem Fünf-Sterne-Hotel in Bangalore. Seine Chefs mochten ihn, sahen sein Talent. Sie förderten ihn, er sollte ein paar Jahre in der Schweiz arbeiten, um internationale Erfahrung zu sammeln.

„Ich fuhr zu meinen Eltern nach Madurai, um mich von ihnen zu verabschieden", erinnert er sich. *„Bei einem Tempelbesuch sah ich diesen alten Mann unter einer Brücke. Er war dürr und man sah seine Rippen. Ich traute meinen Augen nicht, als ich sah, dass er seine eigenen Exkremente aß, um nicht zu verhungern. Ich war geschockt."* Krishna kaufte ihm etwas zu essen, typisch südindische Kuchen aus Linsen- und Reismehl. *„Der Mann verschlang sie gierig, dann sah er mich an und hielt dankbar meine Hand."* Krishnan schildert es als ein Erlebnis, das er nie wieder vergessen sollte. *„Von dem Moment an wusste ich, was ich mein Leben lang tun will: Die Ärmsten der Armen ernähren."*

Krishnan gründete die *Akshaya-Stiftung*,[f] benannt nach einer Figur aus der indischen Mythologie. Er verkaufte all sein Hab und Gut, spendete seine Ersparnisse und bat Freunde und Familie um Hilfe, um Töpfe und Lebensmittel kaufen zu können. *„Ich wohne in dem Haus meines Großvaters, das ich geerbt habe. Ein paar Zimmer habe ich vermietet. Davon lebe ich. Es ist nicht viel, aber es ist genug, um davon zu leben. Finanziell gesehen bin ich ein armer Mann. Aber in jeder anderen Hinsicht bin ich reich."* Krishnan findet, nichts bereichere einen Menschen mehr, als zu geben. Fast zwei Millionen Mahlzeiten hat die Stiftung in zehn Jahren von 2002 bis 2012 verteilt. Und die Hilfsbereitschaft geht weiter. [g]

HOCHZEITSESSEN FÜR OBDACHLOSE

Indianapolis (USA) im Juli 2017: Das Bankett war gebucht, die Hochzeitstorte stand schon bereit – doch zu der Feier kamen andere Gäste als erwartet. Das verlobte Paar hatte die geplante Hochzeit eine Woche vor dem Termin abgesagt.[h] Traurig, traurig – und obendrein sollte das Paar auch noch auf der Rechnung des Veranstalters sitzenbleiben. 30.000 Dollar wollten sich die beiden ihren vermeintlich schönsten Tag im Leben kosten lassen, 170 Gäste waren eingeladen. Das alles sollte nun umsonst sein? Nein, dachte die Braut, kontaktierte eine örtliche Wohlfahrtsorganisation und lud Obdachlose und Bedürftige in das gebuchte Hotel ein. Ihr Kommentar dazu: *„Für mich war es die Gelegenheit, diesen Menschen zu zeigen, dass sie es wie jeder andere auch verdienen, an so einem Ort zu sein."* So habe der Anlass doch noch sein Gutes gehabt. Die Mutter der Braut und Tanten, sowie zahlreiche weitere der ursprünglichen Hochzeitsgäste halfen beim Servieren: Es gab Delikatessen und die Hochzeitstorte zum Dessert. Lokale Unternehmen hatten zudem Anzüge, Kleider, Schmuck und andere Accessoires für die bedürftigen Gäste gespendet. Die Obdachlosen und Bedürftigen fühlten sich wie im Schlaraffenland.

Sacramento (USA) im Oktober 2015: 35.000 Dollar waren bereits für die Hochzeit angezahlt, dann sagt der Bräutigam in letzter Minute ab. Doch die Mutter der Braut ließ sich nicht aus der Ruhe bringen. Sie funktionierte ebenfalls die geplante Hochzeitsfeier für 120 Gäste in einem noblen Hotel der Stadt zu einer Party für die Obdachlosen von Sacramento. Sie meinte dazu: *„Es wäre zu schade gewesen, das bereits bezahlte Geld zum Fenster hinauszuwerfen."* 35.000 Dollar (etwa 30.000 Euro) seien bereits für Saal, Dekoration und Menü angezahlt gewesen. Und so wurde aus der geplatzten Hochzeit ein Festmahl für die Bedürftigen der Stadt. Immer mehr Obdachlose kamen in den Bankettsaal, um die Dutzenden Vorspeisen und Salate, die Gnocchi, den Lachs, das Roastbeef und die Dutzenden Süßspeisen zu essen. Die Brautmutter begrüßte die fremden Gäste persönlich und war gerührt von der Dankbarkeit der Obdachlosen.[i]

Die Braut selbst nahm allerdings nicht an dem Bankett teil. Sie sei mit Freunden zu Hause geblieben. Dazu nochmals die Mutter der Braut: *„Ich fühle so sehr mit ihr, auch mein Herz ist gebrochen. Aber ich werde etwas sehr Positives aus der ganzen Sache mitnehmen."* Da auch die Flitterwochen bereits bezahlt waren und nicht mehr storniert werden konnten, flogen Mutter und Tochter dann gemeinsam nach Belize.[j]

HOFFNUNGSTROPFEN

Armut (Afrika): Selbst in der bitterarmen Subsahara-Region gibt es Fortschritte. Dort sind sie allerdings kleiner: Die Armutsquote fiel in den vergangenen 25 Jahren von 57 auf 41 Prozent.[99]

Armut (Entkommen): Etwa 100 Millionen Menschen entkamen im letzten Jahr (2016) der extremen Armut, das sind drei pro Sekunde.[100]

Armut (Entwicklung): Immer noch leben zu viele Menschen auf dieser Welt in bitterer Armut, doch ihr Anteil ist im Laufe der letzten zwei Jahrhunderte deutlich gesunken. Im Jahre 1820 lebten noch 95 Prozent der Weltbevölkerung in Armut – 1981 waren es nur noch 52 und heute sind es nur noch 21 Prozent. Nach optimistischen Statistiken sind es gar nur mehr rund 10 Prozent.[101]

Armut (Geschichte): Nie zuvor in der Geschichte lebten mehr Menschen so gut, so gesund und so frei wie in den vergangenen zehn Jahren. Nie war der Zugang zu Waren und Dienstleistungen leichter, nie war es billiger zu essen, zu kommunizieren, zu reisen.[102]

Armut (Gleichberechtigung): Seit 1990 wurde die Armut weltweit um die Hälfte reduziert, allerdings leben immer noch 836 Millionen Menschen in extremer Armut (2015). Laut UNO-Ziel soll bis 2030 sichergestellt werden, dass allen Männern und Frauen, darunter besonders den Armen und Bedürftigen, die gleichen ökonomischen Ressourcen zur Verfügung stehen.[103]

Armut (Indien): In Indien gibt es zwar gerade am Land noch viel Armut, aber auch auf dem Subkontinent geht es dem Großteil der Menschen heute besser als vor 25 Jahren. In Südasien litt 1990 noch mehr als jeder Zweite unter großer Armut, heute ist es laut UNO nicht einmal mehr jeder Fünfte.[104]

Armut und Bill Gates: Bill Gates gilt als einer der reichsten Menschen der Welt. 1994 begann er damit, Teile seines Vermögens in Stiftungen zu stecken. Die im Jahr 2000 gegründete *Bill and Melinda Gates Foundation* ist mit Abstand die mächtigste private Wohltätigkeitsstiftung. Sie hat ein Kapital von 42 Milliarden Dollar und hat seit ihrer Gründung mehr als 32 Milliarden Dollar an Stipendien vergeben. Eine Empfehlung von Gates: *„Jeder sollte mal zu den Armen nach Afrika reisen."*[105]

Armut und HDI: Der *Human Development Report* (HDR) von 2013, der unter dem Motto *„Der Aufstieg des Südens: Menschlicher Fortschritt in einer ungleichen Welt"* stand, zeige, dass es über die letzten Jahrzehnte hinweg eine generelle Bewegung hin zu einem höheren Entwicklungsstand gab und zwar über alle Länder hinweg.[106]

Armut und Wahrnehmung: Dass die Zahl der Menschen in extremer Armut seit 20 Jahren weltweit um die Hälfte verringert werden konnte, wissen nur 0,5 Prozent der Deutschen. 92 Prozent der Deutschen gehen vielmehr fälschlicherweise davon aus, dass die Armut gleich geblieben oder angestiegen ist.[107]

Armutsbekämpfung: Der Anteil der Weltbevölkerung, die mit weniger als zwei Dollar (1,82 Euro) pro Tag auskommen muss und daher als „arm" eingestuft wird, sei in dem Zeitraum 2001 bis 2011 von 29 auf 15 Prozent zurückgegangen.[108]

Armutsbeseitigung: Bis 2030 soll extreme Armut zur Gänze ausradiert werden. Nach der optimistischen Meinung des ehemaligen UNO-Generalsekretärs Ban Ki-moon sollte es möglich sein, die größte Armut innerhalb einer Generation auszurotten.[109]

Armutsgründe: Armut ist nicht die Schuld der Armen. Laut Muhamad Yunus ist das Problem ein falsches Wirtschafts- und Finanzsystem. Yunus gründete die *Grameen Bank*, die erste Bank für die Armen. Reiche bekommen keine Kredite. Damit stellte Yunus die gesamte bisherige Bankenphilosophie auf dem Kopf. Das war vor bald 40 Jahren.[110]

Armutsverringerung: Laut Max Roser nimmt die Armut *„weltweit gerade so schnell ab wie nie zuvor"*.[111]

Auswege aus der Armut: Sechs Ziegen, ein Ochse, mehrere Bienenvölker oder ein paar Dutzend Meerschweinchen – das bedeutet für eine Milliarde Menschen in armen Ländern den Unterschied zwischen ausweglosem Elend und einer wirtschaftlichen Basis für die Familie. Die Tiere, sorgfältig gehütet, genutzt und vermehrt, sichern Kindern regelmäßige Mahlzeiten und geben Eltern vielleicht zum ersten Mal das Gefühl, eine Chance zu haben ihr Leben steuern zu können.[112]

Grundeinkommen (Berlin): Eine Berliner Crowdfunding-Aktion sammelt Spenden, um einem Menschen im Jahr ein bedingungsloses Grundeinkommen zu ermöglichen.[113]

Grundeinkommen (Betteln): Bei einem Grundeinkommen wäre betteln überflüssig und *„jeder könnte sich frei entfalten"*.[114]

Grundeinkommen (Davos): Selbst beim Wirtschaftsforum in Davos diskutierte die Wirtschaftselite im Jänner 2016 über das Grundeinkommen. So argumentiert etwa der Wirtschaftsnobelpreisträger von 2010, Christopher Pissarides, dafür. Wir müssen – so meint er – ein neues System entwickeln, um die Einkommen umzuverteilen. Am besten dafür geeignet sei das bedingungslose Grundeinkommen.[115]

Grundeinkommen (EU): Zwei Drittel der Europäer sind für ein Grundeinkommen.[116]

Grundeinkommen (Finnland): 2.000 Finnen erhalten seit Jänner 2017 zwei Jahre lang 560 Euro monatlich. Das Geld ist steuerfrei und an keine Bedingungen geknüpft. Die Bürger werden zufällig ausgesucht. Wer ausgewählt wird, muss mitmachen. Denn es geht Helsinki darum, ein repräsentatives Ergebnis zu erhalten.[117]

Grundeinkommen (Ford Martin): Der Autor des Bestsellers *Rise of the Robots* (von *Forbes* 2015 zum Wirtschaftsbuch des Jahres gekürt) ist der Meinung, dass die Ungleichheit ohne Grundeinkommen dramatisch zunehmen wird.[118]

Grundeinkommen (Götz Werner): Der Gründer der Drogeriekette *DM*, tritt vehement für ein Grundeinkommen ein: *„Erst wenn die*

Grundbedürfnisse befriedigt sind, können Menschen ihre Talente entwickeln und zur Geltung bringen. Diese Einsicht ist sozusagen der genetische Code des bedingungslosen Grundeinkommens.“[119]

Grundeinkommen (Joe Kaeser): Auch der *Siemens* Chef Joe Kaeser sprach sich beim SZ-Wirtschaftsgipfel 2016 für ein Grundeinkommen aus.[120]

Grundeinkommen (Leukert): Der SAP-Vorstand Leukert sagt, was zu tun sei: *„Ich bin der Meinung, dass man die Bedingungen für ein faires Einkommen nicht der Wirtschaft überlassen sollte. Hier ist die Politik gefragt, den richtigen Rahmen zu setzen.*“[121]

Grundeinkommen (Schweiz): Neun von zehn Schweizern würden trotz Grundeinkommen arbeiten.[122]

Grundeinkommen (Timotheus Höttges): Der Telekom-Chef plädierte im Dezember 2015 in der ZEIT für bedingungsloses Grundeinkommen. Angesichts der bevorstehenden grundlegenden Veränderungen von Gesellschaft und Arbeitswelt durch die digitale Revolution forderte er *„unkonventionelle Lösungen*“ zum Erhalt der Sozialsysteme.[123]

Grundeinkommen (weltweit): Überlegungen zur Einführung eines Grundeinkommens gab und gibt es in diversen Ländern, so etwa in: USA (Bundesstaat Alaska), Brasilien, Finnland, Indien, Iran, Kanada, Kuba, Mongolei, Namibia und Kenia.[124]

Lebenseinstellung: Den Tagelöhnern und Kleinbauern des Südens den Wohlstand zu verbieten, den Wirtschaftswachstum erzeugt, wäre unmenschlich. Dort aber, wo inzwischen fast jeder Haushalt nicht nur Auto und Waschmaschine besitzt, sondern auch Laptop und Smartphone, dort, wo die Menschen ihre Wäsche nicht nur mit Maschinen waschen, sondern auch trocknen und zweimal im Jahr in den Urlaub fliegen, überall dort steht die Frage im Raum: Ist es nicht langsam genug?[125]

Löhne: Die Schwellen- und Entwicklungsländer holen wirtschaftlich auf. Rund ein Drittel aller weltweit Beschäftigten verdient weniger als zwei Dollar am Tag – vor 20 Jahren waren es noch fast zwei Drittel.[126]

Ungleichheit wird zunehmend als wichtiges Thema erkannt. Beispielsweise hat der Internationale Währungsfonds, früher geschmäht als neoliberale Lobby, sich mittlerweile ausführlich und kritisch mit Ungleichheit beschäftigt.[127]

4 FRAUEN

UND KINDER

Im 20. Jahrhundert begann auch bei der Bekämpfung der Ungleichheit der Geschlechter ein – zumindest kleines – Hoffnungspflänzchen zu wachsen. Zwar ist bis heute die Gleichstellung der Geschlechter noch kein globaler Tatbestand, aber die Weichen in diese Richtung sind eindeutig gestellt. Es liegt nun an beiden Geschlechtern, den Siegeszug der Gleichberechtigung langfristig weiter zu entwickeln und gesellschaftlich zu verankern. Denn die Gleichstellung von Mann und Frau generiert neben vielen anderen Bereichen zum Teil auch erhebliche volkswirtschaftliche Vorteile. So haben Ökonomen versucht, die Ungleichheit der Geschlechter und deren Veränderung seit Beginn des 20. Jahrhunderts an BIP-Verlusten zu schätzen (Abbildung 13).

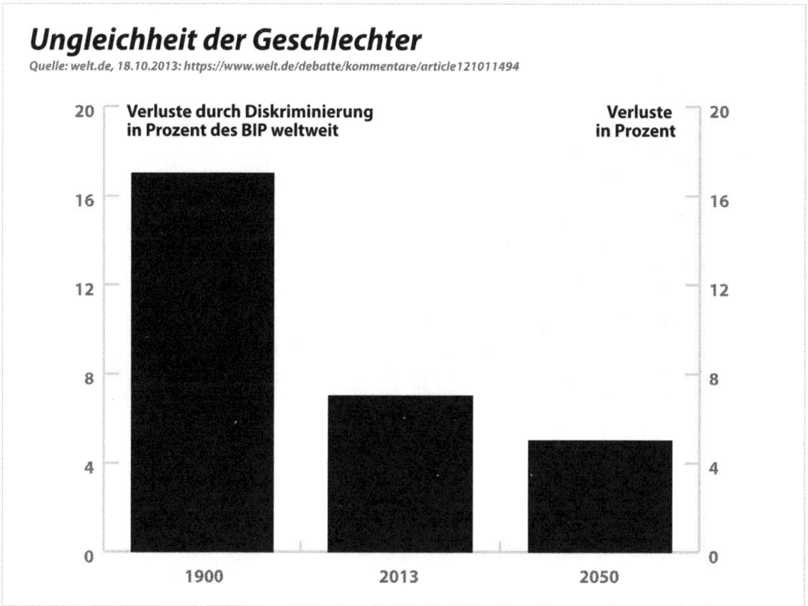

Abbildung 13: Ungleichheit der Geschlechter

Die Ökonomen haben dabei untersucht, wie groß der Beitrag von Frauen zum BIP gewesen wäre, wenn sie so viel wie Männer und mit gleicher Bezahlung gearbeitet hätten. In der Tat ein sehr mutiger Vergleich. Das Ergebnis sei dennoch angeführt. Die Ökonomen gingen davon aus, dass um 1900 nur 15 Prozent der offiziellen Arbeitskräfte weltweit weiblichen Geschlechts waren und dadurch den Volkswirtschaften erheblich Verluste entstanden. Trotz Mitkalkulation, dass die Ausbildung der Frauen für die Berufswelt Kosten verursacht hätte und dass auch jemand die unbezahlte Hausarbeit erledigen muss, schätzten sie die dadurch entstanden Verluste anno 1900 auf eine Höhe von mindestens 17 Prozent des weltweiten BIP. Heute, bei einem wesentlich höheren weiblichen Erwerbsanteil und geringeren Einkommensunterschieden, betrage der Verlust noch immer sieben Prozent – und könnte bis 2050 wahrscheinlich auf vier bis fünf Prozent fallen.[a]

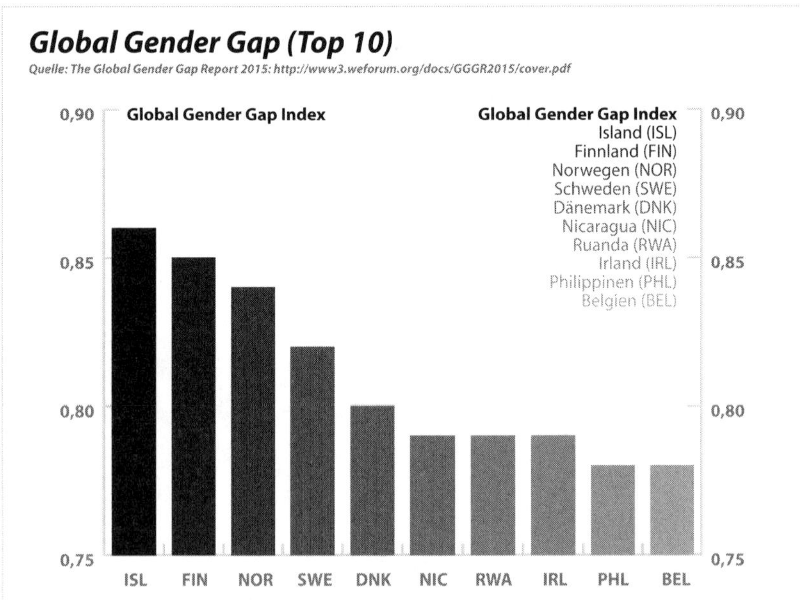

Abbildung 14: Global Gender Gap (Top 10)

Dass die Situation der Frauen sich zumindest langsam bessert, darauf weißt auch eine andere Maßzahl hin, der so genannte *Gender Gap Index*, der seit 2006 jährlich für das Weltwirtschaftsforum in Davos errechnet wird. Der Index ist der Versuch, sämtliche Dimensionen der Diskriminierung von Frauen in einem Wert zusammenzufassen. Dramatische Erfolge sind demnach im Weltmaßstab in den vergangenen Jahren nicht erzielt worden. Aber immerhin: In nur sechs von 111 untersuchten Ländern hat sich der Index-Wert seit 2006 verschlechtert. In den übrigen 105 Ländern hat er sich verbessert.[b] Ja, es ist noch sehr viel zu tun, aber eine Tendenz zur Verbesserung ist ebenfalls festzustellen. Stichworte dazu wären etwa der Rückgang der Müttersterblichkeit oder Verbesserungen beim Zugang zu Verhütungsmitteln.[c] Der Bevölkerungsfonds der Vereinten Nationen (UNFPA) will dabei auch die Männer vermehrt in die Familienplanung einbeziehen. Auch was die politische Mitbestimmung (ein weiteres fundamentales Menschenrecht) betrifft, gibt es Fortschritte, immerhin sind global mittlerweile in 46 Ländern mehr als 30 Prozent der Sitze in nationalen Regierungen von Frauen besetzt.[d]

Auch in der Bildung gibt es Fortschritte. Sogar in so armen Ländern wie Bangladesch besuchen heute genauso viele Mädchen wie Jungen die Schule.[e] Eine der größten Herausforderungen im Bereich Gleichberechtigung der Geschlechter wird sein, die Gewalt gegen Frauen zu beseitigen. Die neuen UN-Entwicklungsziele liegen diesbezüglich völlig richtig, geht es darin doch auch darum, dass jede Art von Gewalt gegen Frauen und Mädchen in der Öffentlichkeit und im privaten Bereich völlig abgeschafft werden soll, darunter auch sexuelle Belästigung und Ausbeutung.[f] Möge es gelingen, dieses Schlüsselproblem in den nächsten Jahren mit aller Kraft in die Tat umzusetzen.

EDITION F AWARD

Frauen verändern jeden Tag die Welt. Sie arbeiten als Wissenschaftlerinnen, Entwicklerinnen, Gründerinnen, Künstlerinnen, Freischaffende und Managerinnen. Sie recyceln Beton, möchten die Meere vom Plastik befreien oder entwickeln Technologien, mit denen sich Krebserkrankungen schneller erkennen lassen. Der *Edition F Award* ehrt seit 2014 innovative und einflussreiche Frauen und bietet ihnen eine öffentliche Bühne. Der Award wird in Kooperation mit *ZEIT online*, dem *Handelsblatt* und *Gründerszene.de* verliehen. Die Gewinnerinnen 2017 zum Thema *„25 Frauen, deren Erfindungen unser Leben verändern"* lauten wie folgt: [g]

Patricia Asemann hat mit einem Forschungspartner ein computerbasiertes Verfahren entwickelt, das die Entstehung eines Planetensystems aus Staubscheiben simuliert. **Katrin Bermbach, Nora Blum, Farina Schurzfeld** sind die Gründerinnen von *Selfapy*, eine App für Menschen, die psychologische Beratung brauchen, aber keinen Termin bekommen. **Melanie Blokesch** ist Mikrobiologin und hat dazu beigetragen, die genetische Anpassung von Cholera Erregern an Umweltbedingungen zu verstehen.

Anke Domaske ist Gründerin von *QMilk*. Das Unternehmen stellt aus Milch, die sonst weggeschüttet würde, Textilfasern, Kosmetik und Granulat her. Für die Fasern und das Granulat wird das Milcheiweiß Kasein aus der Rohmilch gewonnen und weiterverarbeitet. **Maria Driesel** ist Gründerin der *Inveox GmbH* und hat einen Container für Gewebeproben entwickelt, um die Krebsdiagnose schneller und sicherer zu gestalten. **Monika Fleischmann** ist Medienkünstlerin und verknüpft Daten mit Kunst und leitet die *Netzspannung.org* für interaktive Medienkunst.

Pia Frey ist Mitgründerin von *Opinary*, einem Debattentool, das es Lesern durch Umfragen leicht machen soll, ihrer Meinung Ausdruck zu verleihen. **Susanne Friebel** ist Gründerin von *Phoneon* und entwickelte mit ihrem Team einen Schallabsorber, der Hintergrundgeräusche dämpft und so Gespräche erleichtert.

Marcella Hansch ist die Erfinderin von *Pacific Garbage Screening*, eine schwimmende Plattform, die Plastikmüll aus dem Meer filtert. **Sonja Jost** ist Mitgründerin von *DexLeChem*, einem Verfahren, bei dem Medikamente mit Wasser (statt mit Erdöl) produziert werden können. **Seira Kerber** ist die Erfinderin von *X-Wash Responsibility*, einer *„Waschstraße für Menschen"* zur Dekontamination und Eindämmung von Krankheiten. Besonders für traumatisierte Menschen ist dieser Reinigungsprozess sehr viel angenehmer, als wenn er durch andere Menschen durchgeführt würde.

Sabine Kroh ist Gründerin von *Call a midwife*. Auf dieser Plattform können werdende Mütter ihre Sorgen mit anderen Müttern teilen. **Linda Kruse** ist Mitgründerin von *The Good Evil*, ein Game-Studio für serious games, also digitalen Spielen, die klassischen Spielspaß mit relevanten Inhalten, Informationen und Bildung verbinden. **Johanna Ludwig** ist Mitgründerin von *Akvola*. Mit keramischen Materialen wird dabei Schmutzwasser gereinigt und die Meerwasserentsalzung vorbereitet. Dabei verbraucht es 90 Prozent weniger Energie und 70 Prozent weniger CO_2 als vergleichbare Technologien. **Konstanze Marx** schafft es mit ihrer Forschung zur Cyberlinguistik, Kindern beizubringen, wie schwerwiegend Cybermobbing für die Betroffenen sein kann. Sie beschäftigt sich darüber hinaus mit allen Aspekten digitaler Gewalt und Hate-Speech im Netz.

Marion Merklein entwickelte ein Formgebungsverfahren für Leichtmetalle, das die industriellen Produktionsketten im Automobilbau wie auch im Schienen- und Luftverkehr immens verbessert. **Angelika Mettke** ist eine oder die *„Pionierin des Betonrecyclings"*. Dank ihr enthält mittlerweile jeder Berliner Neubau recycelten Beton. **Cordula Nussbaum** ist eine Expertin auf dem Gebiet des Selbstmanagements. Sie entwickelte einen neuen Ansatz für *„kreativ-chaotisches Zeit- und Selbstmanagement"*. **Mai Goth Olesen** ist Gründerin von *MealSaver*, das überschüssiges Essen aus Restaurants an Nutzer vertreibt.

Katrin Reuter ist Gründerin von *Trackle*, eine hormonfreie Alternative zur Verhütung. Der kleine Temperatursensor ist vaginal tragbar und kann sowohl bei der sicheren Verhütung als auch beim schnelleren Schwangerwerden helfen. Seit einiger Zeit läuft das Device sogar batteriefrei, also mit einer ungiftigen Energieversorgung. **Heike Riel** war an der Entwicklung des *Amoled-Displays* beteiligt, die in Mobilendgeräten, also auch Laptops oder Smartwatches benutzt werden. Sie bestehen aus einer organischen Verbindung, die ein Elektrolumineszenzmaterial formt. Dadurch wird die Reaktionszeit auf unter eine Millisekunde reduziert, und im Vergleich etwa zu LCD-Bildschirmen wird wesentlich weniger Energie verbraucht.

Julia Schröder und Theresia Uhrlau sind die Entwicklerinnen von *Yuma*, einem Rucksacküberzug mit organischen Solarzellen. Die daraus resultierende Energie wird in den angebrachten Powerbanks gespeichert. In ihrem Produkt zerschmelzen Mode und Technik zu Solarwear. **Julia Shaw** ist Rechtspsychologin. In einer von ihr und ihrem

Team durchgeführten Studie überzeugte sie 70 Prozent ihrer Probanden davon, ein Verbrechen begangen zu haben, das tatsächlich niemals stattgefunden hat. Damit lässt sie uns nicht nur an uns selbst zweifeln, sondern auch an der Richtigkeit vieler Verhörmethoden und damit auch vieler Urteile. **Judith Springer** ist Gründerin und Erfinderin von *Fine Deodorant*, einem veganen, aluminiumfreien Deodorant.

Lia Magdalena Weiler ist Mitgründerin von *Glow*. Gemeinsam mit Sebastian Erdmann entwickelte sie einen Herd speziell für Entwicklungsländer. Die Herde sind energiesparend, kochen effizienter und schonen dabei die Umwelt. Außerdem schaffen sie und ihr Team Arbeitsplätze in Entwicklungsregionen.

MUTTER AUSGESETZTER BABYS

Um 2008 wurde in China alle 30 Sekunden ein behindertes Kind geboren. Oft werden diese Kinder ausgesetzt, sehr oft haben die Babys eine Gaumenspalte. Die Eltern haben kein Geld um diese Fehlbildung operieren zu lassen. Glück hatten jene Babys, die von Frau Kong aufgenommen und gepflegt wurden; sie konnten überleben.[h]

Frau Kong ist zwar selber bitterarm und zudem noch behindert. Als kleines Kind stürzte sie schwer und brach sich das Rückgrat. Für eine Operation fehlte auch ihren Eltern das Geld, daher lebt sie in der Folge mit dem krummen Rücken. Anfang der 1980er-Jahre begann Frau Kong behinderte Kinder aufzunehmen. Da ihr Mann selber schwer krank war, musste Frau Kong für ihre Kinder fast alles allein schaffen: waschen, kochen, füttern etc. Über 30 Kindern rettete sie bis 2008 das Leben. Manchen konnte sie sogar eine Operation finanzieren. Einer davon ist Fan Lüliang. Der damals (2008) 13-Jährige konnte so wieder ein normales Leben beginnen und zur Schule gehen. Reste der Gaumenspalte sind zwar geblieben, weil das Geld für die Operation zu spät kam. Aber er ist zufrieden und meinte: *„Früher haben sie zu mir immer gesagt: ‚das Kind mit der Lippenspalte'. Seit der Operation sehe ich wieder schöner aus."* Ideal lief es für Fan Runyan: Früher war sie ein ausgesetztes, behindertes Kind, dank ihrer Ersatzmama ist sie eine erfolgreiche und attraktive Frau geworden. Sie meinte dazu: *„Mama hat ein schwe-*

res Leben. Trotzdem hat sie mir ein zweites Leben geschenkt. Ich liebe sie über alles. Sie hat mir nicht nur einen gesunden Körper gegeben, sondern mich auch innerlich stark gemacht. Dafür werde ich Mama immer dankbar sein!"[i]

Einmal im Jahr kommen die Ehemaligen zu ihrer Ersatzmutter: Familientreffen bei Frau Kong. Die Erwachsenen helfen bei der Feier, sonst spenden sie – so viel Geld wie möglich, den größten Teil ihres Lohns. 2008 war Frau Kong 59 Jahre alt, sie dachte aber – trotz des Alters und ihrer Behinderung – nicht ans Aufgeben ihrer Kinderbetreuung. *„Wer sollte sich auch sonst um die Kinder kümmern?"* meinte sie lapidar.

FRAUENRECHTE IN ISLAMISCHEN LÄNDERN

In ihrer Session Anfang August 2017 haben die Abgeordneten des jordanischen Unterhauses beschlossen, den umstrittenen Artikel 308, welcher vorsah, dass Vergewaltiger einer Strafe entgehen, wenn sie ihr Opfer heiraten, aus dem Gesetz zu streichen. Das Kabinett sowie ein königliches Komitee hatten davor die Abschaffung des Artikels empfohlen. Nun (Stand August 2017) muss der Entscheid noch vom König und vom Oberhaus bestätigt werden.[j] Es gibt in mehreren arabischen Ländern immer noch Gesetze, nach denen ein Vergewaltiger straflos davonkommt, wenn er sein Opfer heiratet. Doch jetzt erhält die Bewegung dagegen Schwung. Jordanien ist nicht das einzige arabische Land, das sich in dieser Hinsicht bewegt. In Libanon steht eine ähnliche Abstimmung im Parlament an (Stand August 2017).

In Ägypten kann bislang ein Mann eine Ehe mit einer kurzen Verstoßformel auflösen. Nun will Ägypten die Frauenrechte bei Scheidungen stärken. Zumindest angedacht ist diese Problematik einmal.[k] In Marokko soll der Sexismus aus den Schulbüchern verbannt werden. Die Bücher sollen toleranter werden und die Gleichstellung der Geschlechter fördern. Außerdem wird darauf geachtet, dass es keine Unterschiede in den Rechten und Pflichten von Burschen und Mädchen mehr gibt.[l] Das große Vorbild im Bestreben, die Rechte der Frauen zu verbessern ist aber sicherlich Tunesien. Präsident Habib Bourguiba etablierte bereits einige Grundrechte für Frauen, als das Land in den 1950er-Jahren unabhängig wurde. Deshalb, so meinen Experten, habe das Land auch als einziges Land des arabischen Frühlings anschließend den Übergang zur Demokratie gemeistert.[m]

Im Juli 2017 hat das tunesische Parlament schließlich ein Gesetz verabschiedet, das Frauen vor jeglicher Gewalt schützen soll. Alle 146 anwesenden Abgeordneten votierten für den Text, mit dem erstmals in dem Land auch die Opfer von häuslicher Gewalt unter Schutz gestellt werden.[n] Damit ist häusliche Gewalt keine Familienangelegenheit mehr, sondern wird zur Sache des Staates, und es gibt weitreichende Maßnahmen zur Gewaltprävention, zum Schutz von Opfern und zur praktischen Umsetzung des Gesetzes vor. So können etwa Polizisten bestraft werden, die ein Vergewaltigungsopfer dazu drängen, eine Klage gegen den Täter fallen zu lassen. In der Tat eine erhebliche Verbesserung der Stellung der Frauen.

HOFFNUNGSTROPFEN (FRAUEN & KINDER)

Afghanistan: Das Land hat kein Nationalorchester, keine Philharmonie und keine Staatsoper, aber es hat das Frauenorchester *Zohra*. Ihr Musizieren unter Lebensgefahr ist ein Beitrag dafür, mit Musik die Angst zu besiegen.[128]

Anteil der weiblichen Sitze im Parlament (2012): In Frankreich waren es 18,9 Prozent, im Deutschen Bundestag 32,9 Prozent. Zum Vergleich: in der Abgeordnetenkammer von Ruanda waren es 56,3 Prozent.[129]

Anteil der weiblichen Sitze im Parlament (2016): Der Anteil der Frauen im Parlament betrug in Ruanda 63,8 und in Bolivien 53,1 Prozent. Zum Vergleich: weltweit waren es nur 22,6 Prozent. Deutschland lag mit 36,5 Prozent, die Schweiz mit 32 Prozent und Österreich mit 30,6 Prozent über dem Weltdurchschnitt, die FPÖ in Österreich mit 18,4 Prozent darunter.[130]

Anteil der weiblichen Sitze im Parlament (Entwicklung): In den letzten 20 Jahren haben Frauen in über 150 Staaten ihre Repräsentation im Parlament steigern können. Der durchschnittliche Anteil von Frauen im Parlament hat sich in derselben Zeit fast verdoppelt.[131]

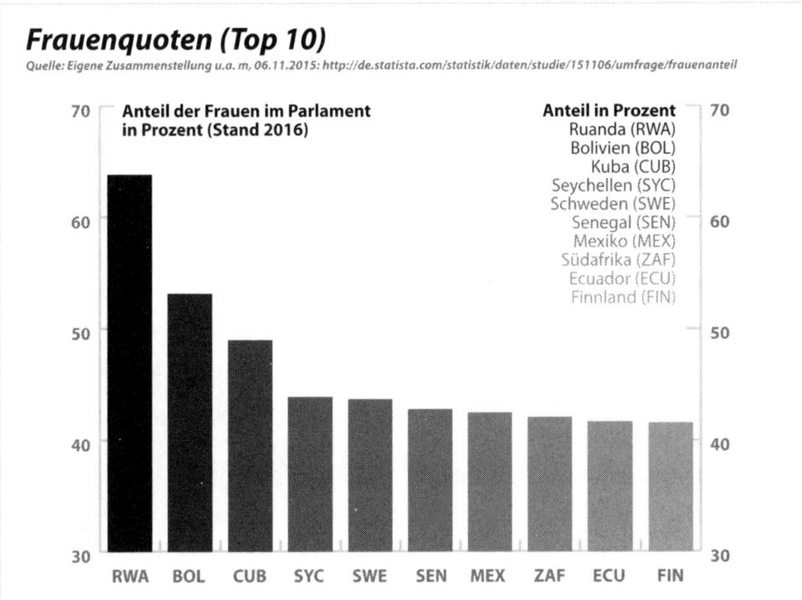

Abbildung 15: Frauenquote in Parlamenten

Arabische Ehefrauen: Ehen werden mittlerweile schneller gelöst als noch vor wenigen Jahren. Sogar im islamisch ultrakonservativen Saudi-Arabien werden mittlerweile 30 Prozent der Ehen geschieden. Das ist natürlich umso wichtiger, als viele Ehen nach wie vor von den Eltern arrangiert werden.[132]

Australien: Alkohol und Gewalt waren unter den Aborigines im australischen Fitzroy Valley lange allgegenwärtig. Eines Tages erhoben sich die Frauen und nahmen ihr Schicksal selber in die Hand.[133]

Betrügereien: Das Verhältnis von überführten männlichen zu weiblichen Betrügern beläuft sich auf 99 zu 1. Wie würde unser Globus aussehen, wenn die Männer auch so wären wie die Frauen?[134]

Elternzeit (USA): Als erste US-Stadt will San Francisco eine voll bezahlte berufliche Auszeit für frischgebackene Eltern einführen.[135]

Emanzipation (Indien): In Indien emanzipieren sich Frauen durch den Anbau von nachhaltiger Baumwolle. Bis zur Gleichberechtigung ist es dennoch noch ein weiter Weg.[136]

Frauen und Kinder (Indien): Ihre Lage ist immer noch problematisch. Dennoch haben sich fast alle Indikatoren zur Familiengesundheit in Indien in den vergangenen zehn Jahren deutlich verbessert.[137]

Frauen und Landwirtschaft: Hätten Kleinbäuerinnen in Afrika den gleichen Zugang zu Ausbildung, Werkzeugen, Saatgut, technischem Know-how, Wasser und Krediten wie die Männer, könnten Erträge um über 20 Prozent gesteigert werden, und es würde bis zu 150 Millionen Hungernde jährlich weniger geben.[138]

Frauen und Naturwissenschaft: Der Anteil der Frauen bei den naturwissenschaftlichen Doktortiteln betrug 2009 in Island 64 Prozent![139]

Frauen und Papst Franziskus: Weniger Gehalt für Frauen ist *„ein Skandal"*. Es sei falsch zu glauben, dass die Emanzipation und Berufstätigkeit von Frauen die Krise der Familie ausgelöst habe. *„Das ist eine Form des Machismus, der die Frau dominieren will"*, erklärte der Papst. *„Wir müssen die Frau verteidigen."*[140]

Frauenarbeit: In Island sind 84 Prozent der Frauen erwerbstätig; dies ist ein Weltrekord.[141]

Frauenbenachteiligung: Frauen werden weniger benachteiligt. Wenn diese Entwicklung auch nur sehr langsam vorangeht, der Gender Gap Index belegt es. In dem Jahrzehnt nach 2006 wurde in nur sechs Ländern der Gender Gap größer, dagegen in 105 Ländern kleiner.[142]

Frauenbeschäftigung (Vatikan): Der Anteil der Frauen an den Vatikan-Angestellten ist zuletzt stark gestiegen.[143]

Frauenbeschäftigung (weltweit): 2015 betrug der Anteil der Frauen bei den bezahlten Beschäftigten außerhalb des Agrarsektors weltweit 41 Prozent, ein Anstieg von 35 Prozent seit 1990.[144]

Frauenrechte (China): Die bekennende Feministin Xie Lihua ist Herausgeberin eines Magazins für Frauen auf dem Land und gründete das *Zentrum für Wanderarbeiterinnen* in Peking.[145]

Frauenrechte (Pakistan): Pakistan hat zwei Gesetze zum Schutz von Frauen gegen Vergewaltigungen sowie Morde aus falsch verstandener Ehre verabschiedet.[146]

Frauenrechte (Vatikan): Erstmals seit Gründung des Vatikanstaates gibt es dort eine Frauenvereinigung. Der Verein mit dem Namen *Donne in Vaticano* (DVA) steht allen 750 Frauen offen, die am Heiligen Stuhl und im Vatikanstaat beschäftigt sind.[147]

Fußball (Somalia): Auch somalische Mädchen spielen mittlerweile Fußball.[148]

Geheilte Lepra-Patientin: An ihrem 83. Geburtstag durfte die ehemalige Lepra-Patientin Miyo Maki ein Kleid des japanischen Modemachers Takafumi Tsuruta bei der Fashion Week in Tokio präsentieren. Miyo Maki dazu: *„Das war der tollste Geburtstag, den ich je hatte."* Die Modeschau nannte sie einen *„wichtigen Schritt vorwärts"* für die gesellschaftliche Akzeptanz von Lepra-Patienten.[149]

Genitalverstümmelung (Ägypten): Ägypten will die Strafen für weibliche Genitalverstümmelung verschärfen. Die Gefängnisstrafe soll von maximal zwei auf fünf bis sieben Jahre erhöht werden.[150]

Genitalverstümmelung (Aufklärung): Eine Studie zeigt, dass Filme die Einstellung zur weiblichen Genitalverstümmelung innerhalb der Familien verbessern könnten.[151]

Genitalverstümmelung (Gambia): Der Präsident des Landes hat im Sommer 2016 ein komplettes Verbot der Genitalverstümmelung (FGM) im ganzen Land angekündigt, um junge Mädchen und die Würde der Frauen zu schützen.[152]

Genitalverstümmelung (Kenia): Kenia warnt Eltern vor Genitalverstümmelung bei ihren Töchtern.[153]

Genitalverstümmelung (Montenegro): Die montenegrinische Regierung will juristisch gegen weibliche Beschneidung vorgehen.[154]

Genitalverstümmelung (Nigeria): In einigen Teilen Nigerias war die Genitalverstümmelung schon verboten, nun ist es im gesamten Land strafbar.[155]

Geschlechtergerechtigkeit (Philippinen): Das Land zählt zu den führenden Ländern bei der Geschlechtergerechtigkeit.[156]

Geschlechtsspezifische Lohnlücke bleibt ein wesentliches Problem. In Luxemburg und Belgien geht dabei die Schere am wenigsten weit auseinander und es besteht der Grund zur Hoffnung, dass sich die Lohnlücke zwischen den Geschlechtern innerhalb der nächsten beiden Jahrzehnte zur Gänze schließt. In Polen, wo die Kluft zwischen weiblichen und männlichen Einkommen derzeit sieben Prozent beträgt, könnte das sogar in den nächsten zehn Jahren der Fall sein.[157]

Gewalt (weltweit): Körperlich ausgeübte Gewalt unter Menschen ist zu mehr als 90 Prozent männlich. Bei den Raubüberfällen soll der Anteil der Männer sogar bei 99,9 Prozent liegen.[158]

Gewalt gegen Frauen: Jede Art von Gewalt gegen Frauen und Mädchen in der Öffentlichkeit und im privaten Bereich soll laut UN-Ziel bis 2030 abgeschafft werden, darunter sexuelle Belästigung und Ausbeutung.[159]

Gleichberechtigung (Gegenwart): Gleichberechtigung ist nicht nur ein fundamentales Menschenrecht, sondern auch eine notwendige Grundlage für ein friedliches und nachhaltiges Zusammenleben. Immerhin sind (Stand 2015) global in 46 Ländern nun mehr als 30 Prozent der Sitze in nationalen Regierungen von Frauen besetzt.[160]

Gleichberechtigung (Zukunft): Aus Sicht der UNO ist der Siegeszug der Gleichberechtigung kaum noch aufzuhalten. Auf diesem Feld habe die Welt in den vergangenen Jahren *„substanzielle Erfolge erzielt"*, heißt es in einem Fortschrittsbericht des ehemaligen Generalsekretärs Ban Ki-moon.[161]

Gleichstellung (Türkei): Die Frau hat einen hohen Stellenwert in der kurdischen Gesellschaft. Seit dem März 2014 hat sogar jede kurdische geführte Gemeinde eine Doppelbürgermeisterschaft: einen Mann und eine Frau.[162]

Haushaltsarbeit (Japan): Selbst in Japan beginnen die Männer im Haushalt zu arbeiten: Laut *Japan Times* verbrachten die Männer 1996 im Schnitt 27 Minuten täglich mit Haushaltsarbeit, 2001 waren es bereits 49 Minuten und 2011 schon 69 Minuten.[163]

Heilige Schriften: Das Wort „Mann" wird im alten Testament 1.752 und im Koran 121-mal genannt. Das Wort „Frau" hingegen 653 und 204-mal.[164]

Kinder und ihre Väter: Heute ist es in vielen Gegenden normal, Väter zu sehen, die ihre Babys umhertragen. Dazu Gael García Bernal, ein mexikanischer Schauspieler: *„Für mich ist das ein Triumph der Menschheit. Wir Väter sehen es nicht nur als Pflicht an, uns um unsere Kinder zu kümmern, sondern als unser Recht. Es sind kleine politische Errungenschaften, die die Welt besser machen. Von ihnen träume ich, sie inspirieren mich und geben mir Hoffnung."*[165]

Kinderarbeit (weltweit): Die Zahl der arbeitenden Kinder hat sich in den letzten Jahrzehnten um die Hälfte verringert.[166]

Kinderehen (Deutschland): Ein neues Gesetz sieht vor, dass alle Ehen, bei denen ein Partner jünger als 16 Jahre alt ist, künftig nichtig sind. Dies soll auch für bereits im Ausland geschlossene Ehen gelten und betrifft damit vor allem Flüchtlinge und Migranten.[167]

Kinderehen (Malawi): Häuptlingsfrau Theresa Kachindamoto setzt sich gegen Kinderehen in Malawi ein. Das traditionelle Oberhaupt des malawischen Dedza-Distrikts hat bereits 1.500 Vermählungen aufgelöst. Zudem verabschiedete das malawische Parlament ein Gesetz, mit dem das heiratsfähige Alter auf 18 Jahre festgesetzt wird.[168]

Kindern eine Chance (KEC): Das Projekt wird von Stefan Pleger in Uganda betrieben. KEC betreibt dort fünf Kindergärten und sechs Grundschulen mit insgesamt 3.600 Kindern und bietet ein tägliches Ernährungsprogramm für weitere 14.000 Schüler.[169]

Kinderschutz (Pakistan): In Pakistans großer Sindh-Provinz mit 55 Millionen Einwohnern ist es nun verboten, Kinder in Schulen und an anderen Orten zu schlagen. Ein entsprechendes Gesetz ist laut Medien am 31. Jänner 2017 verabschiedet worden. In der größten Provinz Punjab mit etwa 100 Millionen Einwohnern sind ebenfalls Gesetze gegen Kinderarbeit verabschiedet worden. Dies sind erste Schritte in Richtung Kinderschutzstandards, die denen in der entwickelten Welt entsprechen.[170]

Kindersklaverei (Westafrika): In einem vom *UN-Kinderhilfswerk* geförderten Projekt *The Return of a Slave Child* bekämpft die spanische Fotografin Ana Palacios auch die moderne Form der Sklaverei im 21. Jahrhundert. Sie will mit ihrem Fotoprojekt zeigen, wie die jungen Menschen der Sklaverei entkommen und damit beweisen, dass der für die bitterarme Landbevölkerung vermeintlich alternativlose Verkauf der eigenen Kinder nicht notwendig ist.[171]

Klimaschutz (Kenia): Die Kenianerin Linda Ochwada erforscht das Potenzial zur Nutzung von Solarenergie, sammelt örtliche Wetter- und Klimadaten und erprobt den nachhaltigen Anbau unterschiedlicher Fruchtsorten, um die Auswirkungen von Dürren zu vermindern.[172]

Lohngerechtigkeit (Deutschland): Das Kabinett hat Anfang Jänner 2017 einen Gesetzesentwurf für mehr Lohngerechtigkeit zwischen Frauen und Männern beschlossen.[173]

Mädchen: Wer die Welt verändern wolle, müsse in die Mädchen investieren, meinte der ehemalige UNO-Generalsekretär Ban Ki-moon einmal.[174]

Minenlastwagenfahrerinnen: Der Rohstoffriese *BHP Billiton* hat sich entschieden, genauso viele Frauen zu beschäftigen wie Männer. Derzeit arbeiten diejenigen Abteilungen, in denen der höchste Frauenanteil herrscht, um mindestens 15 Prozent erfolgreicher als jene, die von Männern dominiert werden.[175]

Ministrantinnen (Österreich): Laut einer Studie der Katholischen Jungschar sind bereits 54 Prozent der Ministranten weiblich.[176]

Müttersterblichkeit (weltweit): Waren 1990 noch 530.000 Todesfälle zu verzeichnen, so waren es 2015 rund 300.000.[177]

Polizistinnen (Lima): Der Frauenanteil unter den Verkehrspolizisten in Lima liegt bei 75 Prozent. Ein Grund: Frauen gelten als weniger korrupt.[178]

Saudi Arabien: In keinem Land der Welt sind Frauen im alltäglichen Leben so eingeschränkt wie in Saudi-Arabien. Und dennoch: Die Börse in Riad hat eine Frau zur Präsidentin des Verwaltungsrats ernannt: Al-Suhaimi. Noch eine andere Frau darf sich über einen Karrieresprung freuen: Die Bank Samba hat ebenfalls als Chefin eine Frau bestellt, nämlich Rania Mahmud Naschar.[179]

Scotland Yard: Erstmals in ihrer 188-jährigen Geschichte übernahm im April 2017 mit Cressida Dick eine Frau die Chefetage des Londoner Metropolitan Police Service (Scotland Yard).[180]

Straßenkinder: Dr. Azam kümmert sich in Karatschi (Pakistan) um die etwa zehntausend klebstoffsüchtigen Straßenkinder.[181]

Todesstrafe (Simbabwe): In Simbabwe darf die Todesstrafe ausschließlich gegen Männer zwischen 21 und 69 Jahren verhängt werden, nicht gegen Frauen.[182]

UBS: Die Schweizer Großbank UBS untermauert ihr Engagement für Frauen mit der Gründung eines weiblichen Beirats. Darin sitzen Unternehmerinnen, Investorinnen und Philantropinnen.[183]

Weibliche Föten (Indien): In Indien sind Söhne „wertvoller" als Töchter. Viele weibliche Föten werden daher abgetrieben. Doch der indische Doktor Rakh hat es sich zur Lebensaufgabe gemacht, diese weiblichen Föten zu retten.[184]

Wettermoderatorin mit Downsyndrom (Frankreich): Melanie Segard moderierte am 14. März 2017 im französischen Fernsehen das Wetter.[185]

Zwangsheirat (Jemen): Eine Achtjährige setzte die Scheidung durch. Das Mädchen war mit einem 30-Jährigen zwangsverheiratet worden. Sie wehrte sich und hatte das Gericht auf ihrer Seite.[186]

5 BILDUNG

EIN SCHLÜSSELFAKTOR

Bildung alleine wird die Welt nicht retten, aber sie ist ein zentraler Schlüssel für die Lösung und Verbesserung vieler Weltprobleme. Sie ist somit eine notwendige Bedingung – keine hinreichende –, um den Globus zu verbessern. *„Nicht Klima, nicht Rohstoffe, sondern Bildung ist der Schlüsselfaktor für das Überleben der Menschheit"* meint Reiner Klingholz pointiert.[a] Auch zur Erreichung der meisten Ziele der Entwicklungsagenda Post-2015, etwa bezüglich nachhaltigen Konsums, Gesundheit oder Frieden wird immer wieder auf den Faktor Bildung hingewiesen.[b]

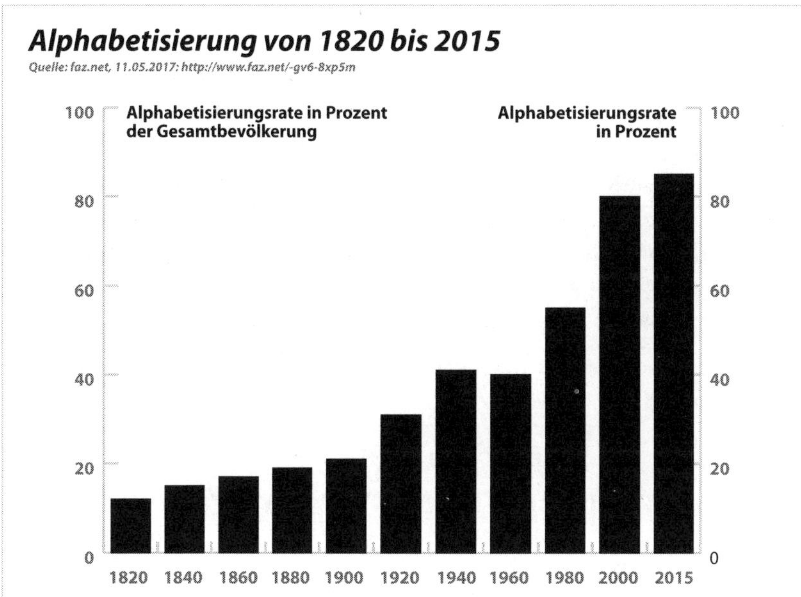

Abbildung 16: Alphabetisierung von 1820 bis 2015

Ein rudimentäres Kriterium zur Messung der Entwicklung der Bildung stellt der so genannte Alphabetisierungsgrad dar. Er gilt als einer der wichtigsten Entwicklungsindikatoren, mit dem in der Regel der individuelle und der volkswirtschaftliche Wohlstand wachsen. Die OECD bezeichnet eine Person dann als alphabetisiert, *„wenn sie eine kurze, einfache Aussage zu ihrem alltäglichen Leben mit Verständnis sowohl lesen als auch schreiben kann“.* [c]

Dazu eine eindeutig positive Feststellung: Die Alphabetisierungsrate lag im globalen Durchschnitt vor rund 200 Jahren lediglich bei geschätzten zwölf Prozent, 1960 immerhin schon bei 60 Prozent, und heute (um 2015) bei rund 85 Prozent.[d] Pessimisten werden zu Recht einwenden, dass der Prozess der Alphabetisierung zu langsam voranschreite und immer noch ein zu großer Anteil der Weltbevölkerung nicht lesen und schreiben könne. Optimisten werden dem entgegenhalten, dass erstens sich in den letzten Jahrzehnten doch auch diesbezüglich vieles verbessert hat und zweitens die UNO in den Nachhaltigkeitszielen sich bis 2030 das ambitionierte Ziel gesetzt hat, dass alle Mädchen und Jungen kostenlos und gleichberechtigt qualitativ hochwertigen Zugang zu Bildung bekommen sollten.[e] Bildung ist eine Grundvoraussetzung für wirtschaftliche Aktivitäten, sie hilft dabei, die Bevölkerungszahl zu senken, mehr Gerechtigkeit und mehr Gesundheit zu erreichen, Arbeitsplätze sicherer zu machen und das Einkommen zu erhöhen. Auch zur Erlangung von Nachhaltigkeit braucht es mehr Bildung; ohne Bildung bleiben alle Problemlösungsansätze Makulatur. Bildung kostet Geld, würde es aber Unsummen verschlingen, dieses Ziel durchzusetzen? Dazu sei ein schlichter Vergleich erlaubt: Um die Bildungsziele der Weltgemeinschaft zu erreichen, fehlen angeblich 39 Milliarden Dollar. Diese Lücke ließe sich mit lediglich 2,2 Prozent der weltweiten Militärausgaben eines einzigen Jahres schließen.[f] Ein völlig utopischer Mehraufwand?

UNBERÜHRBARE SCHAFFT SENSATION

Tina Dabi (damals 22-jährig) schrieb indische Geschichte: Als erste weibliche Dalit, wie sich Indiens Unberührbare heute nennen, hat sie 2016 als Beste den berüchtigt schweren Bewerbungstest für Indiens gehobenen Staatsdienst bestanden und hunderttausende Mitbewerber überflügelt. Die Medien feierten Tina Dabi, die die *„Hürden von Kaste und Geschlecht“* überwand, als Vorbild.[g]

OBDACHLOSER MIT AUSZEICHNUNG

Seine Mutter starb, als er fünf war. Danach folgten Stationen bei verschiedenen Familienmitgliedern und in Heimen – bis Liyjon DeSilva irgendwann auf der Straße landete. Er schlief in Parks, auf der Straße, in abgestellten Bussen, ging aber weiter zur Schule. 2016 wurde er 20 Jahre alt und machte einen der besten Abschlüsse an der *Lee High School* in Houston – nach drei Jahren Obdachlosigkeit. Zudem hat Liyjon wegen seiner guten Leistungen ein Vollstipendium für das *Carleton College* in Northfield, Minnesota, erhalten. Sein Bildungsweg ist also noch nicht zu Ende.[h]

BANGLADESCH UND DIE SONNE

Die meisten Solaranlagen gibt es heute nicht in Deutschland, Japan oder Kalifornien, sondern im noch armen Bangladesch. Dort hat Muhamad Yunus mit Minikrediten für die Ärmsten dafür gesorgt, dass auf deren Hütten insgesamt über vier Millionen kleine Solaranlagen installiert wurden. Die Investition dafür hat sich gegenüber der alten Energieversorgung mit Kerosin bereits nach zwei Jahren gerechnet. Vor allem Frauen bekommen diese Kredite, wenn sie sich verpflichten, dass ihre Kinder zur Schule gehen. Ein ganzheitlicher Ansatz zur Überwindung der Armut. Bildung verändert alles. Auch das Bevölkerungswachstum wird gestoppt, wenn alle Mädchen zur Schule gehen. Und eine preiswerte Solarenergie bietet ökologische und ökonomische Chancen.[i]

BERUFUNG

Für viele Kinder in Kolumbien ist es nicht einfach, eine Schulbildung zu bekommen. Deswegen bringt der Lehrer Luis Soriano mit zwei Maultieren (sie tragen die Namen „Alfa" und „Beta") Bildung und Bücher zu den Kindern in abgelegene Dörfer. Acht Stunden am Tag reitet er täglich durchs Land. Luis Soriano weiß nicht genau, wie vielen

Kindern und Erwachsenen er schon das Lesen beigebracht hat. Oder wie viele durch ihn die Liebe zum Lesen entdeckt haben. Sicher sind es Tausende, denn seit 20 Jahren bringt der Grundschullehrer im heißen, armen und unwirtlichen Norden Kolumbiens den Kindern Bücher und ihre Segnungen nahe. Soriano macht das alles ehrenamtlich und obwohl ihm vor ein paar Jahren nach einem Unfall sogar ein Unterschenkel amputiert werden musste. Seither reitet er mit einer Prothese. Sein Motto: *„Eine Amputation wird meine Eselsbibliothek nicht stoppen. Ich kann doch die Kinder nicht alleine lassen"*. PS: Die Eselsohren bekommen die Bücher aber nicht von den Eseln!

In Dörfern der Basilicata (Italien) fährt Antonio La Cava mit seinem *„Bibliomotocarro"*, einem umgebauten Vespacar auf drei Rädern durch die Gegend und verteilt Bücher. Antonio ist Lehrer im Ruhestand und will mit seinem Gefährt Bücher zu den Kindern bringen und diese für das Lesen begeistern. Insgesamt legt der engagierte Rentner im Monat eine Wegstrecke von etwa 500 Kilometern zurück.[j]

KRAFT DER WORTE

José Alberto Gutiérrez arbeitet in Bogotà als Müllmann. Vor rund zwanzig Jahren fand er am Straßenrand, zwischen Altpapier und Restmüll, eine Taschenbuchausgabe von Leo Tolstois Roman *Anna Karenina*. Die Seiten waren vergilbt, der weiße Pappeinband modrig. Gutiérrez nahm das Buch trotzdem mit nach Hause. Bis heute bewahrt er es wie einen Schatz auf. Nicht nur, weil die Lektüre ihm viele schöne Stunden bescherte, sondern er damit auch zur Erkenntnis kam: *„Die Leute werfen tatsächlich Weltliteratur in den Abfall."* Gutiérrez kam nie über einen Grundschulabschluss hinaus, aber Lesen fasziniert ihn dennoch und in Anlehnung an Jorge Luis Borges meint er: *„Ich habe mir das Paradies immer als eine Art Bibliothek vorgestellt."* Genau dieses Paradies hat er nun aus Müllhalden errichtet. Nicht weniger als 20.000 Bücher umfasst seine so errichtete Bibliothek. Mittlerweile muss er die Neueingänge nicht mehr aus dem Müll fischen; Buchspenden erreichen ihn aus dem ganzen Land. Auch aus Platzmangel kam er auf die Idee, sie weiter zu verschenken. Er gründete die Stiftung *Kraft der Worte*, die ein Netz von privaten Gratis-Bibliotheken in Bogotá betreut.

Außerdem verschickt er Bücherkisten in ländliche Regionen, wo eben noch der Bürgerkrieg wütete und der Staat praktisch noch nicht existiert und wo Generationen nichts anderes als schießen gelernt haben. Auch kriegsmüde Guerilleros der FARC hat er schon mit Lesestoff versorgt. In jedes Exemplar stempelt er vorher denselben Spruch hinein. *„Este libro es libre"* – dieses Buch ist frei, es gehört der Menschheit. Einen persönlichen Traum hat Gutiérrez noch: einen höherer Schulabschluss. Für Juli 2017 plante er sein Abitur nachzuholen.[k]

HOCHSCHULSTUDIUM IM FLÜCHTLINGSLAGER

Flüchtlingshilfe soll nicht nur Nahrung und Sicherheit anbieten, sondern mittelfristig auch neue Perspektiven. Eine Hilfsorganisation am Horn von Afrika ermöglichte deshalb jungen Flüchtlingen einen Studienabschluss. Im Flüchtlingslager Kakuma im Nordwesten Kenias lebten um 2011 rund 80.000 Flüchtlinge. Es gab dort Läden, einen Markt, ein äthiopisches Restaurant, aber auch eine Universität für Flüchtlinge. Wie wurde das möglich? Die Lagerleitung arbeitete mit amerikanischen *Jesuiten-Universitäten* zusammen, die Flüchtlinge aus dem Lager als Studenten aufnahmen. Die Betreuung erfolgte ausschließlich online. Die erforderlichen Computer standen im Zentrum des Lagers. Dort wurden die Studenten durch Mentoren betreut, eingeschrieben waren sie zum Beispiel an der *Regis University* in Denver im amerikanischen Staat Colorado. Die Chance auf einen Hochschulabschluss motivierte die Flüchtlingsstudenten sehr. Jedes Jahr könnten auf diese Art im Lager rund 150 Leute studieren.[l]

ZIEGENHÜTER WIRD PROFESSOR

Als Kind galt Turoop Losenge im Norden Kenias als schlechter Hirte. Darum haben ihn die Eltern auf die Schule geschickt. Heute ist er ein angesehener Professor in Nairobi. Die kenianische Hauptstadt ist etwa 500 Kilometer von seinem Geburtsort entfernt. Dieser besteht aus sieben Lehmhütten und es gibt bis heute keinen Stromanschluss, kein fließendes Wasser, keine Schule, keine Krankenstation oder gar eine gepflasterte Straße.

Als der Professor ein kleiner Junge war, eröffneten katholische Missionare die erste Schule in der Gegend. Jede Familie sollte demnach einen Jungen zum Lernen schicken. Losenges Vater, ein Analphabet, zeigte auf den schlechtesten Hirten unter seinen Söhnen: Losenge. Dazu der Betroffene: *„Alle kleinen Jungen mussten Ziegen hüten, aber ich habe es nie gemocht"*, erinnert sich der Professor. *„Es war sehr anstrengend, den Tieren hinterher zu rennen."* Die Schule wurde für ihn zum Refugium. Heute ist Turoop Losenge 45 Jahre alt und Professor für Gartenbau in Nairobi, und es ist ihm klar: Bildung war für ihn der einzige Ausweg aus dem Hirtendasein. In den vergangenen 20 Jahren hat sich der Wert einer universitären Ausbildung auch unter den Stämmen Afrikas verändert. Turoop Losenge hat sein Heimatdorf für eine moderne Welt hinter sich gelassen. Mittlerweile haben es andere ihm gleichgetan.[m]

GLOBALE BILDUNGSAGENDA BIS 2030

1. Bis 2030 soll allen Mädchen und Jungen der Abschluss einer kostenlosen, chancengerechten und hochwertigen Primar- und Sekundarschulbildung ermöglicht werden, die zu relevanten und effektiven Lernergebnissen führt.

2. Bis 2030 soll allen Mädchen und Jungen der Zugang zu hochwertiger frühkindlicher Bildung, Betreuung und Erziehung, die ihnen einen erfolgreichen Übergang in die Schule ermöglicht, gesichert werden.

3. Bis 2030 soll allen Frauen und Männern ein gleichberechtigter und bezahlbarer Zugang zu hochwertiger beruflicher und akademischer Bildung ermöglicht werden.

4. Bis 2030 soll sichergestellt sein, dass eine deutlich höhere Anzahl an Jugendlichen und Erwachsenen die für eine Beschäftigung oder Selbstständigkeit relevanten Kenntnisse, Fähigkeiten und Fertigkeiten erwirbt.

5. Bis 2030 sollen Benachteiligungen aufgrund der Geschlechtszugehörigkeit auf allen Bildungsstufen beseitigt und allen Menschen ein gleichberechtigter Zugang zu allen Bildungsstufen gesichert werden,

einschließlich der Menschen mit Behinderung, indigenen Völkern und benachteiligten Kindern.

6. Bis 2030 soll der Erwerb ausreichender Lese-, Schreib- und Rechenfähigkeiten für alle Jugendlichen und für einen erheblichen Anteil der Erwachsenen sichergestellt werden.

7. Bis 2030 soll sichergestellt sein, dass alle Lernenden die für nachhaltige Entwicklung notwendigen Kenntnisse und Fähigkeiten erwerben, u.a. durch Bildung für nachhaltige Entwicklung, für nachhaltige Lebensweise, für Menschenrechte, für Gleichberechtigung der Geschlechter, durch Förderung einer Kultur des Friedens und der Gewaltfreiheit, durch Weltbürgerschaftsbildung und Wertschätzung kultureller Vielfalt und durch den Beitrag der Kultur zu nachhaltiger Entwicklung.[n]

HOFFNUNGSTROPFEN

Ägypten: Kinderarbeit und Analphabetismus zählen zu den größten Problemen Ägyptens. Dagegen arbeitet eine Farm nahe Kairo. Dort müssen Kinder zwar zur Ernte auf die Felder, erhalten aber auch eine gute Schulbildung – anthroposophische Lektionen inklusive.[187]

Alphabetisierungsgrad: Dieser lag 1960 im globalen Mittel erst bei 60 Prozent, heute (um 2015) beträgt er 85 Prozent.[188]

Äthiopien: Junge Frauen im Hochland kämpfen für Unabhängigkeit und gehen dafür sieben Tage in der Woche zur Schule. In der Arssi-Gesellschaft (Provinz in Äthiopien) waren Frauen bisher den Männern untergeordnet. Doch das ändert sich gerade.[189]

Big Data und Ethik: Die Macht der Daten lässt sich für gute und für schlechte Zwecke nutzen. Roberto Zicari und Andrej Zwitter haben deshalb fünf Prinzipien für eine Big-Data-Ethik formuliert: 1) *„Do no harm“*. 2) Verwende Daten so, dass die Ergebnisse die friedliche Koexistenz der Menschen unterstützen. 3) Verwende Daten, um Menschen in Not zu helfen. 4) Verwende Daten, um die Natur zu schützen und die Umweltverschmutzung zu reduzieren. 5) Verwende Daten, um

Diskriminierung und Intoleranz zu beseitigen sowie ein faires Zusammenleben zu schaffen.[190]

Bildung als Schlüssel: Florence Awini, die Leiterin der Presbyterian Senior High School in Tamale, einer Stadt im Norden Ghanas, machte sich das Motto des ehemaligen UN-Generalsekretärs Ban Ki-moon zum Leitbild. Wer die Welt verändern wolle, müsse in die Mädchen investieren. Mädchen sollen Mädchen sein dürfen und nicht nur zu Bräuten bestimmt sein.[191]

Bildung und Grundeinkommen: *„Arbeit ist für viele Menschen ein sehr wichtiger Teil ihrer Identität"*. Deshalb glaubt die Microsoft-Managerin Sabine Bendiek, dass Bildung wichtiger sei als das Grundeinkommen.[192]

Bücher als Therapie: Liebeskummer, Ängste oder Sinnsuche – nicht selten geben Bücher genau die passende Antwort. Doch welche sind die richtigen, um Lebenskrisen zu bewältigen? Damit beschäftigt sich die noch recht junge Therapieform, die so genannte Bibliotherapie.[193]

Bücherdörfer: Mitten im walisischen Nirgendwo liegt das Dörfchen Hay-On-Wye, die heimliche Buchmetropole der Welt (1.800 Einwohner und zehn Millionen Bücher). Mittlerweile gibt es ein weltweites Bücherdorf-Imperium. Vom französischen Montolieu über das australische Clunes bis zu Kampung Buku in Malaysia umspannt heute ein Netz von Bücherdörfern den Globus, die internationale Touristen anlocken.[194]

Harriet Bruce-Annan (Deutschland): Mit dem Trinkgeld, das sie als Putzfrau erhält, unterstützt sie Kinder in Ghana damit sie zur Schule gehen können. Ihr Motto: *„Egal wie weit unten man ist, man kann doch helfen."*[195]

IQ (weltweit): Der weltweite IQ, ermittelt aus 219 Studien aus 31 Staaten im Zeitraum von 1909 bis 2013, ist angeblich um volle 30 Punkte gestiegen. Hauptgründe: wachsender Wohlstand, verbesserte Bildung, bessere Ernährung (siehe Abbildung 17).[196]

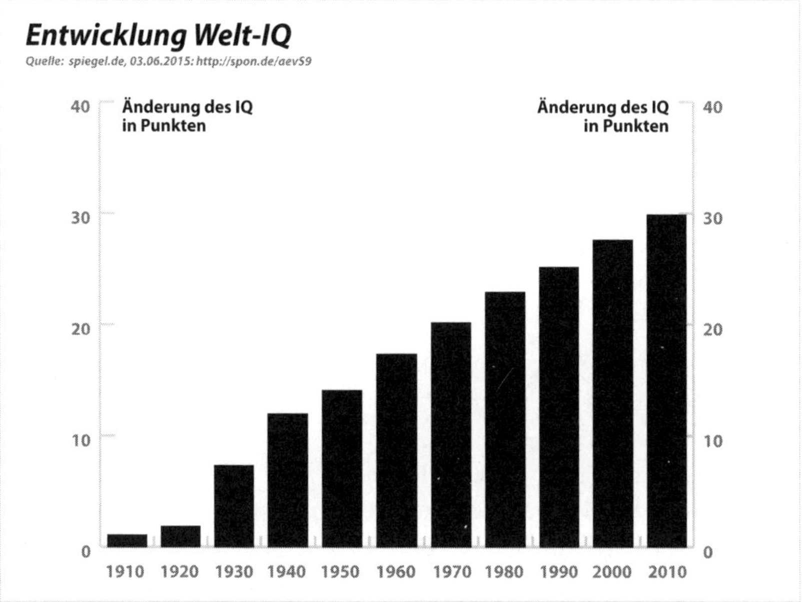

Abbildung 17: Entwicklung Welt-IQ

Irak: Idealisten und von Hoffnung Überzeugte betreiben in einer Ecke von Basra einen sogenannten *Makerspace*, neben dem *Fikraspace* in Bagdad das einzige technische Kreativzentrum im gesamten Irak. Das nötige Startkapital von 25.000 Dollar trieben sie durch Crowdfunding auf.[197]

Iran: 70 Prozent aller Studenten der Natur- und Ingenieurwissenschaften an iranischen Universitäten sind Frauen.[198]

Kenia: Ein oberösterreichischer Malermeister bildet Bäcker und Fußballtalente in Nairobi aus. *Hope for Future* ist eines der größten privaten österreichischen Hilfsprojekte in Afrika, das das Leben tausender junger Menschen verändert hat. Der Stolz von *Hope for Future* ist die Fußballakademie. Leiter ist Stefan Köglberger, Sohn der LASK- und Austria-Legende Helmut Köglberger.[199]

Kinder in der Schule: Während 1999 weltweit 204 Millionen Kinder nicht zur Schule gingen, sind es heute (um 2015) „nur" mehr 57 Millionen.[200]

Kostenvergleiche: Kosten für ein Jahr Studium an der *Harvard Universität*, in Dollar: 56.000. Zum Vergleich: Kosten für ein Jahr im Gefängnis von New York, in Dollar: 168.000.[201]

Lebenserwartung und Bildung: Um die Lebenserwartung von Menschen mit niedrigeren Einkommen zu steigern, helfe es nicht, ihnen höhere Transferleistungen zu verschaffen, so eine Studie. Es müsse auch stärker in präventive Gesundheitsmaßnahmen und Ausbildung investiert werden.[202]

Lesen: Im Jahr 1820 konnten nur 12 Prozent der Weltbevölkerung lesen, 2015 waren es 85 Prozent.[203]

Malaysia: Malaysia entwickelte sich durch massive Investitionen in Bildung in weniger als zwei Generationen von einem bettelarmen Land, in dem es kein einziges Gymnasium gab, zu einem der führenden Technologie- und Wirtschaftszentren der Welt. Der Zugang zu Wissen war der Schlüssel.[204]

Schulbildung: Im Jahr 1820 hatten erst 17 Prozent der Weltbevölkerung eine Schulbildung, 2015 waren es 86 Prozent.[205]

Universitäten der Zukunft: Die Hochschulen der Zukunft heißen *Udacity*, *Iversity* oder *Kiron*. Sie stellen die besten universitären Inhalte ins Netz und ermöglichen somit einen kostengünstigen bis kostenfreien Zugang zu dieser *„digitalen Weltuniversität für alle"*. Mit der digitalen Bildungsrevolution wird ein Engpass aufgelöst. Allein die von Salman Khan ins Leben gerufene *Khan Academy*, die Pioniereinrichtung für inzwischen 4.000 kostenlose Lernvideos, nutzen heute jeden Monat 10 Millionen *„unique user"*.[206]

6 LANDWIRTSCHAFT

ESSEN IST FÜR ALLE DA

Bis vor kurzem ging man etwa davon aus, dass die Erträge beim Bioanbau 20 bis 25 Prozent (und noch viel mehr) unter denen der konventionellen Landwirtschaft lägen. Ende 2014 erschien allerdings von Lauren C. Ponisio et al. eine neue Studie unter dem Titel: *„Diversification practices reduce organic to conventional yield gap"*.[a] Dabei berücksichtigten die Forscher 115 Studien mit mehr als 1.000 Datensätzen, die den Anbau von 52 Feldfrüchten in 38 Ländern miteinander verglichen. Die Datengrundlage war dabei mehr als dreimal umfangreicher als bei früheren Analysen. *„Die Auswertung der Studienlage ergab, dass der Ertrag der biologischen Landwirtschaft im Mittel 19,2 Prozent unter dem des konventionellen Ackerbaus liegt. Die Unterscheidung nach Anbaufrüchten und -verfahren ergab jedoch ein differenzierteres Bild. Bei Fruchtwechsel oder beim Anbau mehrerer Arten auf einem Feld (multicropping) schrumpfte die Kluft zwischen beiden Systemen sogar auf 8 bis 9 Prozent. Beim Anbau von Hülsenfrüchten – wie Bohnen, Erbsen oder Linsen – waren die Erträge sogar gleich. Die deutlichen Unterschiede bei Getreide erklären die Wissenschaftler auch damit, dass seit Jahrzehnten Sorten speziell darauf gezüchtet wurden, bei konventionellem Landbau hohe Erträge zu liefern."*[b]

Studienautorin Lauren Ponisio meinte deshalb resümierend: *„Unsere Studie deutet darauf hin, dass angemessene Investitionen in die agrarökologische Forschung zum Züchten vom Sorten für organische Landbausysteme oder zum besseren Management die Ertragskluft für manche Feldfrüchte oder Regionen reduzieren oder sogar auflösen könnten."*[c]

Wenn die Unterschiede bei den Erträgen zwischen konventioneller Landwirtschaft und biologischer Anbauweise immer mehr verschwinden sollten, dann wird – so ist zu hoffen – auch die Notwendigkeit einer Kehrtwendung bei der landwirtschaftlichen Produktion immer zwingender, denn die Kosten und Schäden der konventionellen Landwirtschaft – vor allem auch die nichtbezahlten – sind gewaltig. Kunstdünger- und Pestizid-Einsatz verursachen Schäden in Milliardenhöhe.

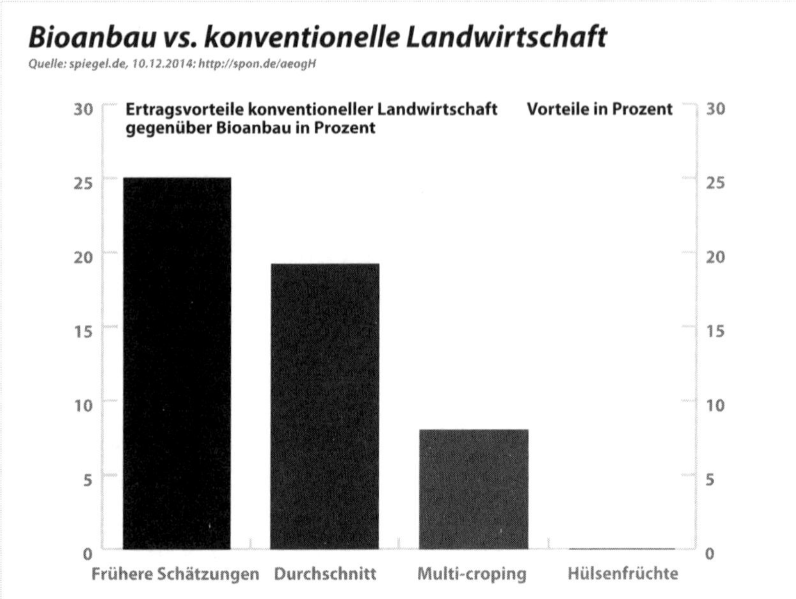

Abbildung 18: Bioanbau vs. konventionelle Landwirtschaft

Der Ladenpreis der Lebensmittel ist zwar niedrig, ihr wahrer Preis ist aber enorm. Dazu einige Zahlen aus Frankreich:[d] So hat zum Beispiel das dortige Landwirtschaftsministerium 2011 errechnet, wie viel die französischen Wasserwerke für die Reinigung des Trinkwassers investieren, um die Grenzwerte für Pestizide und Nitrat einhalten zu können. Alles in allem müssen die Versorgungsunternehmen dafür pro Jahr 1,5 Milliarden Euro ausgeben. In einer anderen Hochrechnung hat das Ministerium den Betrag ermittelt, den die Reinigung des gesamten Grundwasserreservoirs in Frankreich jährlich kosten würde: 50 Milliarden Euro. Das entspricht der Bruttowertschöpfung der französischen Landwirtschaft eines ganzen Jahres. Und selbst diese 50 Milliarden decken nur einen kleinen Teil der Kosten ab. Die Schäden, die zum Beispiel für die Muschelzucht verursacht werden oder durch den Verlust an Tier- und Pflanzenarten, kommen noch dazu.

Außerdem erleidet der Tourismus Einbußen durch die Algenplage. Es gibt gesundheitliche Beeinträchtigungen durch Pestizide in der Luft und in der Nahrung. Zudem ist die Landwirtschaft zu 30 Prozent Verursacher von Treibhausgasen und damit des Klimawandels. Würden all diese externen Kosten auf die Supermarktpreise umgelegt, könnten sich nur noch sehr reiche Menschen konventionelle Lebensmittel leisten. In Wirklichkeit ist es aber gerade andersherum: Konventionelle Lebensmittel sind billiger als Bio-Produkte, obwohl diese viel geringere externe Kosten verursachen. Es ist also höchste Zeit, dass große Teile der konventionellen Landwirtschaft einer radikalen Umkehr unterzogen werden und dies sowohl aus ökologischen als auch aus ökonomischen Gründen. Je länger dieser notwendige Veränderungsprozess hinausgeschoben wird, umso schmerzlicher, teurer und folgenschwerer wird er werden.

Es sollte nicht vergessen werden, dass die Hauptrolle auf der Bühne der globalen Nahrungsproduktion immer noch die Kleinbauern und Kleinbäuerinnen spielen. Weltweit gibt es 500 Millionen kleinbäuerliche Betriebe, und diese produzieren mit 20 Prozent des Wassers auf bloß 30 Prozent der landwirtschaftlichen Fläche 70 Prozent aller Nahrungsmittel.[e] Ohne das Kleinbauerntum zu verromantisieren, sollte dieses vor allem auch darin bestärkt werden, eng zusammenzuarbeiten, um so gegen die Agro-Industrie bestehen zu können. Solche Modelle benötigen eine Mentalitätsänderung, wobei die Landwirte unterstützt werden sollten.[f]

In Anbetracht der immer größeren Ertragssteigerungen in der Ökolandwirtschaft und der immensen Kosten und Schäden, die durch die industrielle Landwirtschaft entstehen, bleibt zu hoffen, dass sich (wieder) die Ökolandwirtschaft durchsetzen möge. Die konventionelle Agrarindustrie ist für Mensch und Umwelt ein Fehler, mahnen auch gewisse Experten, wie etwa Ruht Nyambura, eine Kenianerin, die jahrelang für das *African Biodiversity Network* tätig war und nun für das selbst gegründete *African Ecofeminist Collective* arbeitet: *„Der Westen ist davon besessen, Afrika seine Fehler wiederholen zu lassen"*, sagt sie. *„Da ist überhaupt nichts Altruistisches dran, es geht nur um neue Märkte für Dünger, Herbizide und Saatgut."*[g] Dies sollte verhindert werden.

REISANBAU INDIEN

Vor einigen Jahren hatte ein indischer Kleinbauer namens Sumant in einem Dorf in der ärmsten Region Indiens im bettelarmen Bundesstaat Bihar es geschafft, seinem Feld erstaunliche 22,4 Tonnen Reis pro Hektar abzuringen – ohne jeden Kunstdünger und ohne den Einsatz von Schädlingsbekämpfungsmitteln.[h] Das war damals als Weltrekord gepriesen worden. Man bedenke: Reis gilt als Grundnahrungsmittel für mehr als die Hälfte der Weltbevölkerung.

Dieser Reisrekord war aber kein Unikat, denn Sumants Freund Nitish hatte es ca. ein halbes Jahr später geschafft, den Weltrekord für Kartoffelernten zu brechen, und kurz danach konnte Ravindra Kumar, ein Kleinbauer in einem nahe gelegenen Dorf, den Landesrekord für Weizen übertreffen. Seitdem gilt Darveshpura als „*Indiens magisches Dorf*". Unzählige Wissenschaftler, Entwicklungshelfer, Bauern, Beamte und Politiker bemühen sich, sein Geheimnis zu ergründen. Zwei Gründe dürften es sein, die diese Rekorde ermöglichten: 1) Ein sehr siliziumhaltiger Boden und 2) eine neue oder eigentlich alte Anbaumethode, *System of Rice Intensification* (SRI) genannt. Die Methode bewirkt dramatische Ertragssteigerungen bei Weizen, Kartoffeln, Zuckerrohr, Tomaten, Knoblauch, Auberginen und vielen anderen Nutzpflanzen und wird als eine der bedeutsamsten landwirtschaftlichen Entwicklungen der letzten fünfzig Jahre gefeiert.

Der siliziumhaltige Boden ist ein Geschenk der Natur, die SRI-Methode ein „*menschengemachter*" Beitrag. Bei der SRI-Methode werden die Schösslinge schon nach acht bis zwölf Tagen und noch dazu einzeln in die Erde gesetzt, der Abstand zwischen ihnen ist größer als bei der zur Zeit praktizierten Reisproduktion, zudem wird der Boden trockener gehalten, was das Wachstum befördert. Das Unkraut muss deshalb von den Bauern gejätet werden – das wiederum belüftet den Boden. Kurzum: Durch die SRI-Methode werden die Wachstumsbedingungen verbessert, mit weniger Saatgut lassen sich höhere Erträge erzielen; allerdings ist das Verfahren arbeitsaufwendiger. Während die sogenannte grüne Revolution der Siebzigerjahre auf verbessertem Saatgut, teuren

Pestiziden und chemischen Düngern beruhte, braucht SRI diese „Unterstützung" nicht.

Dagegen verspricht die neue Methode langfristige und nachhaltige Erfolge ohne zusätzliche Investitionskosten. Es braucht dafür **keine** Patente und Abgaben oder Lizenzgebühren sind **nicht** zu bezahlen. SRI eignet sich zudem auch gut für Kleinbauern, die von ihren Familienangehörigen unterstützt werden. Dass weniger geflutete Reisfelder und eine Produktion ohne Pestizide und Kunstdünger auch dem Klimaschutz sehr entgegen kommen, sei nur noch nebenbei erwähnt. Reis trägt bekanntlich erheblich zur Methanemissionen bei, einem Treibhausgas, das 28-mal stärker wirkt als CO_2 und dessen Freisetzung zudem stark zunimmt.[i]

In der Tat ist die SRI-Methode ein wunderbarer Hoffnungstropfen, der sich auch durchzusetzen scheint, denn schon wenden weltweit vier bis fünf Millionen Bauern die Methode an. Mittlerweile propagieren sie auch Behörden in China, Indien, Indonesien, Kambodscha, Sri Lanka und Vietnam.

REISANBAU CHINA

Auch China hat einen weltrekordverdächtigen Reisproduzenten anzubieten. Es ist dies der „Reisflüsterer" Yuan Longping.[j] Auf seinen Versuchsfeldern bei Kanton kam er bei der Doppelernte bereits auf 23 Tonnen Superreis pro Hektar. Als er 1961 mit seinen Reisforschungen begann, fand er eine wild wachsende, schulterhohe Reispflanze mit 230 Körnern. Das waren damals doppelt so viele wie bei normalem Reis. Nach unzähligen Fehlschlägen entdeckte er eine Methode, wie sich Hybridreis kreuzen und stabiles Saatgut herstellen lässt. Heute verdreifachte sich damit Chinas Reisernte. 2016 konnte Yuan im Büro seines Reis-Forschungsinstituts in Changsha, der Hauptstadt der Bauernprovinz Hunan, bereits Reispflanzen mit 500 Körnern präsentieren, also mit einem Körneranteil von beinahe dem Fünffachen des Standes von 1961.

Für 2017 stellte er mit einer Einzelernte von 17 Tonnen Reis pro Hektar das Vielfache des Weltdurchschnitts in Aussicht und meinte dazu: *„Wir könnten damit 500 Millionen Menschen mehr ernähren, wenn dieser Reis auf 50 Prozent der globalen Reisflächen angepflanzt wird."* Yuan denkt mit seinen 86 Jahren (2016) noch weiter; er will durch Kreuzungen neues Saatgut für resistenten Hochertragsreis erzeugen. Der soll auch auf Böden mit bis zu 0,8 Prozent Salzgehalt wachsen können. *„Das ist mein neues Projekt"* meint er dazu, noch eines, um das Hungerproblem der Welt zu lösen. Wenn er Erfolg hat, könnten in China Millionen Hektar Küsten- und Mündungsböden, die bisher brachliegen, für Reisanbau urbar machen. Wegen seiner Erfolge bei der Entwicklung neuer Reissorten wurde auch schon daran gedacht, ihn mit dem Friedensnobelpreis zu belohnen. Seit 2008 steht er deshalb auf Oslos Kandidatenliste. 2015 wurde er *„von einem Botschafter"* vorab informiert, der *„effektive Kandidat"* zu sein. Das Komitee, das wegen seiner Nobelpreise für den Dalai Lama und den Dissidenten Liu Xiaobo unter dem Bannfluch Pekings steht, ließ bei Yuan vorfühlen. Doch die Zeit war noch nicht reif. Peking hätte ihm nicht erlaubt, nach Norwegen zu fahren, um den Preis entgegen zu nehmen. Yuan meinte dazu: Alles sei zu politisiert und zudem wolle er nicht zwischen die Fronten geraten.

SOLARKÜHLUNG FÜR AFRIKA

Sie erinnern an Trafohäuschen und sehen damit reichlich unspektakulär aus.[k] Und doch haben die nun in Kenia zum ersten Mal eingesetzten Solarkühlcontainer das Zeug, die Landwirtschaft in Entwicklungsländern zu revolutionieren: Kleinbauern verloren dort beim Anbau von Obst und Frischgemüse mangels Kühlung bisher mindestens ein Drittel ihrer Ernte, der Rest konnte nur in der nächsten Umgebung zu schlechten Preisen verkauft werden. Ein Non-Profit-Projekt der Kühlhäuschen, begonnen im Jahr 2015, stellt das auf den Kopf und macht aus verarmten, kurz vor der Landflucht stehenden Farmern selbstbewusste Verhandlungspartner von Konzernmultis. Der Aufwand, den es dazu braucht, hält sich dabei in Grenzen. Letztlich braucht es nicht mehr als einen Metallcontainer, vier Solarpaneele, ein Kühlaggregat, einen Wechselrichter und eine Autobatterie, um lückenlose Kühlung auch nach Sonnenuntergang zu gewährleisten. Damit ist eine Blaupause für einen fairen Welthandel, von dem viele Beteiligte profitieren können, gegeben. Die Folgen: Die kleinteilige nachhaltige Landwirtschaft kann erhalten bleiben, Aufschwung und mehr soziale Gerechtigkeit sind gesichert und dies bei gleichzeitiger Ausschaltung ausbeuterischer Zwischenhändler.

Laut Zahlen des kenianischen Landwirtschaftsministeriums konnten die Obst- und Gemüsebauern dort nur 70 bis 50 Prozent ihrer Ernte in den Handel bringen. Der Rest verrottete bisher, bevor er Konsumenten überhaupt erreichen konnte. Für die Mangobauern in Nziu, rund 250 Kilometer südöstlich der Metropole Nairobi, ist das dank der Solarkühlschränke nun vorbei. Dass die Mangobäuerinnen und -bauern von Nziu ihre Ernte nun kühlen können, wirft die gesamten bisher dort gültigen wirtschaftlichen Machtverhältnisse über den Haufen. Nun ist Nziu nicht mehr von Zwischenhändlern abhängig, die ökonomisch immer am längeren Ast saßen und den gesamten Profit einstreiften. In der Tat, bisweilen bedarf es nur kleiner Veränderungen, um große Wirkungen erreichen zu können.[l]

BAUMTOMATE IN KENIA

Manchmal ist es erstaunlich, wie wenig Land für eine florierende Landwirtschaft notwendig ist.[m] Da ist zum Beispiel Beatrice Njuguna in Kangari, etwa hundert Kilometer nördlich von Nairobi. Ihr bescheidenes Feld, das sie zusammen mit ihrem Mann bewirtschaftet, umfasst 0,7 Hektar. Sie hat etwa 200 Hühner und ein paar Ziegen, daneben pflanzt sie Arabicum-Blumen und Tee an sowie Tamarillos. Vor allem dieses Produkt, auch Baumtomate genannt, ist ein fulminanter Erfolg. In Nairobi ist die Frucht, die geschmacklich eher an eine Kiwi als an eine Tomate erinnert, seit einigen Jahren in Mode. In den besseren Hotels ziert sie neben Mangos und Ananas das Frühstücksbuffet, auch zu Konfitüre und Fruchtsaft wird sie verarbeitet.

Njuguna hat sich mit andern Bauern zusammengetan. Sie verkaufen gemeinsam ihren Ertrag einem Händler, der ihn in die Hauptstadt bringt. Als Gruppe können sie ihre Interessen mit mehr Gewicht vertreten, zugleich sinkt der Aufwand für den Händler. Mit ihren Tamarillos verdient sie 800 Schweizer Franken pro Monat. Das ist in Kenya ein Toplohn. Ausgaben für Nahrungsmittel hat sie fast keine, und vor kurzem konnte sie ihr Haus mit einer zweiten Etage aufstocken. Zwei ihrer Söhne besuchen die Sekundarschule, auch das Schulgeld kommt von den Tamarillos.

HOFFNUNGSTROPFEN

Afrika gegen Saatgutmultis: Der Westen sieht in Afrika neue Märkte für Dünger, Herbizide und Saatgut. Dagegen will sich nun die *Alliance for Food Sovereignty in Africa* wehren und dies wohl zu Recht.[207]

Afrika: Die landwirtschaftlichen Erträge in Afrika ließen sich mit wenig Aufwand – sei es mit modernen oder biologischen Mitteln – steigern.[208]

Bioland (Bhutan): Bhutan will erstes Bio-Land der Welt werden. Pestizide und chemischen Dünger verwenden die Bauern bislang kaum. Nun will Bhutan zur Gänze beim Bio-Anbau bleiben.[209]

Biolandwirtschaft: Kritiker der industriellen Landwirtschaft betonen immer wieder, dass der Ertragsvergleich unredlich ist, denn die auf Hochleistung getrimmte, chemiebasierte Landwirtschaft belastet die Natur enorm, vernichtet die Artenvielfalt oder verschmutzt das Grundwasser.[210]

Biologische Landwirtschaft: Publizierte Zwischenresultate einer Langzeitstudie des *Schweizerischen Forschungsinstituts für biologischen Landbau* (FiBL) in drei Ländern zeigen, dass ökologische Landwirtschaft auch in den Tropen ebenso hohe Erträge erbringen kann wie konventioneller Landbau.[211]

Biologischer Landbau: Dazu die bekannt indische Ökologin Vandana Shiva: Biologischer Landbau könnte die weltweite Bevölkerung zweimal ernähren.[212]

Bioprodukte (Deutschland): Bio-Lebensmittel sind vom kleinen Nischen- zum Wachstumsmarkt geworden. Binnen 15 Jahren hat sich der Umsatz auf 8,6 Milliarden Euro vervierfacht.[213]

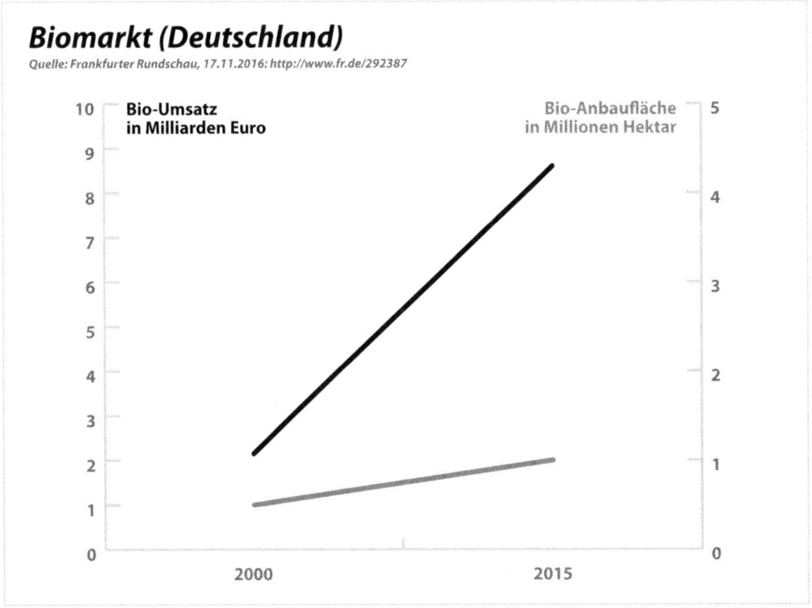

Abbildung 19: Biomarkt (Deutschland)

Die essbare Stadt (Deutschland): Die 30.000 Einwohner zählende Stadt Andernach am Rhein (Rheinland-Pfalz) wird „essbar". Auf Grünanlagen wachsen Zucchini und Mangold. An der Friedhofsmauer ranken Bohnen. Wo früher Pinkelecken und Hundeklos waren, gedeihen heute Kartoffeln. Raum wird so zum sozialen Raum, der allen gehört und die Stadt bereichert.[214]

Dünger aus Urin: Sogenannte Trenn-WCs ermöglichen jetzt die effektive Produktion eines nährstoffreichen Düngemittels. Diese Sanitäranlagen separieren Urin und Fäkalien direkt. Auch *Fraunhofer-Institute* haben dazu unterschiedliche Verfahren entwickelt.[215]

Eierproduktion (Ghana): In Ghana sind Eiergerichte sehr beliebt. Doch die Eier kommen fast immer aus dem Ausland. Emmanuel Adams eröffnete deshalb 2007 eine eigene Hühnerfarm. Es wurde – trotz Rückschlägen – eine Erfolgsgeschichte.[216]

Ernährung (USA): Quer durch alle Altersgruppen und soziale Schichten sank die durchschnittliche Kalorienaufnahme seit 2003, bei Kindern sogar um neun Prozent. Einige Gründe dafür: 1) 2014 sank der Absatz bei *McDonald's* erstmals seit vielen Jahren, gerade die 19- bis 21-Jährigen trugen dazu bei. 2) Seit geraumer Zeit sinkt auch der Absatz von Cornflakes. 3) Die Amerikaner nahmen 2012 im Durchschnitt allein durch geringeren Softdrinkkonsum 79 Kilokalorien pro Tag weniger zu sich als noch acht Jahre vorher.[217]

Essen (Österreich): Ingrid Kiefer von der Agentur für Ernährungssicherheit (AGES) nennt die gegenwärtige Situation paradox: *„Die Menschen haben so viel Angst vor dem Essen wie selten zuvor. Gleichzeitig sind unsere Lebensmittel sicher wie noch nie"*.[218]

Fast Food: Ist der Höhepunkt in den USA schon überschritten? Die Branchenikone *McDonald's* droht, zum Inbegriff des Rückstands zu werden. Immer mehr Amerikaner stellen eine Verbindung zwischen ungesunder Ernährung und gesundheitlichen Problemen her.[219]

Gemüse: Elf Millionen Tonnen verzehrbare Lebensmittel werden in Deutschland pro Jahr weggeworfen – das Essen, das es gar nicht erst in den Handel schafft, noch nicht mit eingerechnet. Das soll sich nun, wieder einmal, ändern: Der Discounter Penny hat angekündigt, künftig auch optisch unperfektes Biogemüse zu verkaufen.[220]

Kühlsysteme als Notwendigkeit: China will mit einer lückenlosen Kühlkette das Verderben von Lebensmitteln verhindern. Es wäre zu hoffen, dass dies gelingt.[221]

Landwirtschaft (moderne): Die Mechanisierung, Motorisierung, Chemisierung und Verwissenschaftlichung der Landwirtschaft im 20. Jahrhundert brachte höhere Erträge. Aber ihre Bilanz ist zweifelhaft, sobald ökologische, soziale und kulturelle Auswirkungen oder die langfristige Veränderung der Bodenfruchtbarkeit berücksichtigt werden.[222]

Landwirtschaft am Dach: Dunkelrote Tomaten, knackige Kopfsalate und duftendes Basilikum gedeihen auch auf Dächern mitten in der Stadt (z.B. auf den Flachdächern des Supermarktes). Allein in Deutschland stünden rund 1.200 Millionen Quadratmeter Flachdächer zur Verfügung. Würde nur ein Viertel dieser Flächen zum Anbau von Gemüse und Obst genutzt, könnten 28 Millionen Tonnen CO_2 gebunden werden.[223]

Landwirtschaft und Information: Der Schweizer Journalist Peter Baumgartner ist diesbezüglich ein Pionier. Er gründete 2005 in Nairobi die Bauernzeitschrift *The Organic Farmer*. Das kostenlose Magazin erreicht heute etwa 400.000 Leser.[224]

Lebensmittel und Pestizide: In Lebensmitteln in der EU finden sich offenbar nur selten Pestizid-Rückstände. Das geht aus einem Bericht der *Europäischen Behörde für Lebensmittelsicherheit* (EFSA) hervor.[225]

Lidl lässt Milchkühe gentechnikfrei füttern: Immer mehr Supermarkt-Ketten verzichten im Futter für Milchkühe auf Gentechnik.[226]

Massentierhaltung ist nicht notwendig, um die Welt zu ernähren: Die Weltbevölkerung könnte auch ernährt werden, ohne Land und Tiere auszubeuten! So die Meinung von Ökologen.[227]

Ökolandwirtschaft (Deutschland): Der Anteil steigt auf ein Rekordhoch. 7,5 Prozent aller Ackerflächen wurden in Deutschland 2016 ökologisch bewirtschaftet. Im Jahr 2015 betrug der Anteil noch 6,5 Prozent und zur Jahrtausendwende gar nur 3,2 Prozent.[228]

Permakultur: Die Bewegung des *Urban-Gardening* und die *Transition-Town-Bewegung* von R. Hopkins haben die Selbstversorgung in der Schumacher'schen Perspektive wieder zum öffentlichen Thema gemacht.[229]

Rettung von männlichen Küken in Sicht? In Österreich versucht die Bio-Branche seit Anfang 2016, jeden Bruder einer Bio-Legehenne zu mästen und erst dann zu schlachten. Da die Aufzucht dieser sogenannten Bruderhähne teuer ist, soll er durch teurere Bio-Eier subventioniert werden. Ob das Projekt langfristig eine Chance hat, ist noch unklar.[230]

Sackgärten: In Kibera, einem Slum im Südwesten der kenianischen Hauptstadt Nairobi, pflanzen die Menschen ihr Gemüse in Säcken an. Rund 250.000 Menschen in afrikanischen und asiatischen Slums sollen schon von den Erträgen der unkonventionellen Gärten leben.[231]

Slow Food: Florenz will Kebab und Fastfood zurückdrängen. Florenz ist dabei nicht die einzige toskanische Stadt, die Fastfood den Krieg erklärt.[232]

Solidarische Landwirtschaft: Weltweit ist die Form der Solidarischen Landwirtschaft als CSA bekannt; die Abkürzung steht für *„Community Supported Agriculture"*. Das Prinzip dahinter: Die Konsumenten kaufen einen Ernteanteil. Im Gegenzug können sie sich wöchentlich die Ernte abholen. Das Konzept entstand in den 1960er-Jahren in Japan, wo heute etwa ein Viertel der Haushalte an einer *„Partnerschaft"* beteiligt ist. In den USA gibt es rund 12.000 solcher Höfe.[233]

7 HUNGER

LICHT AM ENDE DES TUNNELS?

Hans Jonas meinte einmal: *„Kindermord ist ein Verbrechen wie jeder Mord, aber ein verhungerndes Kind, das heißt das Zulassen, dass es verhungert, ist eine Versündigung an der ersten, grundlegendsten aller Verantwortungen, die es überhaupt für den Menschen geben kann."*[a]

Es gehört zu den traurigsten Tatsachen der Menschheitsgeschichte, dass der eben beschriebene Tatbestand bis zum heutigen Tag immer noch real ist. In Anbetracht der jahrtausendelangen Hungergeschichte könnte der Hunger fast als *„ehernes Naturgesetz"* angesehen werden. Nichts allerdings ist falscher als das: Hunger ist kein Naturgesetz, sondern ein Sozialgesetz (im weiteren Sinne des Wortes).[b] Für Sozialgesetze gilt aber, dass sie geändert werden können.[c]

Aus den letzten sieben Jahrzehnten – etwa seit Ende des Zweiten Weltkrieges – gibt es bezüglich Beseitigung des globalen Hungers, allem Pessimismus zum Trotz, viel Positives zu berichten. Beginnen wir den Kurzbericht im Jahr 1945, dem Ende des Zweiten Weltkrieges. Die Weltweizenernte – eines der wichtigsten globalen Lebensmittel bis zum heutigen Tag – hat damals nur gut zwei Drittel der Vorkriegsernten betragen. Die Folgen dieser Misere bestanden darin, dass damals rund zwei Drittel der Weltbevölkerung weniger als 2.000 Kcal./Tag an Nahrungsmitteln zur Verfügung standen. Viele litten Hunger.[d]

Ausgehend von 1945 muss die Entwicklung an der Hungerfront aber eindeutig als Erfolgsgeschichte bewertet werden. So zeigt Abbildung 20, dass seit ca. 70 Jahren der Anteil der Hungernden an der Weltbevölkerung kontinuierlich zurückgegangen ist. Litten nach dem Zweiten Weltkrieg noch mehr als die Hälfte der Weltbevölkerung an Nahrungsmittelmangel, so ist der Anteil bis zur Gegenwart auf 10 bis 11 Prozent gesunken. Leider konnte das Millenniumsziel von 2000, bis 2015 den Anteil der Hungernden zu halbieren, bei weitem nicht erreicht werden.

Wäre dies gelungen, so würden heute nur mehr 5 bis 6 Prozent der Weltbevölkerung hungern.

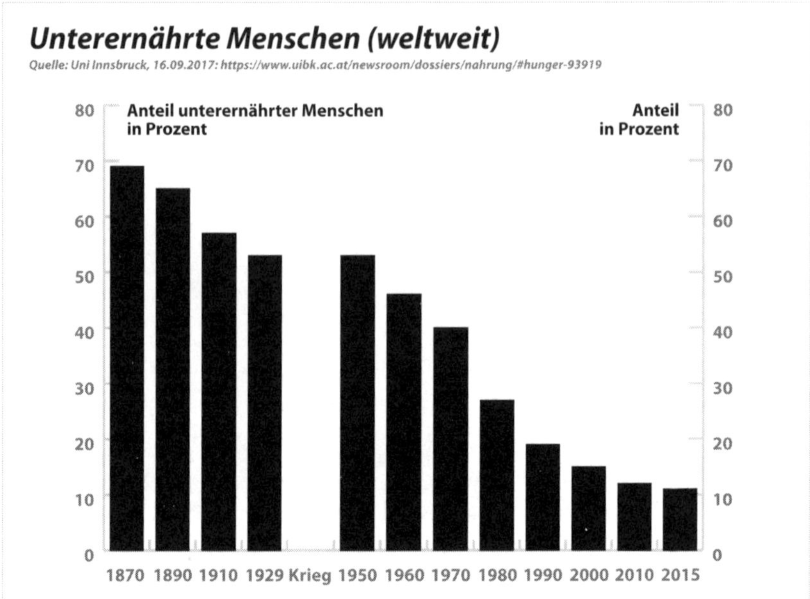

Abbildung 20: Unterernährte Menschen (weltweit)

Der Traum von der Ausrottung des Hungers auf unserem Planeten ist aber noch nicht ausgeträumt, er ist nur um 15 Jahre verschoben worden. Armut und Hunger soll es 2030 nicht mehr geben, so der aktualisierte Ausblick der UNO. Zugegeben, dies ist wieder ein sehr ambitioniertes Ziel, das vielleicht nicht erreicht werden kann. Dennoch, die Weltgemeinschaft sollte unbedingt an solchen Zielen festhalten, denn Realitäten können nur geschaffen werden, wenn auch die dafür notwendigen Zielgrößen vorhanden sind. Lösbar müsste das Problem sein; daran kann kein Zweifel bestehen. Die Beseitigung des Hungers scheitert heute nicht mehr daran, dass zu wenig Nahrungsmittel produziert werden, sondern daran, dass beim Verteilungsmodus sehr viel schief läuft. Hunger ist heute somit kein Produktions-, sondern ein Verteilungsproblem.

Allein von den in den USA und Europa weggeworfenen Nahrungsmitteln könnten dreimal so viele Menschen versorgt werden, wie auf der Erde an Unterernährung leiden.[e] Dies ist in der Tat ein Zynismus, der sich tagtäglich still und leise ereignet und den es dringendst zu beseitigen gälte. Hunger ist in der Tat *„das größte lösbare Problem weltweit“*[f], so ein Slogan des *World Food Programms*, dem ebenfalls nur beigepflichtet werden kann. Mit etwas politischem Willen sollte dies möglich sein.

HOFFNUNGSTROPFEN

Bill Gates (Afrika): Binnen 15 Jahren – so Gates – könnte sich Afrika, das jährlich Nahrungsmittel für 50 Milliarden Dollar vom Rest der Welt einkauft, selbst versorgen.[234]

China: In China ist die Verbesserung der Hungersituation enorm. Bei acht Prozent der Bevölkerung reichte 2013 bisweilen das Geld nicht für Essen. 2006/07 waren es noch an die 20 Prozent.[235]

Ernährung: Wenn die Ernährung stärker auf Pflanzen ausgerichtet wird, weniger Kraftstoff aus Nahrungsmitteln gewonnen und die Nacherntevеrluste reduziert werden, dann wäre eine nachhaltige Versorgung machbar.[236]

Frauen und Welternährung: Würden Frauen in Entwicklungsländern dieselben Mittel für die Landwirtschaft erhalten wie Männer, könnte die Zahl der Hungernden weltweit um 100 bis 150 Millionen Menschen sinken.[237]

Hunger (Südostasien): Fortschritte im Kampf gegen Hunger und Mangelernährung registriert die *Food and Agriculture Organization* (FAO) vor allem in Südostasien. Dort ging der Anteil der Unterernährten innerhalb von zwei Jahrzehnten von 31 auf 10,7 Prozent der Bevölkerung zurück.[238]

Hunger besiegen: Unterernährte Dorfbewohner brauchen ein Stück Land, eine Bankkarte und ein Mobiltelefon. Dann können sie sich selbst helfen.[239]

Hungertod im Vergleich bei Hungersnöten: Während zwischen 1920 und 1970 global im Schnitt 529 von 100.000 Menschen per Dekade in

Hungersnöten starben, betrug diese Rate in den Nullerjahren nur noch 3 pro 100.000.[240]

Lebensmittelabfälle (EU): EU-Abgeordnete forderten am 16. Mai 2016 die EU-Kommission auf, einen Aktionsplan gegen Lebensmittelabfälle zu entwickeln, damit die Lebensmittelverschwendung in Europa bis 2030 halbiert werden kann. Außerdem sollen Lebensmittelspenden von der Mehrwertsteuer befreit sein.[241]

Lebensmittelabfälle (Restaurant): Um weniger Lebensmittel zu verschwenden, verlangen einige deutsche Wirte mittlerweile eine Gebühr für Essensreste. Dies gilt vor allem für *„All you can eat"*-Restaurants. Es heißt ja: *„All you can eat"* und **nicht** *„All you can wegschmeißen"*.[242]

Malthus: Ende des 18. Jahrhunderts teilte Thomas Robert Malthus die allgemeine Skepsis, ob die Nahrungsmittel der Erde tatsächlich ausreichten, um die Massen der Zukunft zu ernähren.[243]

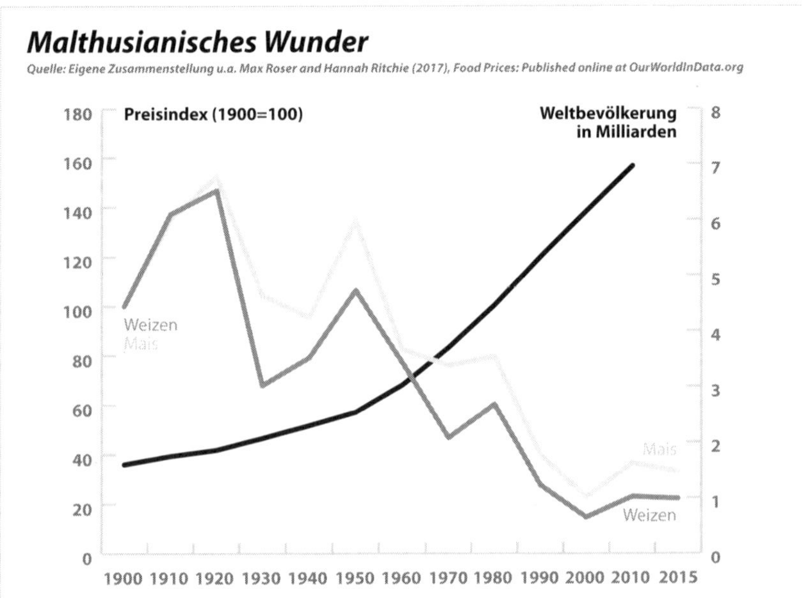

Abbildung 21: Malthusianisches Wunder

Share the meal wird zur Gänze durch Spenden finanziert. Die grundlegende Idee ist es, über eine Handy-Applikation einem Kind die nächste

Mahlzeit zu zahlen. Eine Mahlzeit kostet nur 0,40 Euro. So wurden im Sommer und Herbst 2015 1,8 Millionen Schulmahlzeiten an Kinder in Lesotho verteilt.[244]

Welthungerhilfe: Insgesamt konnte im Jahr 2016 durch 407 Auslandsprojekte über acht Millionen Menschen in 39 Staaten geholfen werden. Seit 1962 organisierte die Welthungerhilfe Tausende Projekte weltweit.[245]

World Food Programme (WFP): Das WFP arbeitet in mehr als 80 Ländern. Insgesamt wird zurzeit jährlich 80 Millionen Menschen geholfen.[246]

8 ARBEIT

ZWISCHEN BANGEN UND HOFFEN

Arbeit gehört zu einem der Wesenselemente menschlichen Daseins. Die derzeitige globale Arbeitswelt zeigt sich dabei gespalten durch einen tiefen Graben. Sie nur positiv zu betrachten würde einer völligen Verleugnung und Verdrängung der ökonomischen Wirklichkeit gleichkommen. Zu viele (vor allem auch Jugendliche) sind z.B. entweder überhaupt aus der Arbeitswelt ausgeschlossen oder dazu verdammt, in prekären Arbeitsverhältnissen zu arbeiten. Vor allem auch viele Frauen haben dieses Leid tagtäglich zu tragen. Zudem ist selbst die Sklaverei auch in der Gegenwart – trotz Menschenrechtskonvention vom 10. Dezember 1948 – noch immer millionenfach dokumentiert.[a] Dennoch gibt es auch in der Arbeitswelt positive Entwicklungen, die es wert sind, skizzenhaft anzusprechen.

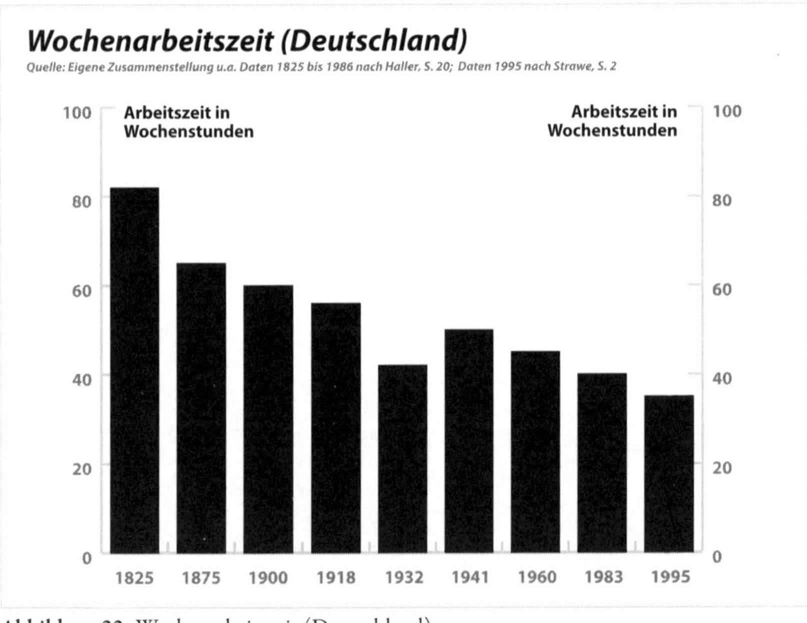

Abbildung 22: Wochenarbeitszeit (Deutschland)

Positives findet sich vor allem dann, wenn wir einen längeren Blick zurück in die Geschichte wagen. Beginnen wir etwa mit der Entwicklung und Veränderung der Arbeitszeit. Vor knapp 200 Jahren – zu Beginn der Industriellen Revolution – arbeiteten die Menschen zum Teil noch über 80 Stunden pro Woche (Abbildung 22). Bei einer sechs Tagewoche – der Sonntag war damals ein unvergleichlich mehr „geheiligter" Tag als heute – blieben nach 82 Stunden Arbeit noch 62 Stunden Restzeit. Wird davon noch eine Schlafzeit von 48 Stunden (8 Stunden am Tag) abgezogen, bleiben ganze 14 Stunden pro Woche (2,3 Stunden pro Tag) für Freizeit, Hygiene, Essen, Familienzeit und Kultur. Mit anderen Worten: Das damalige Leben ist in keinster Weise mit einem Alltag in den heutigen entwickelten Regionen (Stichwort Freizeitgesellschaft) vergleichbar. Welche heutige Leserin oder welcher Leser kann sich in eine damalige Arbeitswelt überhaupt noch hineindenken bzw. sich die ehemalige Arbeits- und Lebenswelt noch vorstellen? Die heutige Normalarbeitszeit hat sich in unseren Breitenkreisen im Durchschnitt auf ca. 35 bis 40 Stunden eingependelt.

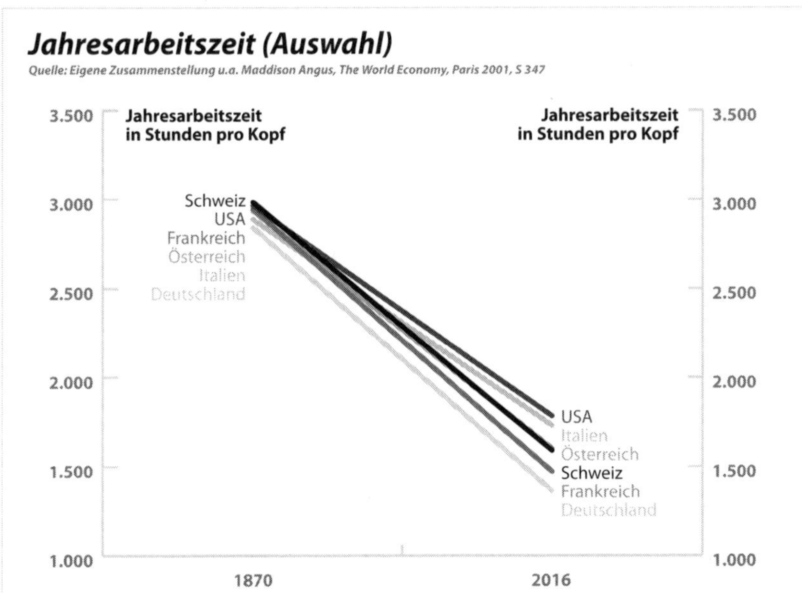

Abbildung 23: Jahresarbeitszeit (Auswahl)

Der Vergleich der weltweiten Entwicklung der Jahresarbeitszeiten pro Kopf – so wie dies Angus Maddison seit 1870 bis 1998 zusammengestellt hat – ergibt ein ähnliches Bild. In vielen Ländern ist die Jahresarbeitszeit (Abbildung 23) in diesen rund 130 Jahren um 40 bis 50 Prozent zurückgegangen. Dass es sich dabei um eine enorme Zunahme der Lebensqualität handelt, braucht nicht weiter betont zu werden, die Arbeitswelt hat sich diesbezüglich in unseren Breitenkreise gravierend verbessert.

Dazu kommt noch ein weiterer Tatbestand, der oft viel zu wenig beachtet wird. Der Arbeitslohn war vor allem im ausgehenden 18. Jahrhundert herauf bis in die Mitte des 20. Jahrhunderts (Zeit nach dem Zweiten Weltkrieg) noch ungeheuer niedrig. Ganze 21 Kilogramm Brot verdiente um 1790 ein ungelernter Industriearbeiter in Österreich pro Woche, dies waren 0,3 Kilogramm Brot pro Arbeitsstunde.

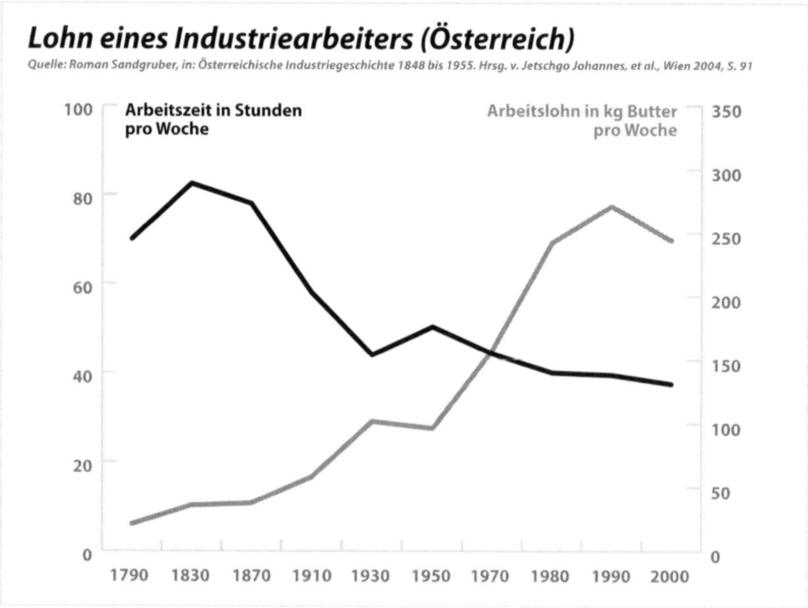

Abbildung 24: Lohn eines Industriearbeiters (Österreich)

Noch um 1950 verdiente in Österreich ein ungelernter Industriearbeiter keine zwei Kilogramm Brot in der Stunde. Erst die folgenden Jahrzehnte sollten diesbezüglich gewaltige Veränderungen bringen, denn um 1990 waren es schon fast sieben Kilogramm Brot pro Stunde. Die eben angeführten Beispiele – Verkürzung der Arbeitszeit und die Zunahme der Arbeitseinkommen – sind Indizien dafür, dass es langfristig in unseren Breitenkreisen in der Arbeitswelt erhebliche Verbesserungen gegeben hat.

In einem Arbeitsmarktsektor aus den armen Regionen gibt es ebenfalls Positives zu berichten: Die Kinderarbeit ist seit der Jahrtausendwende doch erheblich zurückgegangen. Waren anno 2000 noch rund 246 Millionen Kinder im schulpflichtigen Alter (5 bis 17-Jährige) zu Arbeit gezwungen, so sank diese Zahl bis 2012 auf 168 Millionen, was aber immer noch rund 11 Prozent der Kinder weltweit bedeutete und somit um 11 Prozent zu viel waren. Bei all der diesbezüglichen Tristesse sei aber auch erwähnt, dass die Anzahl der Kinder, die gefährliche Arbeiten zu verrichten hatten, von 171 Millionen auf rund 85 Millionen gesunken ist. Mit anderen Worten: Diese Zahl sank immerhin um 50 Prozent (Abbildung 25).

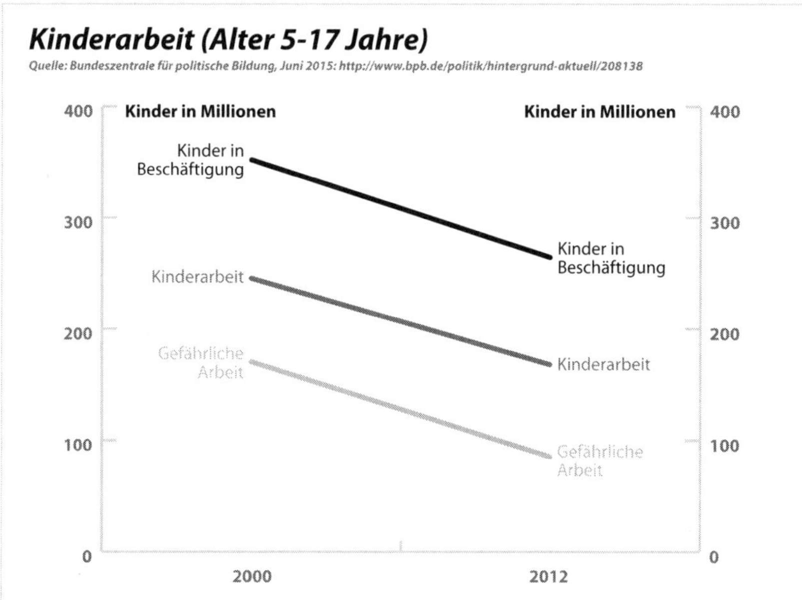

Abbildung 25: Kinderarbeit (Alter 5-17 Jahre)

ROBERT OWEN

Beschließen wir unseren kurzen Gang durch die Arbeitswelt nochmals mit einem Blick zurück in die Welt zu Beginn der Industriellen Revolution. Um 1800 hatte der so genannte *„utopische Sozialist“* [b] Robert Owen sein Sozialexperiment in seiner Firma in New Lanark (Grafschaft South Lanarkshire,Schottland) in die Tat umgesetzt. Owen hatte die (damals) utopische Idee, dass menschengerechte Arbeitsbedingungen auch wirtschaftlich von Erfolg sein könnten. In seiner Baumwollfabrik führte er folgende Änderungen ein:

- 10,5 Stunden Normalarbeitszeit pro Tag
- Kranken- und Altersrentenkasse
- Erträgliche Unterkünfte
- Mietvergünstigungen
- Güter des täglichen Bedarfs zu niedrigen Preisen
- Arbeitsverbot von Kindern unter zehn Jahren,
- Schule für Kinder ab zwei Jahren
- Gesetze zur Arbeitssicherheit

Seine Aktivitäten gaben ihm recht, denn die Produktivität in der Fabrik erhöhte sich drastisch, die Zahl der Diebstähle ging zurück, Bestrafungen innerhalb der Fabrik waren nicht mehr nötig. Die Fabrik wurde zum Musterbetrieb, ja selbst Fürsten und Politiker besuchten die Firma. Allein zwischen 1815 und 1825 trugen sich 20.000 Personen in das Gästebuch ein.[c] In der Tat, all seine Ideen und praktischen Anweisungen waren für die damaligen Verhältnisse „utopisch“, sie waren im wahrsten Sinne des Wortes zuvor noch an keinem Ort der Welt verwirklicht.[d]

Die Geschichte der nächsten 150 bis 200 Jahre sollte allerdings zeigen, dass seine Ideen zumindest in der entwickelten Welt immer mehr selbstverständlich wurden. Dazu zählen unter anderem: Abschaffung der Kinderarbeit, Schulbildung der Kinder, Arbeitszeitbeschränkung, effiziente Organisation der Betriebsabläufe, Motivation der Mitarbeiter, saubere Arbeitsplätze, Gewerkschaftsbildung oder Genossenschaftswesen. Aus einer Utopie wurde somit im Laufe der Geschichte eine Selbstverständlichkeit.

Sollte uns dies nicht dazu motivieren, vielleicht auch für die globale Arbeitswelt heute so utopisch zu denken, wie Robert Owen es zu Beginn der Industriellen Revolution für seine Umgebung war? Braucht es gar

Utopien, um in Zukunft für alle Erdenbürger einen fairen Arbeitsplatz anbieten zu können? Selbst der große Ökonom John Maynard Keynes hatte schon 1930 (also vor fast 90 Jahren) in seinem Aufsatz *„Economic possibilities for our grandchildren"* die optimistische Meinung, dass im Jahr 2030 nur mehr 15 Stunden Arbeit pro Woche genügen würden, um alle Bedürfnisse zu befriedigen. Seine Prognose wird sich wohl bis zu diesem Zeitpunkt nicht bewahrheiten. Viel wichtiger ist aber, dass in der Langfristperspektive *„seine Tagträumerei richtig"* war.[e]

In führenden Wirtschaftsnationen des Globus, könnten in den kommenden Jahren die Arbeitskräfte wirklich knapp werden. Dies prognostizierten etwa 2016 die Wirtschaftsprüfungsgesellschaft PWC und das *Darmstädter Wirtschaftsforschungsinstituts* (WIFOR) für Deutschland und zwar trotz der voranschreitenden Automatisierung.[f] Auch was das heute noch bevölkerungsreichste Land, China, betrifft: Selbst dort könnte sich in Bälde ein Engpass an Arbeitskräften abzeichnen. Heute sind – so berichtet die NZZ – 18 Prozent der Chinesen unter 15 Jahren alt, während Menschen von über 65 Jahren 11 Prozent ausmachen. *„Dieses Verhältnis wird sich in den kommenden Jahren und Jahrzehnten kräftig verschieben, wobei die Bevölkerung bis 2030 noch auf 1,4 Milliarden wachsen und danach zurückgehen und um 2050 mit 1,35 Milliarden kleiner zu sein als im Jahre 2016. Bereits heute zeichnen sich Engpässe auf dem Arbeitsmarkt ab, und in der Zukunft wird sich der Anteil der Erwerbstätigen an der Bevölkerung weiter stark vermindern."*[g]

Abbildung 26 deutet an, dass auch in vielen anderen Ländern, die Arbeitskräfte in den nächsten Jahrzehnten viel knapper als heute sein könnten. Selbst auf globaler Ebene könnte dies der Fall sein. Letztlich wird es auch davon abhängen, wie sich die Weltbevölkerung in den nächsten Jahrzehnten entwickelt. Je weniger die Weltbevölkerung wächst, um so leichter wird es wohl auch sein, alle Weltbürger mit einem Arbeitsplatz zu versorgen.

Was die Art und das Niveau der Arbeitsplätze betrifft, sei noch eine weitere utopische Anmerkung erlaubt. Die EU-Kommission hat 2011 alle Mitgliedsstaaten aufgefordert, die UN-Leitlinien für Wirtschaft und Menschenrechte in Nationale Aktionspläne (NAP) umzusetzen. Ob bei der Kohleförderung in Südafrika, bei der Textilproduktion in

Pakistan, beim Kaffeeanbau in Uganda, immer wieder werden dabei die Menschenrechte verletzt. Es wird Trinkwasser verseucht, Menschen werden von ihrem Land vertrieben, Arbeitnehmer dürfen sich in Fabriken nicht organisieren oder Kinder müssen dort schuften.[h] Dies alles gelte es anzuprangern und hintanzuhalten. Immerhin haben schon elf EU-Staaten diesbezügliche Programme verabschiedet. Weltweit arbeiten zurzeit etwa 33 Staaten daran.

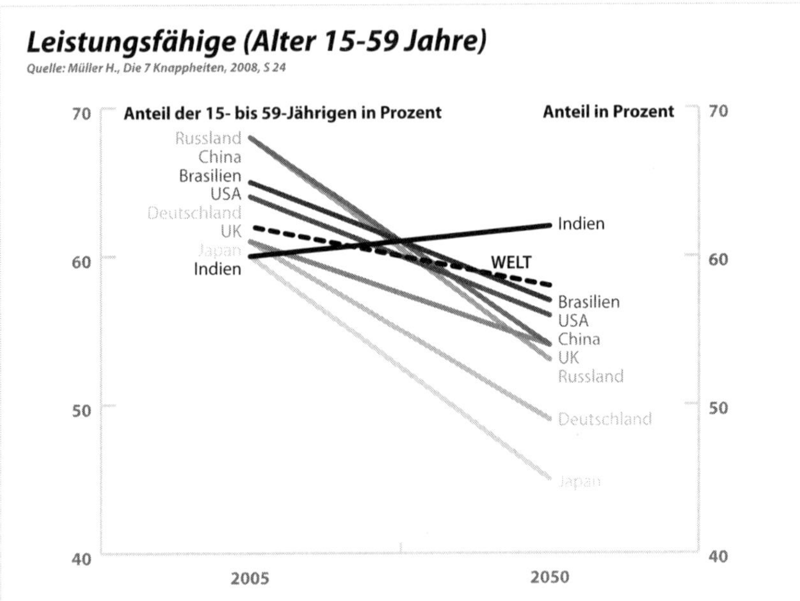

Abbildung 26: Leistungsfähige (Alter 15-59 Jahre)

HOFFNUNGSTROPFEN

Anzahl der Beschäftigten (Industrieländer): Mehr Menschen denn je haben Arbeit. 570 Millionen in den Industrieländern. 30 Millionen mehr als vor fünf Jahren.[247]

Arbeit (Ziel): Bis 2030 soll laut UNO eine vollständige Beschäftigung mit anständiger Arbeit und fairer Bezahlung für Frauen und Männer sichergestellt sein, inklusive für Jugendliche und Menschen mit Behinderungen.[248]

Arbeit (Zukunft): Dazu der Zunkunftsforscher Horx: Es sei eine unbegründete Angst, dass durch die zunehmende Verwendung von Robotern ein Verlust von Arbeitsplätzen zu befürchten sei.[249]

Arbeit à la Jeremy Rifkin: Der US-amerikanische Soziologe und Ökonom Jeremy Rifkin hat schon vor zwanzig Jahren *„das Ende der Arbeit"* prophezeit. Diesbezügliche Sorgen sind aber unbegründet. Den Menschen werden dann sinnvollere Tätigkeiten bleiben.[250]

Arbeitskräftemangel: Deutschland gehen die Arbeitskräfte aus. Deutschland droht trotz der voranschreitenden Automatisierung ein immer größerer Engpass an Arbeitskräften.[251]

Arbeitsmotivation: Die Höhe der Sozialhilfe ist nicht entscheidend für den Arbeitswillen. Arbeitslose, die mehr Hilfen vom Staat bekommen, sind nicht weniger motiviert, sich eine neue Arbeit zu suchen – im Gegenteil. So das Ergebnis der norwegischen Sozialforscher Kjetil van der Wel und Knut Halvorsen.[252]

Arbeitszeit (Deutschland): Die jährliche Arbeitszeit eines Erwerbstätigen in Deutschland hat zwischen 1970 und 2013 um 604 Stunden abgenommen.[253]

Arbeitszeit (Freitag): Die Mitarbeiter von *Bike Citizens* in Graz und Berlin arbeiten nur von Montag bis Donnerstag. Alle Beschäftigten arbeiten in Vollzeit neun Stunden am Tag, haben aber drei Tage Wochenende.[254]

Arbeitszeit (Schweden): Mehrere Unternehmen in Schweden haben die Arbeitszeit bei vollen Bezügen gekürzt. Es zeigt sich, dass weniger Stunden nicht etwa weniger Gewinn bedeuten, sondern genau das Gegenteil.[255]

Ausbeutung von Saisonniers (Italien): Das italienische Parlament hat ein Gesetz verabschiedet, das der Ausbeutung von Saisonniers in der Landwirtschaft einen Riegel vorschieben soll.[256]

Bergbauarbeiter (Südafrika): Tausende Bergleute, die durch die Arbeit unter Tage eine tödliche Staublunge oder Tuberkulose bekommen haben, können nun gerichtlich gegen Bergbauunternehmen vorgehen und auf Schadensersatz klagen.[257]

Beschäftigungsniveau: Nicht nur in Deutschland, sondern auch in vielen anderen OECD-Ländern liegt die Zahl der Beschäftigten um 2015 auf dem höchsten jemals gemessenen Niveau.[258]

Fachkräftemangel: Weltweit ist die Suche nach dem richtigen Personal dem *„Talent Shortage Survey 2015"* der *ManpowerGroup* zufolge am schwierigsten in Japan (83 Prozent). Dahinter folgen Peru (68 Prozent), Hongkong (65 Prozent), Rumänien und Brasilien (je 61 Prozent) und Griechenland.[259]

Kinderarbeit: Die Zahl der arbeitenden Kinder hat sich in den letzten Jahrzehnten um die Hälfte verringert.[260]

Löhne (Arme): Die Schwellen- und Entwicklungsländer holen wirtschaftlich auf. Rund ein Drittel aller weltweit Beschäftigten verdiente zwar 2014 noch weniger als 2 Dollar am Tag – vor 20 Jahren waren es noch fast zwei Drittel. [261]

Löhne (China): Chinesische Arbeiter (3,30 US-Dollar/h) verdienten im Jahr 2016/17 fast gleich viel wie die Griechen: 4,50 US-Dollar/h (Abbildung 27).[262]

Löhne (Hamburg): In einer Hamburger Agentur entscheiden die Mitarbeiter selbst, wann sie arbeiten, wie viel Urlaub sie nehmen und wie viel sie verdienen.[263]

Löhne (Kalifornien): Gleicher Lohn für Männer und Frauen. Mit einem neuen Gesetz treibt der US-Bundesstaat Kalifornien die Gleichbehandlung von Frauen und Männern bei der Entlohnung voran.[264]

Maos Biojünger (China): Chinas Turbokapitalismus erschöpft die junge Mittelschicht. Manche fliehen vor dem Erfolgsdruck aufs Land und wollen dort den Geist Mao Zedongs wiederbeleben. Maos Ideologie liest sich auf den Bauernhöfen wie eine Anleitung zum Ausstieg aus der Immer-mehr-Gesellschaft.[265]

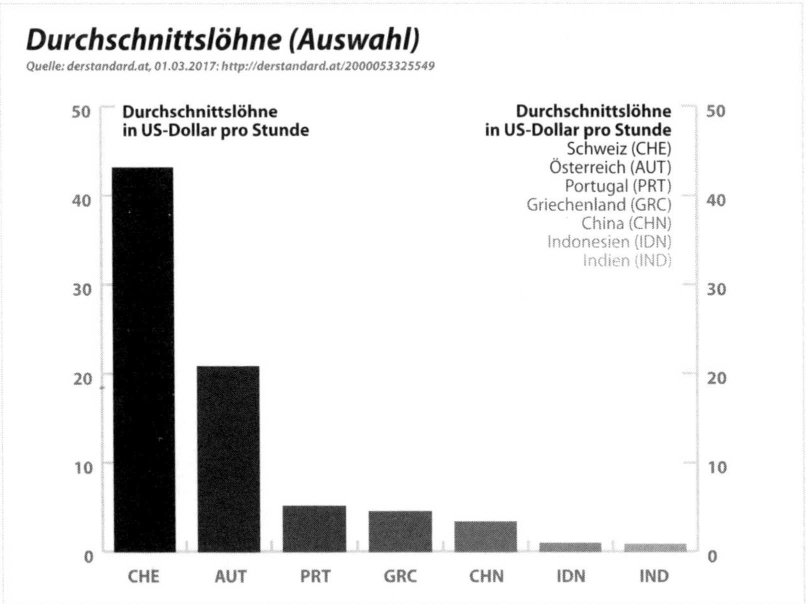

Abbildung 27: Durchschnittslöhne (Auswahl)

Mindestlohn (Kalifornien): Künftig soll in dem Bundesstaat niemand mehr weniger als 15 Dollar pro Stunde verdienen. Wenn es dazu kommt, hätte Kalifornien dann den weltweit höchsten Mindestlohn. Bisher steht Australien mit umgerechnet 13 US-Dollar an der Spitze.[266]

Qualität der Arbeit (Deutschland): Der FR-Index FRAX bewertet den Arbeitsmarkt nach fünf Kategorien. Er zeigt eine positive Entwicklung auf breiter Front. Nicht nur die Quantität der Beschäftigung steigt, auch die Qualität verbessert sich (so der Stand von Anfang Jänner 2016).[267]

Roboter (Arbeitsmarkt): Dazu AMS-Chef Johannes Kopf: Er glaube nicht, dass es insgesamt weniger Jobs geben werde, denn es gab ja schon oft große technologische Revolutionen, und die Anzahl der Jobs ist insgesamt noch nie weniger geworden.[268]

Roboter (Kosten): Nimmt der Roboter den Menschen die Arbeit weg? Die Frage ist nicht einfach mit JA zu beantworten: Es gibt auch umgekehrte Beispiele. *Mercedes Benz* hat z.B. aus Kostengründen eine Fertigungslinie von Roboter wieder auf Mensch umgestellt.[269]

Schulbesuch trotz Kinderarbeit: Kinderarbeit behindert nicht in allen Fällen den Schulbesuch, in vielen Fällen ermöglicht er ihn erst.[270]

Tchibo: Die Problematik der schlechten Arbeitsbedingungen in den Produktionsstätten in Entwicklungs- und Schwellenländern bei den Zulieferern für europäische Abnehmer ist allgemein bekannt. *Tchibo* hat deshalb das Dialog- und Trainingsprogramm WE (Worldwide Enhancement Social Quality) bei seinen strategischen Lieferanten eingeführt.[271]

9 ENERGIE

NERVUS RERUM

Der Energieversorgung unseres Globus kommt in mehrfacher Hinsicht eine zentrale Bedeutung zu. Energie ist eine Schlüsselressource unserer ökonomischen und sozialen Welt. Sie ist der „nervus rerum", der die Räder der Ökonomie, der Mobilität, ja der ganzen Gesellschaft bewegt oder eben stillstehen lässt. Ohne Energie gibt es keine Nahrungsmittel, keinen Bergbau, keine sonstige Produktion, kein Verkehrswesen, nichts. Um es frei nach dem Ökonomen William St. Jevons zu formulieren: *„Ohne Energie fallen wir in die alte Armut und Mühe"* zurück.[a] In der langen Geschichte der Menschheit gibt es bislang zwei zentrale Energieregime. Zuerst dominierte über Jahrtausende bis zum Beginn der Industriellen Revolution das so genannte *„Erste Solarzeitalter"*, ab der zweiten Hälfte des 19. Jahrhunderts übernahmen die fossilen Energieträger, beginnend mit Kohle und dann später Erdöl und Erdgas die „Oberhoheit". Rund drei Viertel des gesamten Energieverbrauchs wird auch heute noch von diesen drei Energieträgern abgedeckt. Bis vor kurzem galt dabei die Knappheit der fossilen Energieträger als das große Problem der Zukunft, heute steht die Weltgemeinschaft in der Energiefrage vor einem ganz anderen (größeren?) Problem. Um nämlich die in Paris im Herbst 2015 international vereinbarte Zwei-Grad-Schwelle der Erderwärmung noch einhalten zu können, müssen zwei Drittel bis vier Fünftel der heute bekannten fossilen Reserven aus Kohle, Öl und Erdgas im Boden bleiben, dürfen also gar nicht verbraucht werden.[b] Dabei gilt es zudem so schnell wie möglich zu handeln, denn wenn wir weitermachen, wie bisher, ist nach pessimistischer Sicht das globale Emissionsbudget für 1,5 °C in 6 Jahren und das Emissionsbudget für 2 °C ebenfalls in gut 20 Jahren aufgebraucht.[c]

Zudem ist festzuhalten, dass die Energieversorgung unseres Globus sehr ungleich verteilt ist. Immerhin lebt ein Drittel der Weltbevölkerung noch immer ohne verlässliche Energiequelle für Heizen, Kochen, Beleuchtung und Produktion.[d] Mit anderen Worten: Um die Welt mit genügend Energie zu versorgen, werden wir in Zukunft wohl zwei zentrale Probleme zugleich lösen müssen: Wir werden erstens noch erheblich mehr Energie brauchen und zweites darf diese Energie nicht mehr (oder kaum) aus fossilen Energieträgern bestehen. Wie aber sollte oder könnte das gelingen? Es wird wohl nur eine Option bestehen, wir müssen zurück in ein *„Zweites Solarzeitalter“* (siehe Abbildung 28).

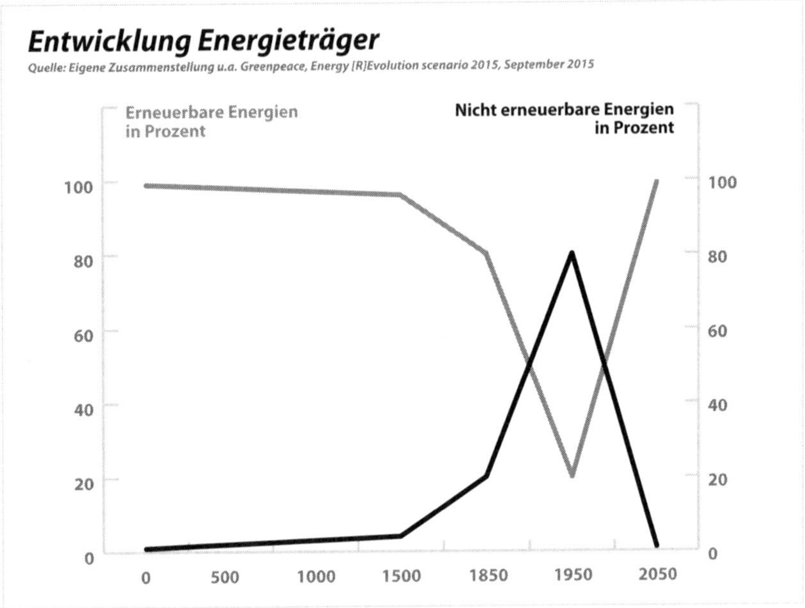

Abbildung 28: Entwicklung Energieträger

Eine schier unlösbare Aufgabe? Nicht unbedingt, wenn es nach den Vorstellungen des damaligen UN-Generalsekretärs Ban Ki-Moon und seiner Initiative *Nachhaltige Energie für alle* geht. Danach sollen bis 2030 alle Menschen Zugang zu sauberer Energie haben. Die Energieeffizienz sowie der Anteil an erneuerbaren Energien sollen dabei verdoppelt und Energiezugang ermöglicht werden.[e] Diverse Anzeichen, dass ein Weg in dieser Richtung möglich sein sollte, sind schon heute zu finden. So wurde 2013 ein neuer Rekord bei der Nutzung erneuerbarer Energien erreicht. Weltweit wurde bereits ein Fünftel der hergestellten Energie aus Wasserkraft, Wind- oder Sonnenenergie gewonnen und immer mehr Entwicklungsländer bekennen sich zur Nutzung dieser Energiequellen.[f] Optimistische Szenarios gehen sogar so weit – so etwa eine Studie des Weltklimarates –, dass 2050 drei Viertel aller Energie aus alternativen Quellen stammen könnte. Vorraussetzung wären optimale Bedingungen für erneuerbare Energien wie Wind-, Wasser- und Sonnenkraft sowie Bioenergie.[g]

Wichtig wäre dabei, dass die weltweiten Subventionen für fossile Brennstoffe abgebaut werden. Das Geld könnte dann für alternative Energieformen oder für gezielte Armutsbekämpfung verwendet werden.[h]

Kurzfristig würde sich etwa die 20:20:20 Regel anbieten: Das bedeutet eine 20-prozentige Reduktion des Ausstoßes von Treibhausgasen, das Erreichen eines 20-prozentigen Anteils an erneuerbaren Energien und eine Erhöhung der Energieeffizienz um 20 Prozent und dies schon bis zum Jahr 2020.[i] Dass dies nur ein erster kurzfristiger Schritt wäre, liegt auf der Hand, denn längerfristig wird nur eine CO_2-Nullemission die Lösung sein. Je schneller dies gelänge, umso besser wäre es. Hoffnungstropfen finden sich hier zuhauf.[j] So haben etwa 2013 beim Zuwachs der globalen Stromerzeugungsleistung die erneuerbaren Energieträger die konventionellen bereits überholt. 120 Gigawatt (GW) alternative Leistung stehen 87 Gigawatt konventionellen Energieträgern gegenüber, oder anders formuliert: 58 Prozent der neu erstellten Leistung wurde bereits mit erneuerbaren Energieträgern abgedeckt. Zum Vergleich: Anfang des 21. Jahrhunderts waren es erst 19 Prozent.[k] Ende 2014 kam alleine China bereits auf 115 Gigawatt installierte Windkapazität – das überstieg die Leistung aller US-Atomkraftwerke zusammen.[l] Wird dazu noch das „Faktor Fünf"- Modell von Ernst Ulrich von Weizsäcker mitkalkuliert, welches darin bestünde, aus einer Kilowattstunde fünfmal soviel Wohlstand herauszuholen wie bisher – und laut Weizsäcker sei es längst belegt, dass dies möglich sei – dann wäre dies in der Tat ein enormes Energiesparpotenzial und viele Kohlekraftwerke (und auch Atommeiler) könnten stillgelegt werden. [m]

Es ist wichtig – wie es in einem Bericht des UN-Büros für nachhaltige Entwicklung heißt – sich immer wieder vor Augen zu halten und nie zu vergessen, dass *„nachhaltige Energie hilft, Armut zu bekämpfen, Leben zu retten, die Gesundheit zu verbessern und menschliche Grundbedürfnisse zu erfüllen"*.[n] Im *Global Energy Assessment* (GEA), einer der bislang umfassendsten Studie zur weltweiten Energieversorgung, meinen rund 500 Forscher unter Leitung des IIASA, dass eine leistbare

Energieversorgung für alle Menschen machbar sei und gleichzeitig die globale Erwärmung mit zwei Grad Celsius begrenzt werden könnte, sich die Luftqualität und damit die Gesundheit verbessern würde und die Wirtschaft zudem davon profitieren könnte. Die Entwicklung einer *„green economy“* habe – so der Studienleiter dieser Untersuchung – ein ähnlich hohes Potenzial für die Transformation der Wirtschaft und als Wachstumstreiber wie seinerzeit die Agrarrevolution oder die Industrielle Revolution.°

Eine radikale globale Energiewende ist somit nicht völlig utopisch; ganz im Gegenteil, sie könnte gelingen, allerdings müssen alle politischen und ökonomischen Entscheidungsträger auf diesem Globus dies auch wollen und auf die oberste Prioritätenliste stellen. Die Zivilgesellschaft muss zudem auf Politik und Ökonomie diesbezüglich den nötigen Druck ausüben.

PEAK OIL

In den letzten Jahrzehnten ist viel über *Peak Oil* debattiert worden. *Peak Oil* ist die maximal mögliche Produktion von Rohöl, beruhend auf dem Zurneigegehen der ausbeutbaren Reserven. Lange wurde befürchtet, dass für den Zeitpunkt, an dem feststeht, dass 50 Prozent der vorhanden Erdölreserven verbraucht sind, der Erdölpreis nochmals explodieren könnte. Nun scheint erstmals *Peak Oil* anders auszusehen. Nicht mehr das fehlende Angebot könnte zum Problem werden, sondern vielmehr die fehlende Nachfrage. Simon Henry, Finanzchef des Ölmultis *Shell*, hat im Herbst 2016 ein Tabu gebrochen und vorhergesagt, dass die Nachfrage (nicht das Angebot!) von Erdöl in fünf bis 15 Jahren absolut zurückgehen werde, also trotz des rapiden und zunächst noch energieintensiven Wirtschaftswachstums in den Schwellen- und Entwicklungsländern. Selbst die Opec spekuliert schon mit diesem Szenario.

Der Analyst Kingsmill Bond von *Trusted Sources* erwartet sogar, dass die Nachfrage nach fossilen Brennstoffen bereits 2020 ihren Höhepunkt und damit ihren Wendepunkt erreichen könnte. Dies sei das Ergebnis einer abgeschwächten Nachfrage und eines raschen Kapazitätswachstums alternativer Energien und der Produktion von Elektroautos. Dies würde zu einer großen Veränderung des Energie-Mix führen und die Ölnachfrage radikal verändern, ja Investitionen in das Ölgeschäft könnten zu großen Risikogeschäften werden.[p] Wer hätte dies noch vor 15 Jahren gedacht?

ENERGIEWENDE IN ISLAND

Island gelang es zwischen 1940 und 1990 von der Abhängigkeit von fossilen Energieträgern Schritt für Schritt wegzukommen. Seitdem dominieren erneuerbare Alternativen wie Wasserkraft und Geothermie. Nur noch im Bereich der Mobilität müssen sich die Isländerinnen und Isländer auf fossile Brennstoffe verlassen. Odinn Melsted betont dabei, dass es sich bei der isländischen Energiewende um keine geplante Energiewende handelt, sondern diese das Ergebnis einer Vielzahl von Faktoren und historischer Entscheidungen ist und war. Ein wichtiger Aspekt war, dass in Island fossile Energie immer importiert werden musste. Aus wirtschaftlichen und kulturellen Gründen wollte Island aber von Kohle und Öl wegkommen und hat daher auf inländische Alternativen umgestellt.

In den späten 1930er-Jahren etwa wurde in Reykjavík auf ein geothermales Fernheizsystem gesetzt, welches dann in den 1970er-Jahren im ganzen Land kopiert wurde. Dieser „Regimewechsel" wurde in Island wohl auch dadurch gefördert, weil dort aufgrund der geringen Einwohnerzahl die Gesellschaftsstrukturen einfacher aufgebaut sind und so Entscheidungen leichter gefällt und umgesetzt werden konnten. Unterstützt sei die Wende wohl auch durch die Landesmentalität des *„Wir machen das jetzt einfach"* geworden, was ein wenig an Draufgänger erinnert. Diese Mentalität wird bei der Energiewende in anderen Ländern wohl auch gebraucht werden. Und – so meint Melsted – *„Auch im restlichen Europa wird es sicherlich nicht so sein, dass die zukünftige Energiewende exakt nach Plan ablaufen wird"*.[q]

NACHHALTIGES DÄNEMARK

In Sachen Energiewende ist Dänemark vielen anderen Nationen weit voraus: Öl- und Gasheizungen sind verboten, Windturbinen erzeugen ein Drittel des Stroms. Sogar Industrie und Energieversorger ziehen mit. In drei bis vier Jahrzehnten will Dänemark vollständig auf Kohle, Erdgas und Öl verzichten – in Kraftwerken, Heizungen und Autos. Das alles sieht der dänische Energiekonsens vor, den das Parlament mit einer breiten Mehrheit verabschiedet hat. Schon jetzt stammen knapp 50 Prozent des in Dänemark erzeugten Stroms aus erneuerbaren Energien, die Windkraft steuert 30 Prozent bei, 2020 sollen es 50 Prozent allein aus Windkraft sein. Ein Bau oder die Erweiterung von Kohlekraftwerken sind nicht mehr erlaubt. In neuen Privathäusern sind auch Öl- und Gasheizungen verboten. Die Dänen können zwischen Fernwärme, Wärmepumpen und Holzpellets wählen, oder gleich ein Passivhaus planen. Ab dem Jahr 2016 sind Öl- und Gasheizungen auch in bestehenden Gebäuden verboten, sofern sie in Gemeinden mit Fernwärmenetz stehen.[r] Wieso sind derart radikale Maßnahmen in Dänemark möglich? Ein wesentlicher Grund dürfte in der traditionell überragenden Rolle des Staates liegen. Der Markt alleine brächte das wohl nicht zustande.

SONNENENERGIE IN CHILE

In Chile entsteht ein Solarkraftwerk mit den derzeit (2016) *„weltweit niedrigsten Erzeugungskosten“*, meldet der IWR-Pressedienst im Sommer 2016. In Deutschland hat die Produktion einer Kilowattstunde Solarstrom im Jahr 2000 um die 70 Cent gekostet, heute (um 2016) noch circa neun bis zehn Cent. In sonnenreichen südlichen Ländern gilt bisher ein Preis um die vier Cent. Für Chile rechnet nun der spanische Solarprojektbetreiber mit einem Preis von *„deutlich unter drei Dollar-Cent“*. Die erste Stufe des Solarparks von 800 Megawatt soll bis 2020, die gesamte Anlage bis 2021 fertig gestellt sein. Der neue Riesenpark liegt im sonnenreichen Norden von Chile. Mit preiswertem Solarstrom können Hunger und Elend schon mittelfristig in allen heutigen Armutsländern überwunden werden. Die Sonne scheint nicht nur kostenlos, sondern vor allem für alle. Das Solarzeitalter wird ein Zeitalter größerer Gerechtigkeit auf unserem Planeten einläuten. Es gibt keine Konzern-Sonne, sondern nur unser aller Sonne. Die Lösung steht kostenlos am Himmel.[s]

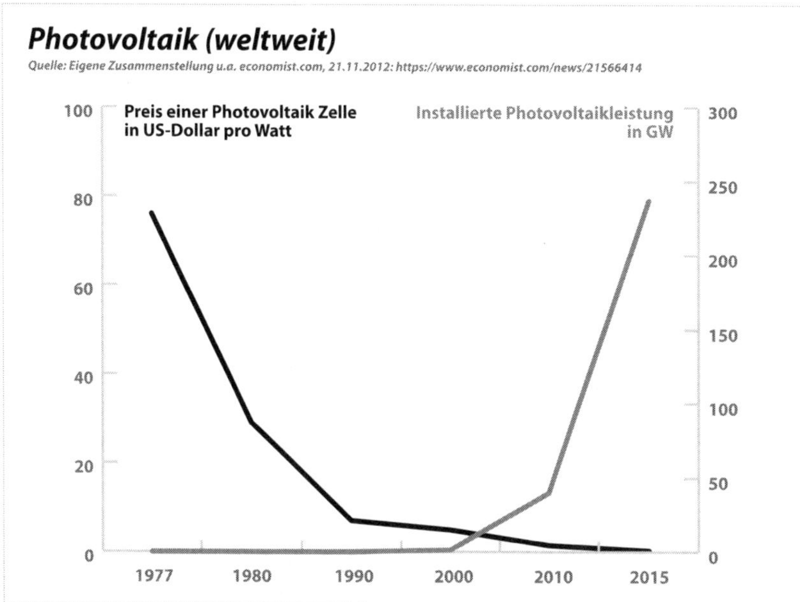

Abbildung 29: Photovoltaik (weltweit)

MINI-BIOGASANLAGEN IN CHINA

Auf dem chinesischen Land herrschen zum Teil immer noch extrem ärmliche Lebensbedingungen. Mini-Biogasanlagen können dabei helfen, diesen Zustand zu verbessern. Der Dung eines einzigen Schweins reicht einer Familie zur Energiegewinnung. Was in Europa in großem Stil gebaut und technisch perfektioniert wird, ist hier auf das Einfachste reduziert: Ein Schwein, ein Gärkessel, eine Gasleitung und ein Stromgenerator versorgen eine fünfköpfige Familie. Der Dünger, der nach dem Gären der Exkremente übrig bleibt, kommt auf das Feld der Familie. Der Stickstoff aus dem Dünger ist konzentrierter; er ist für die Pflanzen leichter aufzunehmen als aus dem Dung, den die Bauern vorher auf das Feld gegeben haben. Außerdem stinkt er nicht mehr, zieht keine Fliegen an und enthält keine Krankheitskeime. Zudem braucht nicht mehr mit der ungesunden Kohle gekocht werden und die Luft beim Kochen ist nicht mehr gesundheitsschädlich verpestet. Und die Kosten: Für die Anlage und das Schwein hat Shang Gaifang einen Mikrokredit von 1.500 Yuan bei *Plan International* aufgenommen. Das sind umgerechnet etwa 150 Euro. Rund 100 Euro hat die Entwicklungshilfeorganisation, die auch beim Aufbau der Anlage half, noch draufgelegt.[t] Erneuerbare Energien als Entwicklungshilfe, um den Lebensstandard zu verbessern, könnte so einfach sein.

HOFFNUNGSTROPFEN

Afrika und die Energiefrage: Überall in Afrika beginnen Länder, ihre Kapazitäten im Bereich Sonnen- und Windenergie auszubauen. Vielleicht gelingt es dem Kontinent gar, sich direkt in eine saubere Zukunft zu katapultieren – ohne Umwege über die umweltschädlichen Methoden, mit denen sich Europa, die USA, China und andere plagen mussten.[272]

Aktien und Energie: Experten sind sich einig, dass sich die Beschlüsse des Pariser Klimagipfels auch auf die Kapitalmärkte auswirken werden. Es ist zu vermuten, dass Unternehmen bzw. Aktien profitieren, die auf CO_2-Reduzierung setzen.[273]

Alternative Energien (Investitionen): Die Investitionen in erneuerbare Energien haben 2015 einen neuen Rekord erreicht. Laut *Bloomberg* wurden weltweit 329 Milliarden Dollar (295 Milliarden Euro) in Solar-, Wind- und Biomasseprojekte gesteckt – das war mehr als in alle neuen konventionellen Kraftwerke zusammen.[274]

Alternative Energien (Kosten): Die simple ökonomische Regel lautet: Je mehr an zusätzlichen Kapazitäten installiert wird, desto niedriger sind die Grenzkosten und damit sinken die Preise für Elektrizität aus alternativen Quellen.[275]

Alternative Energien (Nigeria): In Nigeria produziert beispielsweise eine Schlachterei in der Provinz Bodija unter dem Slogan *„cows to ki-*

lowatt" aus Schlachtabfällen Biogas für 5.400 Haushalte und nebenbei eine Stromleistung von einem Megawatt.[276]

Antarktis: *LG Solar* unterstützt nachhaltige Energieerzeugung sogar in der Antarktis. Welchen Wert Sonnenenergie auch unter den extremen Witterungsbedingungen der Antarktis bietet, zeigt seit März 2016 das *Norwegische Polarinstitut* in seiner Forschungsstation *Troll.*[277]

Äthiopien: Laut *Weltbank* besaß im Jahr 2012 nur jeder vierte Haushalt in Ägypten einen Stromanschluss. Schon in Bälde soll das für 90 Prozent der Bevölkerung möglich sein und zwar ausschließlich via *„Grünstrom"*. Ja selbst an die Nachbarstaaten soll der überschüssige Strom exportiert werden.[278]

Atomenergie (Deutschland): Vor 15 Jahren wurde in Deutschland noch jede dritte Kilowattstunde nuklear erzeugt, heute ist es nicht mal mehr jede sechste. In naher Zukunft soll der Atomstrom überhaupt Geschichte sein.[279]

Atomenergie (EU-Förderung): Die EU wird nach den Worten von Forschungskommissar Carlos Moedas auch künftig nicht die Entwicklung neuer Atomreaktoren fördern.[280]

Atomenergie (EU): Es geht auch ohne Atomenergie. Die Europäische Union kann ihre Klimaschutz-Ziele nach Einschätzung führender Wissenschaftler auch ohne Atomenergie erreichen.[281]

Atomenergie (Frankreich): Frankreich möchte den Atomstromanteil von derzeit 75 auf 50 Prozent senken. Das ist für das *„Atomstromland"* ein fast so ambitioniertes Ziel wie für andere Staaten ein kompletter Ausstieg. Der erste kleine Schritt in diese Richtung soll die Stilllegung des Elsässer AKWs Fessenheim im Jahre 2022 sein.[282]

Atomenergie (weltweit): Obwohl neben China auch Indien auf neue Kraftwerke setzt, wird sich der Anteil der Atomkraft bis 2040 nach der *International Energy Agency* (IEA) kaum erhöhen.[283]

Australien (Sonnenenergie): Um 2024 sollen bereits drei Viertel aller Ein- und Mehrfamilienhäuser und 90 Prozent aller Betriebe Kollektoren haben.[284]

Bangladesch: Dort werden seit 2002 Haushalte mit Solaranlagen versorgt. Die Anlagen werden von der Regierung gefördert und über Mikrokredite durch die internationale Gebergemeinschaft finanziert. Bisher sind so mehr als 13 Millionen Menschen erstmals zu einem Stromanschluss gekommen.[285]

BMW: Bis zum Jahr 2020 will der Konzern in allen Werken die Elektrizität zu 100 Prozent aus erneuerbaren Energien beziehen. Schon jetzt erreicht BMW eine Quote von 51 Prozent.[286]

China (Ökostrom): China ist führend bei Windkraft und Solarenergie. Das Jahr 2015 sei der *„Wendepunkt für die Erneuerbaren"* gewesen. Erstmals machten die Öko-Kraftwerke laut IEA mehr als die Hälfte aller neu gebauten Stromkapazitäten aus.[287]

China wird das weltweit größte Solarkraftwerk bauen. Mit einer Spitzenleistung von 810 Megawatt wird Delingha, so der Name der Anlage, doppelt so groß sein wie der bisherige Spitzenreiter, das Kraftwerk Ivanpah in Kalifornien, das auf 392 Megawatt kommt.[288]

Costa Rica: Schon im Jahr 2014 entfielen 94 Prozent der Energieproduktion auf erneuerbare Energien. In Bälde sollen 100 Prozent möglich sein.[289]

Demand response: Mittels *„demand response"* wird bei Engpässen im Stromnetz die Nachfrage reduziert. Das spart nicht nur Geld, sondern kann auch den Bau von Kraftwerken und Leitungen ersetzen. Dabei wird mit Großkunden vereinbart, dass unter gewissen Rahmenbedingungen große Stromverbraucher automatisch abgeschaltet werden, um die Nachfrage zu senken.[290]

Deutschland (Ökostromprognose): Im Jahr 1990 lag der Anteil der erneuerbaren Energien am Bruttostromverbrauch bei 3,4 Prozent. 30 Jahre später und entgegen allen Prognosen liegt dieser Anteil im Jahr 2016 bei 31,7 Prozent (siehe Abbildung 30).[291]

Deutschland (Ökostromumfrage): Die große Mehrheit der Deutschen unterstützt einer Umfrage zufolge den Ausbau der erneuerbaren Energien. 95 Prozent halten die stärkere Nutzung von Ökostrom-Kraftwerken für wichtig oder sogar sehr wichtig.[292]

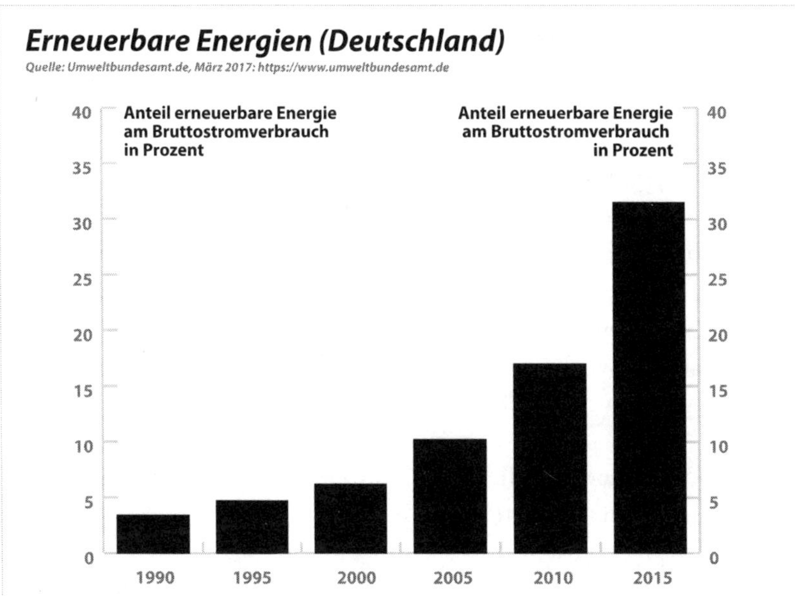

Abbildung 30: Erneuerbare Energien (Deutschland)

Deutschland (Photovoltaik): Der Strom aus Photovoltaik-Anlagen kann an sonnigen Werktagen bereits jetzt zeitweise bis zu 35 Prozent des deutschen Stromverbrauchs decken. An Sonn- und Feiertagen, wenn der industrielle Stromverbrauch absinkt, sind es sogar bis zu 50 Prozent.[293]

Deutschland (Solarspeicher): Allein im Jahr 2016 wurden 20.000 neue Speicher in Betrieb genommen. Bis Ende 2018 könnte die Zahl der Heimspeicher auf 100.000 anwachsen.[294]

Elektrizität: Die Preise für Elektrizität, die aus Sonne und Wind gewonnen wird, sind auf einem stabilen Abwärtstrend.[295]

Energie allgemein: Der globale Energiebedarf soll dauerhaft sinken. Zu diesem Ergebnis kam ein Netzwerk von mehr als 70 Experten aus über 25 Ländern in einer Studie mit dem *„The Grand Transition"*.[296]

Energie bis 2050: Die Menschheit könnte bis 2050 mit Hilfe sauberer Energie auskommen.[297]

Energiehaus (Effizienz): Neue Häuser sind heute oft schon sehr energieeffizient. Manch eine Immobilie gleicht einem kleinen Kraftwerk und produziert mehr Ökostrom als die Bewohner verbrauchen.[298]

Energiehaus (Schweiz): In der Gemeinde Brütten in der Schweiz steht ein Mehrfamilien-Wohngebäude, das ganzjährig ohne externe Energiequelle auskommt. Strom wird komplett eigenständig erzeugt.[299]

Energieknappheit: Wir haben auf der Erde 10.000-mal mehr Energieeinstrahlung als wir jemals brauchen werden. Deshalb dürfen wir den Solarstrom auch verschwenderisch verbrauchen.[300]

Energiepolitischer Appell: Selbst Konzerne wie *Adidas* oder die *Commerzbank* fordern strengere Klimagesetze.[301]

Energieproduktion auf dem Balkon: Die Stromerzeugung auf dem eigenen Balkon ist mit der innovativen Photovoltaikanlage *simon* nun so einfach wie nie. Das rund 1,40 Meter hohe und 70 Zentimeter breite, mobile Solarpanel muss bei Sonne bloß in eine übliche Steckdose gesteckt werden und schon speist es Strom ins häusliche Netz ein.[302]

Energierevolution (Mittelamerika): Costa Rica war Vorreiter bei Strom aus Sonne, Wind und Wasser in Zentralamerika, Honduras, Nicaragua und andere Länder folgten. Die Region hat sich in aller Stille zu einem Champion der nachhaltigen Energien gemausert: Honduras gewinnt rund 55 Prozent seiner Energie aus alternativen Quellen, Guatemala 60 Prozent, El Salvador 50 Prozent.[303]

Energieselbstversorgung (Österreich): Ein Pilotprojekt in Wien produziert und speichert den Strom für ein Einfamilienhaus jetzt selbst. Die Anlage besteht aus PV-Anlage, Batteriespeicher, Elektroheizstab, Energiemanagement-Software, Ladestation für Elektroauto und Wetterstation. Das Komplettsystem ist seit Oktober 2016 auf dem Markt.[304]

Energiesparen: Effizienz ist noch besser als Solarenergie.[305]

Energiespeicher (Haushalt): Harvard-Forscher haben einen Energiespeicher entwickelt, der sich häuslichen Bedürfnissen anpassen lässt und billige Chemikalien nutzt.[306]

Energiespeicher (Salzkavernen): Der deutsche Energieversorger EWE will Salzkavernen in Oldenburg zur *„größten Batterie der Welt"* umbauen. Zwei mittelgroße Kavernen könnten eine Ladung speichern, die eine Millionenmetropole wie Berlin für eine Stunde versorgen könnte.[307]

Energieverbrauch und Wirtschaftswachstum: Laut Stefan Schleicher lässt sich seit rund zehn Jahren zeigen, dass Wirtschaftswachstum und sinkender Energieverbrauch in Kombination möglich sind.[308]

Energiewende (Kosten): Eine globale Energiewende würde bis 2050 jährlich Investitionen von durchschnittlich rund einer Milliarde Dollar (0,88 Milliarden Euro) brauchen, errechneten die Experten von *Greenpeace* und vom *Deutschen Zentrum für Luft- und Raumfahrt* (DLR). Gleichzeitig würden Brennstoffkosten in Höhe von 1,07 Milliarden Dollar wegfallen, sodass sich die Umstellung auf umweltfreundliche Energieträger mehr als rechne.[309]

Energiewende (Medien): Die globale Wende wird gerade real. Allerdings ist dies den Zeitungen kaum eine Schlagzeile wert.[310]

Energiewende (Ursache): Die Ursache dafür ist nicht ein plötzlich ausgebrochener globaler Idealismus, sondern ganz banal und profan. Mit Sonne und Wind lässt sich bereits viel Geld verdienen und in Zukunft noch viel mehr.[311]

Energiewende (weltweit): Die Umweltschutzorganisation *Greenpeace* geht davon aus, dass es bis 2050 möglich ist, die gesamte globale Energieversorgung vollständig auf erneuerbare Energien umzustellen.[312]

Erdöl: Der britische Energieökonom Dieter Helm glaubt nicht daran, dass das Öl knapp wird. Bevor die Quellen versiegen, sei das fossile Zeitalter vorbei. Vgl. dazu das Buch von ihm: *„Burn out – The Endgame of Fossil Fuels"*. Der Ölpreis falle so schnell wie nie zuvor.[313]

Erneuerbare Energie (Deutschland): Selbst erzeugter Solarstrom ist für die Verbraucher in Deutschland oft nur noch etwa halb so teuer wie der Strom aus dem Netz.[314]

Erneuerbare Energie (Griechenland): Während es in Deutschland rund 1.000 Bürgerenergiegenossenschaften gibt, sind es in Griechenland nur drei. Eine Energiegenossenschaft in Kreta will dem begegnen, indem sie die Bürger beteiligt. Sie möchte keine Windparks, sondern einen Strommix aus Wind, Sonne und Biomasse, der die Gemeinden der Insel versorgt.[315]

Erneuerbare Energien (IEA): 2015 hatte die *Energy Watch Group* zusammen mit der *Lappeenranta Universität* in einer Reihe von Studien gezeigt, dass die IEA in ihrem *World Energy Outlook* zwischen 1994 und 2015 anhaltend irreführende Projektionen zu Solar- und Windenergie veröffentlicht hat.[316]

Erneuerbare Energien (Indien): Bis 2010 spielten Wind- und vor allem Solarenergie in der Planung des Landes so gut wie keine Rolle. Seit Anfang 2017 produziert dort das bis dahin größte Solarkraftwerk mit einer Kapazität von bis zu 648 Megawatt Strom.[317]

Erneuerbare Energien (Italien): Die Tatsache, dass das an Rohstoffen arme Italien noch vor wenigen Jahren 80 Prozent seines Energiebedarfs importierte und inzwischen diese Quote halbierte, zeigt die wachsende Bedeutung erneuerbarer Energien.[318]

Erneuerbare Energien (Kosten): Immer mehr Daten zeigen, dass die Kosten in der Versorgungskette der erneuerbaren Energien auf historische Tiefststände zurückgehen, so dass die Solarenergie in vielen Teilen der Welt bereits billiger als Kohle ist.[319]

Erneuerbare Energien (Prognose): Erneuerbare Energien werden in den kommenden Jahren den größten Teil des globlen Energiezuwachses ausmachen.[320]

Fäkalien als Energie: UN-Forscher empfehlen, mit Fäkalien zu heizen. *„Biokohle"* aus organischem Material könnte bei der Stromversorgung helfen. Durch Fäkalien in der Umwelt werden viele Krankheiten verbreitet. Die energetische Verwertung würde das Problem in einen Nutzen verwandeln.[321]

Festbrennstoffe: 1980 waren noch fast zwei Drittel der Menschheit von Festbrennstoffen abhängig. 30 Jahre später sind es noch 41 Prozent (rund drei Milliarden Menschen).[322]

Geothermie: Die Energie aus der Tiefe der Erde könnte – theoretisch – alle Energieprobleme lösen.[323]

Heizenergie (Europa): Im Jahr 2040 könnte fast die Hälfte des privaten Heizbedarfs in Europa mit erneuerbaren Energien gedeckt werden. Durch entsprechende Gesetze könnten die CO_2-Emissionen um mehr als 75 Prozent bis 2050 sinken.[324]

Kohle (Allianz): Die *Allianz*, Europas größter Versicherer, kündigte im Herbst 2015 an, künftig nicht mehr in Kohle zu investieren. Zugleich kündigte das Unternehmen an, ihre Investments in Windenergie in den nächsten Jahren auf vier Milliarden Euro zu verdoppeln.[325]

Kohle (China): Die Regierung ordnete 2016 einen Baustopp für 30 Kohlekraftwerke mit einer Gesamtkapazität von 17 Gigawatt an. Zum Vergleich: In Deutschland sind insgesamt Braunkohle-Kraftwerke mit gut 21 Gigawatt installiert. Peking hat 13 Provinzen des Landes zudem aufgefordert, keine neuen Kohlemeiler mehr zu entwickeln.[326]

Kohle (Kanada): Kanada hat einen Ausstieg aus der Kohleverstromung bis zum Jahr 2030 angekündigt.[327]

Kohle (Niederlande): Die Niederlande wollen keine Kohlekraftwerke mehr betreiben.[328]

Kohle (USA): Trump wird den Niedergang der Kohleindustrie nicht stoppen können. Die Nachfrage nach Kohle werde er nicht ankurbeln können.[329]

Kosten: Während die alten Energien für Firmen teurer werden, sinken die Kosten für erneuerbare Energien. Zwischen 2008 und 2015 sind die Preise für Windenergie um 51 Prozent, für Solarzellen auf privaten Dächern um 54 Prozent und die für große Flächen um 64 Prozent gefallen.[330]

Neuseeland soll nur mehr mit erneuerbarer Energie versorgt werden. Das Land will bis 2025 lückenlos auf erneuerbare Energien umsteigen, erklärte die damalige Premierministerin Clark anno 2007. Außerdem sollen Elektroautos gefördert und 250.000 Hektar aufgeforstet werden.[331]

Niedrigenergiehaus: Die TU Wien eröffnet ein Plus-Energie-Bürohochhaus. Der generalsanierte Bau soll mehr Energie liefern als er verbraucht.[332]

Obama: Der Trend zu sauberen Energien ist für den ehemaligen Präsidenten der USA nicht mehr aufzuhalten.[333]

Ökostrom (Kuba): Erst vier Prozent seines Stroms gewinnt Kuba aus erneuerbaren Quellen. Im Jahr 2030 sollen 24 Prozent der heimischen Energie regenerativ erzeugt werden.[334]

Passivhäuser als Kraftwerke: Neue Häuser sind heute oft schon sehr energieeffizient. Manche Immobilie produziert mehr Ökostrom als die Bewohner verbrauchen. Dies könnte mittelfristig zum Standard werden.[335]

Passivklinik (Europa): Der Spatenstich für das neu geplante Krankenhaus in Höchst/Frankfurt erfolgte bereits. Der Bau soll im ersten Halbjahr 2019 schlüsselfertig sein und dem Passivhausstandard entsprechen.[336]

Photovoltaik (Kapazitäten): Bis zum Jahr 2050 könnte Photovoltaik ein Fünftel des weltweit benötigten Stroms liefern.[337]

Photovoltaik (Kosten): In 10 Jahren könnte Photovoltaik die weltweit billigste Energiequelle sein.[338]

Piezoelektrizität: Die mechanische Energie, die beim Fahrradfahren, Wandern, Joggen oder beim Spazierengehen ungenutzt bleibt, lässt sich abschöpfen und in Elektrizität umwandeln, bis hin zu tragbaren Kraftwerken für mobile Kleingeräte.[339]

Preise für Strom: Die Preise für Elektrizität, die aus Sonne und Wind gewonnen wird, sind auf einem stabilen Abwärtstrend.[340]

Solar-Guerilla (Europa): Deutschlandweit werden (halblegal) tausende Mini-Photovoltaikanlagen betrieben, die Strom ins Stromnetz speisen. Das Problem in Deutschland: Sie verstoßen gegen geltende Sicherheitsnormen. Anders in Holland: Dort gibt es eine *„Bagatellgrenze"* von 500 Watt für die Einspeisung von Solarstrom. 200.000 Niederländer haben so selbst kleine Anlagen installiert, ohne dass es zu Zwischenfällen gekommen wäre. Ähnliche Regelungen gibt es auch in Österreich und der Schweiz. Es bestehe *„kein Risiko"*, wenn Anlagen bis 600 Watt angeschlossen werden.[341]

Solarenergie (Deutschland): Bereits 2009 waren 88 Prozent der Deutschen der Meinung, dass die Solarenergie ausgebaut werden sollte.[342]

Solarenergie (Kalifornien): Kalifornien stellt einen neuen Solarrekord auf und erzeugt Strom für sechs Millionen Haushalte. Mitte Mai 2016 lieferten erneuerbare Energien beeindruckende 54 Prozent des Stroms von Kalifornien.[343]

Solarenergie (Marokko): Es geht um die Versorgung von Moscheen mit Solarstrom. Zudem soll der überflüssige Strom der jeweiligen Gemeinde zu Gute kommen. 36 solcher Grünen Moscheen waren 2016 am Entstehen, insgesamt 600 sind im ganzen Land geplant.[344]

Solarenergie billiger als Atomstrom: Solarstrom ist inzwischen billiger als Strom aus neuen Atomkraftwerken – sogar, wenn er im vergleichsweise sonnenarmen Deutschland produziert wird.[345]

Solarenergie hängt Atomstrom ab: In den ersten Tagen des August 2015 wurde in Deutschland erstmals mehr Solarstrom erzeugt als aus Atomenergie.[346]

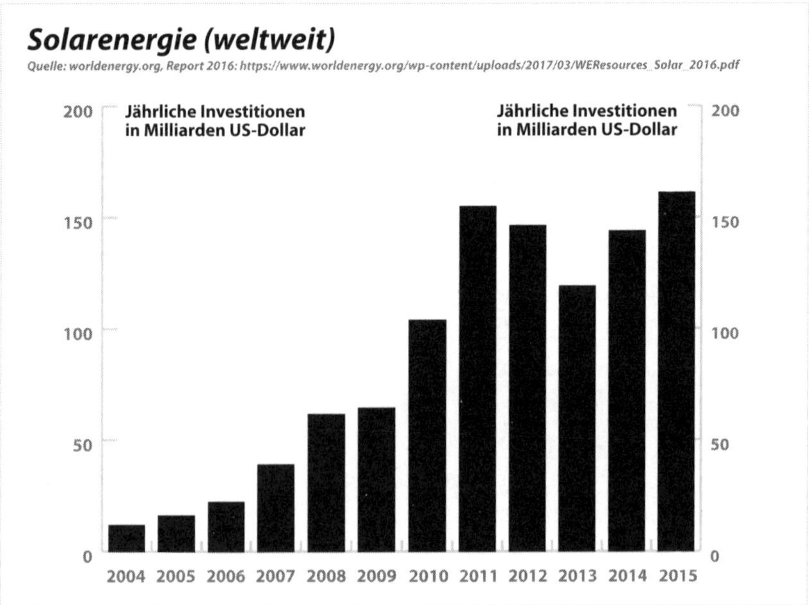

Abbildung 31: Solarenergie (weltweit)

Solarkocher: Die Firma *Sobre La Roca* in Cochabamba, Bolivien, produziert und verkauft Solarherde. Die Herde funktionieren verblüffend einfach, denn sie produzieren mit der in Bolivien sehr intensive Sonnenwärme Hitze, die es erlaubt, die Speisen, die sich im Herd befinden, auf sanfte Weise zu garen.[347]

Solarlampe *Little Sun*: Die *„Kleine Sonne"* ist eine kleine Solarlampe, die man um den Hals tragen oder an der Decke befestigen oder an Fahrrädern und Mopeds montieren kann.[348]

Solarpaneele: Die Kosten für die Ökostromerzeugung sind radikal gesunken. In guten Lagen produzieren Solarpaneele schon heute preiswerter als fossile Kraftwerke.[349]

Solarstrom (Deutschland): Ein Karlsruher Forschungsprojekt kam zu dem Schluss, dass sich bereits heute der Bedarf eines Privathaushalts zu 70 bis 80 Prozent mit Solarstrom decken lässt – und das etwa zur Hälfte der bisherigen Kosten.[350]

Solarstrom (Grönland): Trotz des arktischen Winters rechnet sich selbst im hohen Norden Grönlands der Betrieb von Photovoltaik-Anlagen.[351]

Solarstrom (Haushalt): Laut *Greenpeace* könnte sich in Bälde eine sparsame Familie mit einem Verbrauch von 2.000 Kilowattstunden Strom pro Jahr mit einer Solarzelle, die knapp so groß ist wie eine Doppelflügeltür, selbst versorgen.[352]

Solarthermekraftwerk (Marokko): In der Wüste Marokkos entsteht ein großes Solarthermekraftwerk mit dem Namen *Noor* (arabisch für Licht). Irgendwann sollen hier 7.400 Schirme stehen. Schon jetzt (Herbst 2016) reicht die Reihe der Pfeiler, so weit das Auge sehen kann. Und das ist nur ein Teil des Kraftwerks von bald vier weiteren.[353]

Solarzelte für Krisen und Katastrophenfälle: Ein mit acht Solarpaneelen auf einer Gesamtfläche von sieben m^2 ausgestattetes Zelt bietet das, was bei Katastrophen fehlt: Strom für beispielsweise Beleuchtung und Laptops sowie zum Aufladen von Handys und natürlich Schutz vor der Witterung.[354]

Sonnen-Sprit: Forscher am *Paul Scherrer Institut* (PSI) und an der *ETH Zürich* haben 2016 einen chemischen Prozess vorgestellt, in dem die Wärmeenergie der Sonne genutzt werden kann, um aus Kohlendioxid und Wasser direkt hochenergetische Treibstoffe herzustellen.[355]

Sonnenenergie könnte bis zum Jahr 2050 die weltweit wichtigste Stromquelle werden. Der Ausstoß von klimaschädlichem CO_2 könnte dadurch um jährlich sechs Milliarden Tonnen gesenkt werden.[356]

Stand-by-Betrieb (Deutschland): Alleine zwei Atomkraftwerke (AKW) sind in Deutschland notwendig, um den Stand-by-Betrieb von Millionen Elektrogeräten abzudecken. Es wäre dringend notwendig, dagegen etwas zu unternehmen.[357]

Steuern und Energie: Im Kampf gegen den Klimawandel fordert die OECD höhere Steuern auf fossile Energie. Dieser Energieverbrauch würde zurzeit zu gering und inkonsequent besteuert.[358]

Strom aus Bojen serienreif: Strombojen eines niederösterreichischen Erfinders werden bereits entlang der Donau eingesetzt. Eine Boje kann 70 Haushalte mit Strom versorgen.[359]

Strom aus Bremsenergie bei U-Bahnen: In einem einjährigen Pilotprojekt soll in der U2-Haltestelle Hardeggasse in Wien aus der Bremsenergie Strom gewonnen werden. Dieser soll anschließend für Rolltreppen, Aufzüge oder Beleuchtung genutzt werden.[360]

Strom aus Müll: Das britische Start-up *Advanced Plasma Power* (APP) erzeugt Strom aus Abfällen – indem es Müll gasifiziert.[361]

Strom aus Urin: Englische Studenten können beim Urinieren Strom erzeugen. Das *„Urinstrom-Klo"* auf dem Campus der *University of the West of England* in Bristol werde schon eifrig genutzt.[362]

Strom für alle Menschen bis 2030: Die UNO und *Weltbank* starten 2013 eine Elektrifizierungs-Kampagne mit dem Ziel, dass alle Menschen auf der Welt bis 2030 Strom haben sollen. Derzeit haben in einigen armen Ländern gerade einmal zehn Prozent der Bevölkerung Zugang zu Energie.[363]

Strompreis (Deutschland): Von 2009 bis 2016 ist der durchschnittliche Börsenpreis – vor allem dank erneuerbarer Energien – von über sieben Cent auf mittlerweile unter drei Cent gefallen.[364]

Strompreis (Vergleich): In Deutschland kostet Strom aus einem konventionellen Kraftwerksneubau (Gas, Kohle, Atom) acht bis zehn Cent je Kilowattstunde. Im Vergleich dazu sind Photovoltaik und Windkraft mit jeweils acht Cent bereits voll wettbewerbsfähig. International sind die Preise zum Teil erheblich niedriger.[365]

Stromproduktion: Die Investitionen in erneuerbare Energien haben sich allein in den vergangenen zehn Jahren weltweit verdoppelt und sind seit spätestens 2012 etwa doppelt so hoch wie Investitionen in fossile Brennstoffe.[366]

Stromversorgung (weltweit): Die *Lappeeranta University of Technology* (LUT) hat ein Modell entwickelt, das ein hundertprozentiges Elektrizitätssystem auf Basis von Wind und Solar für alle Regionen der Welt bis 2030 darstellt.[367]

Toiletten (Indien): Wie groß das Potenzial des Biogas-Klos ist, zeigt sich in Indien. Dort hat der indische Soziologe Bindeshwar Pathak bereits im Jahr 1970 eine simple Toiletten-Anlage zur Produktion von Biogas entwickelt, die 2015 bereits von weltweit rund 15 Millionen Menschen genutzt wird, unter anderem auch in Bangladesch.[368]

Toiletten (Kenia): Das Gas zum Kochen kann auch aus dem Klo kommen. Weltweit leben mehr als eine Milliarde Menschen in Slums – oft ohne Zugang zu Toiletten und Gaskochern. Ein Projekt in Kenia zeigt, wie sich beide Probleme auf einmal lösen lassen.[369]

Weltbank: Die *Weltbank* will bis 2030 Investitionen von einer Billion US-Dollar für Solarenergie weltweit aufbringen.[370]

Windenergie (Deutschland): Die Windenergie hat die Atomkraft bei der Jahresstromerzeugung in Deutschland schon 2011 überholt.[371]

Windenergie (Effizienz): Bei guten Windverhältnissen produzieren Windräder schon heute günstiger Strom als fossile Kraftwerke. Und die Leistung steigt stetig.[372]

Windenergie (Energiebilanz): Die Energiebilanz der Windkraftanlagen vom Bau bis zum Schrottplatz ist positiv. Ein Windrad produziert in zwanzig Jahren sogar genug Energie, um rund vierzig weitere Windräder zu bauen.[373]

Windenergie (Kosten): Laut einer Studie zu den Baukosten haben Offshore-Windparks geringere Mehrkosten als Atomkraftwerke.[374]

Windenergie (Nordsee): Die Windparks in der deutschen Nordsee haben in den ersten sechs Monaten des Jahres 7,77 Terawattstunden Strom geliefert. Das ist eine Steigerung um 50 Prozent gegenüber dem gleichen Zeitraum des Vorjahres.[375]

Windenergie (Schottland): Der 7. August 2016 wurde zu einem historischen Tag in Schottland. Erstmals haben Windkraftwerke allein mehr Energie generiert als das ganze Land verbraucht.[376]

10 ÖKONOMIE

WENIGER IST MEHR

Aus der schier unendlichen Vielfalt ökonomischer Anwendungsbereiche werden vier symbolische Ideen angeführt, die zumindest als kleine Hoffnungsskizzen gegen die vielen Formen der Ausbeutung und der Zerstörung ökonomischen Tuns interpretiert werden können: Deinvestment, Recycling, Cradle to Cradle (C2C) und Nächstenliebe.

DIVESTMENT

Als *„Divestment“* wird in der Fachwelt jenes Handeln bezeichnet, durch welches ein Investor seine Anlageform ändert und von einer Investitionsform in eine andere wechselt. Hintergedanke dabei ist aber nicht nur die Rendite, sondern vor allem auch eine Art ethischer Hintergrund, etwa von einer weniger ökologischen Produktionsform hin zu einer nachhaltigeren. Ein typisches Beispiel dafür wäre etwa bei Energieinvestitionen ein Umlenken weg von Kohle und Öl hin zu sauberen Geschäftsfeldern, etwa um den Ausstoß von Treibhausgasen zu verkleinern. Bereits heute werden weltweit viele Milliarden Euro an Investitionen umgelenkt. Was ursprünglich von Studierenden an einigen sehr vermögenden US-Universitäten initiiert wurde, hat inzwischen Finanzriesen wie die *Allianz* erreicht. Die Versicherung kündigte an, aus Geldanlagen in Kohleabbau auszusteigen. Auch die Stiftung der legendären US-Öl-Dynastie Rockefeller will ihr Geld aus dem Geschäft mit den fossilen Brennstoffen abziehen.[a] Solche und ähnliche Beispiele setzen ein starkes und wichtiges Zeichen, dass nicht nur die Zivilgesellschaft, sondern auch potente Teile von wichtigen ökonomischen Entscheidungsträgen langfristig keine Zukunft mehr für fossilbasierte Geschäftsmodelle sehen und sich in Richtung einer dekarbonisierten Welt von 2050 bewegen.[b]

Divestment, getrieben von der Gefahr von Verlusten und dem Druck von Umweltorganisationen, werden so zu wichtigen Hoffnungstropfen gegen umweltschädliche Geschäfte.

Bisweilen hat die Praxis von Divestment bereits Parlamente erfasst. Irland will kein Geld mehr mit fossilen Energieträgern verdienen. Dort sprachen sich die Abgeordneten mit einer Mehrheit im Jänner 2017 für ein entsprechendes Gesetz aus. Das Gesetz wurde übrigens von einem parteilosen Abgeordneten initiiert. Norwegen hat bereits 2015 beschlossen, dass der staatliche Pensionsfonds seine Gelder aus klimaschädlichen Anlagen zurückziehen soll – allerdings nur, wenn die Unternehmen mehr als 30 Prozent ihrer Einkünfte oder ihrer Produktion mit Kohle bestreiten. Auch das neuseeländische Parlament denkt über ethische Vorgaben für Anlage-Kriterien nach.[c] Auch Versicherer setzen zunehmend auf nachhaltige Geldanlagen. Schweizer Konzerne zählen dabei zu den Vorreitern. Sie tun dies nicht zuletzt aus eigenem Interesse. Manchmal geschieht es aufgrund regulatorischer Veränderungen oder auch nur, weil große Konkurrenten es auch tun. Ob nun aus freien Stücken oder nicht: Was die Art und Weise angeht, wie Versicherungskonzerne ihre Gelder anlegen, tut sich bereits einiges.[d] Aus dem kleinen Pflänzchen Divestment könnte somit in gar nicht allzu ferner Zukunft eine wesentlich nachhaltigere Ökonomie wachsen.

RECYCLING IN JAPAN

Für den Chef des japanischen Drucker- und Kamerakonzerns *Ricoh*, Shiro Kondo, steht fest: Wir brauchen ein Wirtschaftssystem, das nicht mehr Ressourcen verbraucht, als die Erde ersetzen kann. Dass die Menschheit die Naturschätze jährlich um 30 Prozent überstrapaziert, hält er für *„selbstzerstörerisch"*. Seinem Unternehmen hat Kondo aus dieser Einsicht heraus ein höchst anspruchsvolles Ziel gesetzt: Bis 2050 sollen Herstellung, Nutzung und Ausrangieren der Ricoh-Produkte die Umwelt nur noch rund ein Zehntel so stark belasten wie 2005 – und zwar nachrechenbar. Damit wurde sein Unternehmen industrieweit zu einem Vorbild. Um die notwendige Transparenz herzustellen, erfassen die Japaner sämtliche Material- und Energieströme und analysieren sie systematisch nach Einsparpotenzialen und ökologischen Alternativen.

In weiterer Folge wurden alle aus Erdöl gewonnenen Bauteile durch solche aus Biokunststoffen ersetzt. In der Produktion wiederum werden die Walzen und Papierfächer mit Nanobläschen aus Ozon statt wie früher mit Wasser gereinigt. Überdies haben sie eine spezielle Tinte entwickelt, die den typischen Strombedarf eines Druckers auf eine Kilowattstunde (kWh) in der Woche senkt. Laserdrucksysteme zum Beispiel verbrauchen zwei bis vier kWh. Zudem beraten die Ricoh-Experten Kunden, wie sie im Büroalltag mit weniger Papier und Toner auskommen. Ihre Lieferanten verpflichten sie, ebenfalls möglichst wenig schädliche Chemikalien einzusetzen.[e] Die Münchner Nachhaltigkeits-Ratingagentur *Oekom Research* wertet *Ricohs* Maßnahmenkatalog wegen seiner Breite als weltweit vorbildlich. *„Das ist der Maßstab für den Aufbau grüner Produktionskreisläufe“*, lobt Oekom-Experte Philipp Rühle.[f] Einmalig ist zudem das Rücknahmesystem der Firma. In Recyclingzentren zerlegen sie Altgeräte, reinigen sie, tauschen verschlissene Teile aus und verkaufen die aufgemöbelten Multifunktionsdrucker unter dem Label *Greenline* wieder. Sie sind praktisch wie neu, kosten aber im Vergleich zu einem Neugerät rund die Hälfte. Die Ökobilanz ist deshalb unschlagbar. Gerade einmal neun Kilogramm CO_2-Ausstoß verursacht die Herstellung des Recyclingdruckers – gegenüber 88 Kilogramm bei einem Neugerät.

CRADLE TO CRADLE (C2C)

„Cradle to Cradle“ bedeutet *„von der Wiege bis zur Wiege“*, also Kreislaufwirtschaft. Entwickelt wurde das Konzept von Michael Braungart (Chemiker) und dem US-Architekten Bill McDonough Anfang der 1990er-Jahre. Damals war bereits offensichtlich, dass unser heutiges Wirtschaftssystem verschwenderisch mit Rohstoffen umgeht und gewaltige Müllberge produziert. Während die Umweltbewegung sich dafür starkmachte, Abfall zu vermeiden, überlegten Braungart und McDonough, wie die Dinge des täglichen Bedarfs – bis hin zu ganzen Häusern – in Anlehnung an die Kreisläufe der Natur konstruiert werden könnten. Dabei ging es um *„echtes Recycling“*, nicht um *„Downcycling“*, bei dem aus gebrauchtem Papier schadstoffhaltiges Altpapier wird, aus gebrauchtem Kunststoff graues Plastik. Ihre Idee war, alle Materialien grob in zwei Klassen zu unterteilen: in *„biologische und in*

technische Nährstoffe". Biologische Nährstoffe sind organische Verbindungen wie Polymere oder Textilfasern, die am Ende auf dem Kompost wieder in die Biosphäre zurückkehren, so wie die Blüten des Kirschbaums zu Humus werden. Die Materialien dürfen keine Giftstoffe enthalten, die Organismen schädigen. Technische Nährstoffe hingegen kehren wieder in die „*Technosphäre*" zurück, wie Braungart die Welt der Geräte und Maschinen nennt. Metalle etwa können sortenrein zurück gewonnen werden, um eingeschmolzen wieder als Rohstoff zu dienen. Technische Kunststoffe werden in ihrer chemischen Struktur ebenfalls so gestaltet, dass sie ohne Qualitätsverlust wieder als Ausgangsmaterial formbar sind. Auch hier ist wichtig: Das Plastik darf keine Rückstände von Schwermetallen enthalten, die etwa in vielen PET-Trinkflaschen stecken.

Wo nun liegt der Knackpunkt von C2C? Wenn es gelänge, alle Produkte als biologische oder technische Nährstoffe anzulegen und sie mithilfe erneuerbarer Energie herzustellen, müsste sich niemand mehr über CO_2-Bilanzen Gedanken machen. Dafür setzen sich Braungart und McDonough ein und gründeten dazu zwei Unternehmen, mit denen sie andere beim Produktdesign nach der *Cradle-to-Cradle-Philosophie* (C2C) beraten und Produkte zertifizieren. Über 500 hatten 2013 bereits ein C2C-Label erhalten. Braungart geht es aber tatsächlich um mehr als Kreisläufe zu schließen, obwohl dies schon ein riesiger Erfolg wäre. Er will mit besseren Zutaten auch noch die Qualität der Produkte und damit die Lebensqualität erhöhen. Eines seiner Lieblingsbeispiele sind die Teppiche von Desso. Diese dünsten im Gegensatz zu herkömmlicher Auslegeware keine giftigen Moleküle aus. Mehr noch, sie sollen sogar die Raumluft reinigen, indem sie Schwebeteilchen binden.[g]

NÄCHSTENLIEBE

„*Es ist toll*", sagt Alyssa – mit so einem Erfolg hätte die Zehnjährige aus Lutz im US-Bundesstaat Florida nicht gerechnet. Ein Feuer hatte ihr Zuhause zerstört. Handwerker hätten es zwei Jahre nicht geschafft, das Haus wieder aufzubauen, heißt es in einem Bericht von *ABC News*, wo auch ein Video der Aktion zu sehen ist. Alyssa hatte ihre Eltern leiden sehen und wollte helfen. Also schrieb sie einen Brief an eine Radioshow und erzählte von ihrer Idee, mit selbstgemachter Limonade Geld einzunehmen. Motto: Wenn das Leben Dir eine Zitrone gibt, mach Limonade draus! Der Stand, an dem es Limonade und selbstgemachte Cupcakes gab, habe Menschen auch von weit weg angesprochen, heißt es in dem Bericht. Ein Kunde habe Alyssa 500 Dollar (440 Euro), ein anderer sogar 1.000 Dollar (875 Euro) für ein Glas Limonade gegeben. Und nicht nur Fremde, auch Politiker kamen. Wir sind stolz, dass wir der Familie helfen konnten, erklärte ein Abgeordneter.

Knapp 15.000 Dollar (13.000 Euro) hat die Zehnjährige mit ihrer Spendenaktion und dem Limonadenstand nach geraumer Zeit verdient. *„Sie wollte selbst etwas tun, um ihrer Mama und ihrem Papa zu helfen. Ich glaube aber nicht, dass sie so etwas erwartet hat"*, sagte Alyssas Mutter. *„Wir sind begeistert. Wir wussten, dass wir eine gute Gemeinschaft haben, aber dass jeder hier ist, ist wirklich überwältigend."*[h]

HOFFNUNGSTROPFEN

Adamec Thomas (Deutschland): Der Tüftler hat eine einzigartige *„Verbundstoff-Elektronikschrott-Recycling-Anlage"* gebaut. Sie kann aus Fritteusen, Videospielkonsolen, Heißgetränkeautomaten oder Klimaanlagen wieder Kunststoff, Aluminium, Kupfer, Eisen machen. Die Recyclingquote liegt bei 95 Prozent, Ziel sind 99.[377]

Aluminium-Recycling: Die Energieersparnis bei der Produktion von Aluminium aus hochwertigem Schrott statt aus dem Rohstoff Bauxit beträgt 95 Prozent.[378]

Apple (Kongo): *Apple* hat angekündigt, künftig weitgehend auf Rohstoffe aus Konfliktregionen wie dem Kongo zu verzichten. *Apple* kann aber (Stand 2014) noch nicht komplett ethisch saubere Quellen versprechen.[379]

Apple (Recycling): *Apple* hat im Geschäftsjahr 2015 durch Recycling rund eine Tonne Gold aus ausgemusterten Geräten des Konzerns zurück gewonnen. Auch beim Aluminium gibt es Erfolge. Der Anteil der erneuerbaren Energie am weltweiten Verbrauch des Unternehmens stieg von 87 auf 93 Prozent. Der gesamte Ausstoß des Treibhaus-Gases CO_2 sank pro produziertem Gerät von 122,1 auf 114,2 Kilogramm.[380]

Apple (Solarstrom): Der Technologiekonzern aus dem Silicon Valley setzt zu hundert Prozent auf grüne Energie. Auch der größte Zulieferer der Kalifornier, *Foxconn*, zieht mit.[381]

Bambus statt Stahl: Bambusfasern sind doppelt bis dreimal so stark wie Stahl. Diese Zugfestigkeit wollen Forscher nutzen, um aus Bambus eine nachhaltige Alternative zu herkömmlichem Armierungseisen herzustellen – eine Art grünen Stahl.[382]

Bioressourcen: Autoreifen aus Löwenzahn, Blumen, Eier- und Tomatenschalen oder Zuckerrüben, Plastik aus Kartoffeln, Sprit aus Zucker oder Flugkerosin aus Algen. Von einer *„wissensbasierten Bioökonomie"* erhoffen sich deren Förderer Lösungen für die zentrale Frage des 21. Jahrhunderts.[383]

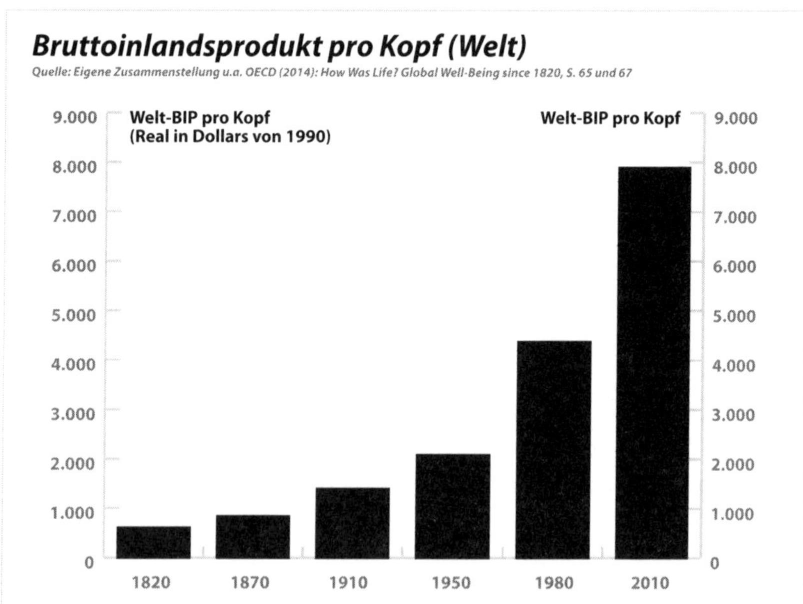

Abbildung 32: Bruttoinlandsprodukt pro Kopf (Welt)

Chemiesteuer: Die Schweden denken über eine „*Chemiesteuer*" nach. Sie soll den Neukauf von Haushaltsgeräten und Computern verteuern. Neuanschaffungen sollen erst die zweite Wahl sein.[384]

Computer ohne Silizium: Spezialisten bauen erstmals mit Kohlenstoff-Nanoröhren winzige Computer. Noch sind sie herkömmlichen Rechnern unterlegen, aber das könnte sich in naher Zukunft ändern.[385]

Dodd-Frank-Act: In den USA gibt es seit 2010 mit dem Dodd-Frank-Act ein Gesetz im Bereich der Konfliktmineralien. Unternehmen zur Gewinnung von Gold, Tantal, Wolfram und Zinn müssen nachweisen, wo die Stoffe herkommen.[386]

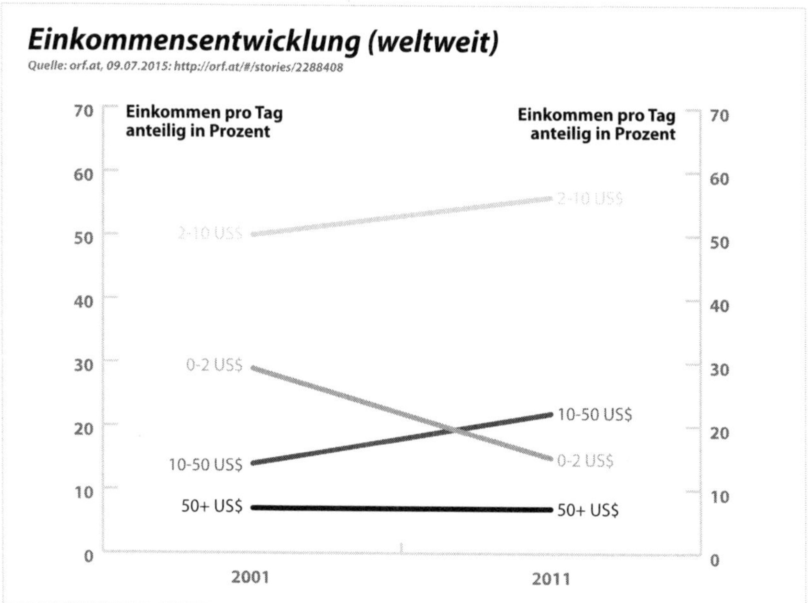

Abbildung 33: Einkommensentwicklung

Fahrrad aus altem Pappkarton: Ein israelischer Tüftler konstruierte aus Pappkarton ein Fahrrad (inklusive recycelten Plastikflaschen und Gummi aus wiederverwerteten Autoreifen), das eine Belastung bis zu 220 Kilogramm aushält.[387]

Fairphone: Trotz einiger nicht so fairer Komponenten, zeigt das Projekt *Fairphone* des Niederländers Bas van Abel und seiner Kollegen, dass es durchaus möglich ist, etablierte Herstellungsprozesse zu hinterfragen und teilweise auch zu verändern.[388]

Fernseher (Philips): In den 1980er-Jahren enthielt ein Fernseher mehr als 4.300 (schwer zu entsorgende) Schadstoffe. Vor wenigen Jahren wurde von *Philips* ein Fernseher entwickelt, der nicht nur zwei Drittel weniger Strom verbraucht, sondern auch kein PVC und kein Flammschutzmittel enthält.[389]

Gold und Nachhaltigkeit: Die Zürcher Kantonalbank bot Ende 2015 peruanische Goldbarren mit *Fairtrade*-Siegel an. Diese waren wegen der höheren Standards zwar teurer, die Anleger schien das aber nicht zu stören, sie kauften das Gold trotzdem.[390]

Hausbau aus Müll: Mit Bierdosen in der Wüste New Mexicos fing 1971 alles an. Michael Reynolds baute aus ihnen ein Haus. Der Umwelt zuliebe, aber auch aus Pragmatismus. Dosen sind bereits leichter und billiger zu haben als Holz, Beton oder Stein. Seither entwickelte er den Dosenbau weiter bis zum Selbstversorger-Haus und wurde zum Pionier. Als nächstes schwebt Reynolds eine ganze Stadt für Flüchtlinge vor.[391]

Häuser aus Altpapier: Ein Schweizer Unternehmen hat ein innovatives Verfahren entwickelt, durch das komplette Häuser aus Altpapier hergestellt werden können. Die wabenartig konstruierten Bauelemente sind dabei nicht nur leicht und stabil, sie wirken auch wärmedämmend.[392]

Holz als Rohstoff für Chemikalien: Kunststoffe, Dünger und Medikamente basieren auf Chemikalien, die bisher aus Erdöl gewonnen wurden. Schweizer Forscher wollen stattdessen auf Holz zurückzugreifen.[393]

Kochtöpfe aus Panzern: *„Panzerstahl eignet sich perfekt für Kochtöpfe“.* 96 Prozent der Bauteile lassen sich recyceln.[394]

Kücheneinrichtungen: IKEA bringt Küchenfronten aus recycelten PET-Flaschen auf den Markt.[395]

Levi's Jeans: Das Pariser Label *Vetements* z.B. näht alte Levi's-Jeans neu zusammen und verkauft sie dann wieder für über 1.000 Euro. Trotz der hohen Preise sind die Hosen ständig ausverkauft.[396]

Lithium Rückgewinnung: Hier setzt das Projekt *NEW-BAT* an. Dabei geht es um intelligentes Zerkleinern statt ziellosem Zerschreddern, in deren Folge dann Lithium zurück gewonnen werden soll.[397]

Lithium: Forscher der *TU Bergakademie Freiberg* haben Verfahren entwickelt, mit dem sich Lithiumcarbonat sowohl aus dem Lithiummineral Zinnwaldit als auch aus Altbatterien gewinnen lässt.[398]

Mehrwegbecher: Freiburg führte im November 2016 Mehrwegbecher ein. Auf dem beigefarbenen Plastikbecher ist die Skyline der Stadt in Grün zu sehen. Er ist aus spülmaschinenfestem Kunststoff und soll rund 400-mal benutzt werden können.[399]

Memo Box: Die Behälter für das Mehrweg-Versandsystem *„memo Box"* der *memo AG* werden ab sofort aus dem Recycling-Kunststoff Procyclen, der aus Kunststoffabfällen besteht, hergestellt.[400]

Mindesthaltbarkeit für Elektrogeräte: Deutschland fordert, dass für Elektrogeräte wie Waschmaschinen, Kühlschränke, Drucker und Handys Mindestnutzungszeiten gelten sollten. Vorbild ist das Mindesthaltbarkeitsdatum bei Lebensmitteln.[401]

Möbel: Der Upcycler Oliver Schübbe fertigt aus alten Möbelteilen und Sperrmüll seine Regalkreation *Frank*, Sessel, Regale und Tische. 30.000 Exemplare seines Regals hat er bis 2015 verkauft. Damit war es das erfolgreichste Recyclingmöbel der Welt.[402]

Mode aus Recyclingprodukten: Alte Baumwollkleidung geschreddert und zu neuem Stoff verarbeitet, altes Plastik aus dem Meer gefischt und zu Polyester gewebt. Die Schuhe des Frankfurter Sneakerherstellers *ekn Footwear* haben zum Beispiel Sohlen aus recycelten Materialien, *Adidas* hat einen Schuh aus Plastikmüll aus dem Ozean gemacht, das Kölner Label *Pinqponq* macht Rucksäcke aus PET-Flaschen und von *Nudie* gibt es Jeans aus Altpapier.[403]

Momox: Das Berliner Internetunternehmen *Momox* verkauft erfolgreich gebrauchte Textilien. 2015 machte das Unternehmen 120 Millionen Euro Umsatz. Momox kauft Kleidung, die andere aussortieren – und zwar zum Festpreis und verkauft sie dann wieder.[404]

Müllberge als Rohstoffquelle: Mittlerweile beginnen die Müllunternehmen umzudenken. Anstatt Rohstoffe auf Nimmerwiedersehen zu vergraben, holen sie die Wertstoffe wieder aus den Deponien heraus. *„Landfill Mining"* nennt sich die neue Bewegung in der Abfallverwertung – Bergbau in der Mülldeponie.[405]

Obsoleszenz (DDR): Die zentral gesteuerte DDR verpflichtete Unternehmen dazu, Kühlschränke und Waschmaschinen zu bauen, die 25 Jahre halten.[406]

Obsoleszenz (EU): Ab 2020 soll eine Europäische Norm die geplante Obsoleszenz minimieren, insbesondere bei elektrotechnischen Normungen (CENELEC). Dies könnte dazu führen, dass zunehmend langlebige und reparaturfreundlich konstruierte Produkte auf den Markt kommen.[407]

Obsoleszenz (Frankreich): Seit 2015 ist die absichtliche Verkürzung der Lebensdauer von Produkten in Frankreich unter Strafe gestellt. Dem Hersteller drohen bis zu zwei Jahren Gefängnis und bis zu 300.000 Euro Geldbuße.[408]

Olympiamedaillen (Japan): Tokio hat begonnen, Elektroschrott für die Fertigung der Medaillen der Olympischen Sommerspiele 2020 zu sammeln. Gebraucht werden acht Tonnen Edelmetalle für die 5.000 Gold-, Silber- und Bronzemedaillen.[409]

R.U.S.Z. (Reparatur und Service Zentrum): Josef Eisenriegler leitet den Wiener Verein zur Reparatur von gebrauchten Elektrogeräten.[410]

Recycling (Kanada): Bereits 2015 hatte ein Unternehmen in Edmonton (Kanada) eine Anlage in Betrieb genommen, die nach Angaben des Betreibers bis zu 400.000 Tonnen städtischen Abfall in Methanol umwandelt. Pro Tonne Abfall entstehen dabei etwa 350 Liter Methanol.[411]

Recycling (Michael Braungart): Atmende Teppiche und stromerzeugende Drehtüren. Der Chemiker und Querdenker Michael Braungart plädiert für radikal neue Produkte – und für mehr Wachstum.[412]

Recycling (Rotterdam): In den Niederlanden soll im Hafen von Rotterdam eine kommerzielle Anlage entstehen, die aus städtischen Abfällen so genanntes Synthesegas herstellt, ein Gemisch aus Wasserstoff und Kohlenmonoxid, und es mit Hilfe von Katalysatoren zu Methanol weiterverarbeitet. Methanol eignet sich entweder selbst als Biotreibstoff oder wird als Grundstoff in der chemischen Industrie verwendet.[413]

Recycling (Wasserflasche): Die Forschung hat mittlerweile Kunststoffe entwickelt, die durch die Reinigung beim Recycling sauberer werden als neu hergestellte Stoffe. Sie werden also immer wertvoller.[414]

Repair-Cafés (Deutschland): Sogenannte *„Repair-Cafés"* verbinden die neue Lust am Selbermachen und den Kampf gegen die Wegwerfkultur. Die Idee stammt aus Amsterdam, wo die Umweltjournalistin Martine Postma 2009 den ersten Reparaturtreff dieser Art organisierte. In über 200 Repair-Cafés (Stand 2015) wird in Deutschland nun bereits gemeinsam geschraubt, gelötet, geklebt und genäht.[415]

Repair-Cafés (weltweit): Im März 2016 waren weltweit bereits 1.000 Repair-Cafés registriert. Weitere gebräuchliche Namen sind: Reparatur Café, Reparier-Bar, Elektroniksprechstunde, Reparatur-Treff, Elektronikhospital oder Café Kaputt u. ä.[416]

Reparatur statt Neukauf: In Schweden werden neue Steuerpläne (via Mehrwertsteuer und einer Chemiesteuer) entwickelt, die zur Wiederherstellung alter Dinge im Gegensatz zur Neuanschaffung motivieren sollen.[417]

Reparieren statt Wegwerfen: Im Bundesland Oberösterreich werden beispielsweise mit dem *ReVital-Netz* gute, noch gebrauchsfähige Produkte für die weitere Nutzung fit gemacht. In Aufbereitungsbetrieben, die Partner im *ReVital-Netz* sind, werden Geräte geprüft und fallweise kleinere Reparaturen vorgenommen.[418]

Rohstoffwende: Das deutsche *Öko-Institut e.V.* definierte 2016 erstmals für verschiedene Rohstoffgruppen rohstoffspezifische Ziele und Instrumente für eine künftige nachhaltige Rohstoffpolitik.[419]

Sand (Dänemark): Der Welt geht der Baustoff Sand aus. Das Kernproblem bisher ist: Meeressand ist zu billig, als dass sich ökologische Alternativen in der Bauindustrie lohnen würden. Um das zu ändern, hat etwa Dänemark Steuern auf den Verbrauch von Meeressand erhoben. Der Verbrauch ging daraufhin um 80 Prozent zurück.[420]

Sand (Deutschland): Forscher arbeiten in Deutschland an Techniken, um die ungenutzte Ressource Wüstensand für die Bauindustrie interessant zu machen. Neuerdings gelang dabei die Produktion von Polymerbeton, der sogar stabiler ist als normaler Zementbeton aus Meer- oder Flusssand.[421]

Schuh-Recycling: Eine deutsche Firma will mit der weltweit ersten Recycling-Maschine für Schuhe, *„alte Treter"* wieder fit machen. Wenn das Konzept aufgeht, könnten zehntausende Tonnen als Böden oder Taschen wiederverwertet werden.[422]

Silicium aus Reis: Reisspreu soll z.B. über eine Schicht aus Siliciumverbindungen, auch Silica genannt, verfügen. Daraus ließe sich Silicium gewinnen.[423]

Smartphone: Wer auf der Suche nach einem Smartphone ist, dessen Rohstoffe unter ordentlichen Bedingungen (also fair) gewonnen wurden, sollte sich das *Fairphone* anschauen.[424]

Solarmodule (Produktionsbedingungen): Der Vorteil von Sonnenenergie als langfristige Energiequelle übertrifft die negativen Auswirkungen der Herstellung von Solarmodulen auf die Umwelt. Die

Schäden bei der Produktion von Modulen werden durch die saubere Stromerzeugung in der Folge mehr als amortisiert.[425]

Strohhalme aus Stroh: Die Firma *Bio-Strohhalme* (Bayern) stellt seit 2013 Strohhalme aus Stroh her und bietet somit eine nachhaltige und kunststofffreie Alternative. Die Bio-Strohhalme sind aus kontrolliert ökologischem Anbau.[426]

US-Technologieriesen: *Greenpeace* hat den US-Technologieriesen *Apple*, *Facebook* und *Google* gute Noten beim Einsatz erneuerbarer Energien bescheinigt. *Apple* bezieht 83 Prozent des genutzten Stroms aus regenerativen Quellen. Bei *Facebook* sind es 67 Prozent, bei *Google* 56 und bei HP 50 Prozent.[427]

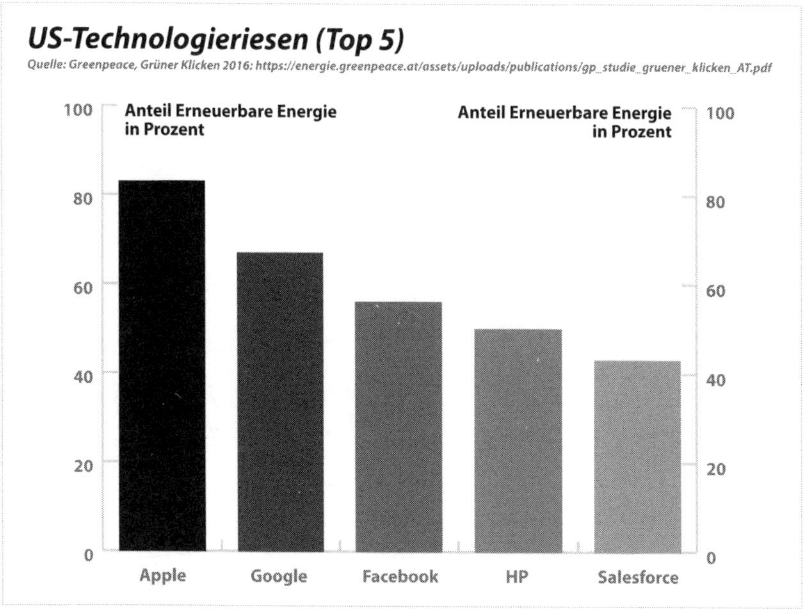

Abbildung 34: US-Technologieriesen (Top 5)

Wegwerfkultur (EU): Auch für die Europäische Union ist die Abkehr von der Wegwerfkultur mittlerweile Thema. Damit das Reparieren gar nicht erst so oft nötig wird, sollen in der EU sukzessive billige Produkte durch langlebige Elektrogeräte ersetzt werden. Diesbezüglich sollen bis 2020 neue Regeln in Kraft treten.[428]

Wegwerfkultur (Wien): Es gibt auch in Wien Ansätze, Müll zu reduzieren und Reparaturen alter Geräte attraktiver zu machen. Die Ottakringer Straße soll künftig durch Betriebe belebt werden, die sich auf Reparatur und Recycling konzentrieren. Den Start machen eine Anrainerinitiative und ein IT-Unternehmen, in dem Menschen mit Behinderung alte Computer reparieren.[429]

Wirtschaftssystem: Angela Merkel meinte beim G-7 Treffen 2015 in Elmau: *„Wir wollen ein werte- und regelbasiertes Wirtschaftssystem"*. Das Problem besserer Arbeitsbedingungen sei *„in vielen Ländern Asiens und Afrikas heute noch nicht zufriedenstellend gelöst"*.[430]

Zement: Über fünf Prozent des jährlich vom Menschen freigesetzten Kohlendioxids stammen aus der Zementindustrie. Neue mineralische Bindemittel sollen das Problem lösen. Ökobeton aus Flugasche könnte eine umweltfreundliche Alternative zu Zement werden.[431]

11 FAIR TRADE

EINKAUFEN MIT GEWISSEN

Jana Friedrichsen von DIW behauptet (und dies sogar sehr plausibel), dass wenn Verbraucherinnen und Verbraucher mit dem Kauf nachhaltiger Produkte nur an ihrem *„grünen“* beziehungsweise *„sozialen“* Image interessiert sind, dies vermutlich zu wenig ist und noch nicht automatisch zu einer Verbesserung der im Produktionsprozess Betroffenen (Ausgebeuteten) führt. Nur wenn ein echtes Interesse an alternativen Produktionsprozessen hinter der Kaufentscheidung steht und der Hersteller darauf reagiert (reagieren muss), verbessern sich auch die Produktionsbedingungen. Steigender Umsatz kann den Hersteller nämlich motivieren, mehr anzubieten, das heißt aber nicht unbedingt, dass sich seine Produktionsbedingungen verbessern. Im ungünstigsten Fall kann der Einkauf von nachhaltigen Produkten sogar dazu beitragen, dass die Produktpalette weniger nachhaltig wird.

Dies ist ein wichtiger Aspekt, der nicht übersehen werden sollte, oder anders formuliert: Um den Marktanteil wirklich nachhaltiger Produkte optimal zu fördern, ist demnach ein Wertewandel in Bezug auf die Produktionsbedingungen erforderlich, *„Das Ziel muss sein, Verbraucherinnen und Verbraucher darüber zu informieren, ob nachhaltige Produkte unabhängig von ihrem Image wertvoll sind“*, meint Friedrichsen. Dies könnte zum Beispiel dadurch passieren, dass Kampagnen über die genaue Wirkungsweise und die Vorteile nachhaltiger Produktion informieren. In einem konkreten Anwendungsfall könnte dies z.B. eine Erläuterung darüber sein, wie Pestizide die Umwelt und das Trinkwasser belasten und welche Vorteile ein reduzierter Pestizideinsatz im Lebensmittelanbau hat.

Oder es werden die positiven Effekte von Arbeits- und Kinderschutzbestimmungen in Bananenplantagen auf die Gesundheit und die Entwicklungsmöglichkeiten von Kindern, Arbeiterinnen und Arbeitern sowie die Anbauländer insgesamt dargestellt. Oder es wird über die

Lebensbedingungen und Leiden konventionell gehaltener Tiere informiert und weist darauf hin, welche Verbesserungen diese durch artgerechte Tierhaltung erfahren. Solches Nachprüfen, Nachfragen und darauf Hinweisen hilft dabei, den wachsenden Markt für ökologisch oder sozial verträgliche sowie fair gehandelte Produkte transparenter zu machen und garantiert, dass der Handel von Gütern über den reinen „*Imagekauf*" hinausgeht.[a]

Es braucht also neben der Intention, „*faire*" Güter zu kaufen, auch strategische Interaktionen der Marktteilnehmer, eben jene „*Nachhaltigkeitskäufer*", die unangenehmer sind und Aufklärung über die Güter einfordern. Fairer Handel inkludiert somit auch Bildungsarbeit. Mit anderen Worten: Ohne Bildung wird es wohl auch keinen „*strategischen Konsum*" geben. Strategischer Konsum ist „*die Kunst des richtigen Lebens in falschen Strukturen*" – so frei umgedeutet nach einer berühmten Definition von Theodor W. Adorno.[b]

Wissen um „*falsche Strukturen*" – vor allem langfristige Aufklärungskampagnen, also nicht nur das punktuelle Bereitstellen von Informationen beim Einkaufen – scheint in der Tat ein wichtiger Aspekt bei Veränderungen im Konsumbereich zu sein.[c] Nicht zu unterschätzen sind weiters auch Vorbildwirkungen anderer Marktteilnehmer. Ohne Aufklärungskampagnen, ohne Vorbildwirkung sind langfristige Veränderungen im Konsumbereich nicht zu erreichen. Dies gilt auch bei Fragen, die sich mit den Problemlösungen „*Tauschen und Teilen*" oder „*Tauschen statt Wegwerfen*" beschäftigen. So meint etwa der Schweizer Trendforscher David Bosshart, dass die Jungen nicht mehr „*stolz auf Besitz*" sind und Tauschen und Teilen dem Besitz vorziehen.[d]

Für Deutschland zeigt eine Umfrage des *ZunkunfsMonitor*, dass jeder Dritte auf Eigentum verzichten und Produkte lieber teilen würde. In der Generation der 14- bis 29-Jährigen fände dies sogar fast jeder Zweite (47 Prozent) sehr reizvoll.[e] Ähnliches ist aus dem Bereich „*Tauschen statt Wegwerfen*" zu berichten. Es gibt offensichtlich einen starken Trend Richtung gemeinschaftlichem Konsum. So beschreibt etwa die Harvard-Absolventin Rachel Botsman in ihrem Buch *What's mine is yours*, wie das Bedürfnis nach sozialen Erfahrungen einer gesättigten Wohlstandsgesellschaft gepaart mit den Möglichkeiten des Internets den Trend begründet hat. Nach Angaben der Online-Plattform *Mesh. it* hatten sich bereits 2012 fast 7.400 Unternehmen in 136 Ländern dem gemeinschaftlichen Konsum verschrieben.[f]

Schlussendlich sei noch angeführt, dass eine gewisse Bekanntheit mit den Aktivitäten und Zielen von Fair-Trade-Initiativen und eine allgemeine Vertrautheit mit innen- und außenpolitischen Themen dazu führte, dass diese Handelsaktivität von einem sehr kleinen Pflänzchen zu einer immer größeren Blume wurde. Auf internationaler Ebene betrug der Umsatz 2004 ca. 0,8 Milliarden US-Dollar, 2015 – gut zehn Jahre später – waren es schon weit über 7 Milliarden US-Dollar und damit fast das Zehnfache (siehe Abbildung 34).

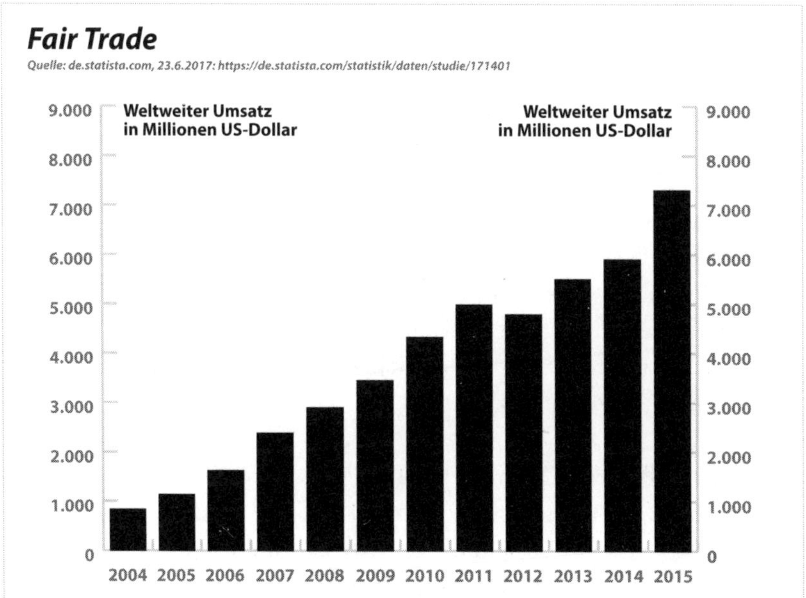

Abbildung 35: Fair Trade Entwicklung

HOFFNUNGSTROPFEN

Bekleidungsindustrie (Alternative): Die Geschwister Moss, Gründer von Slowmo entwerfen seit 2006 Großstadtmode aus 100 Prozent fair gehandelten, biologischen Materialien, produziert zu deutschen Tariflöhnen. Ein Experiment, das nur unter großen wirtschaftlichen Anstrengungen durchzuhalten ist, aber ein Vorbild. Die Großen laufen hinterher: aber auch bei H&M oder C&A ist *„ethical fashion"* mittlerweile ein Thema geworden.[432]

Bekleidungsindustrie (Hoskins): Die britische Journalistin und Mode-Fan Tansy E. Hoskins deckt in ihrem Buch *„Das antikapitalistische Buch der Mode"* das schmutzige Geschäft der Modebranche auf. Sie erklärt, warum die Branche zutiefst sexistisch, rassistisch und umweltzerstörend ist. Sie zeigt aber auch Auswege und Handlungsanweisungen auf, dagegen anzukommen.[433]

Claudia und Martin Klütsch: Das deutsche Ehepaar hatte in einem Hemd den handgeschriebenen Hilferuf eines Arbeiters aus Bangladesch gefunden, der das Stück hergestellt hat. Sie machten den Mann ausfindig, besuchten ihn – und schicken ihm und seiner Familie in der Folge monatlich 70 Euro.[434]

Diözese St. Pölten (Österreich): Die Diözese will ihr eigenes Wirtschaften nach ökologischen und fairen Kriterien ausrichten. Eine neue Leitlinie für Mitarbeiter sieht u.a. die Umstellung auf Recycling-Papier, *Fairtrade*-Kaffee, Diensträder und Bio-Essen vor.[435]

Discounter: Handelsunternehmen wie *Rewe* oder *Lidl* berichten schon länger im Internet über ihre Bemühungen um Nachhaltigkeit und Umweltschutz. *Aldi* versuchte bislang vor allem, mit günstigen Preisen zu punkten. Das sollte sich ändern.[436]

Fair Trade (Deutschland): Fair gehandelte Produkte erfreuen sich bei Verbrauchern immer größerer Beliebtheit. Auf über eine Milliarde Euro war der Umsatz in Deutschland im Jahr 2015 gewachsen. Die Palette des Fairen Handels ist groß; bis in die Supermärkte und Discounter haben faire Waren inzwischen Einzug gehalten.[437]

Fair Trade (Kakao): Große Süßwarenhersteller wie *Ferrero* oder *Mars* waren lange nicht bereit, mit *Fairtrade* zu kooperieren. Das hat sich in den letzten Jahren aber sehr geändert.[438]

Fair Trade (Nationen): Vorreiter war Wales, das bereits länger als Fair Trade-Nation agierte und somit als Vorbild für andere gilt. In Schottland engagieren sich zahlreiche Fair Trade-Gruppen für den fairen Handel. An vielen Schulen und Universitäten gibt es diesbezüglich spezielle Bildungsprogramme. Etwa 60 Prozent der schottischen Bevölkerung kaufen regelmäßig Fair Trade-Produkte – über 80 Prozent kennen das *Fairtrade*-Siegel. So hat Schottland als weltweit zweites Land die Auszeichnung Fair Trade-Nation erhalten.[439]

Fair Trade (Österreich): Der Umsatz mit *Fairtrade*-Produkten ist 2015 in Österreich gegenüber dem Vorjahr um 24 Prozent auf 185 Millionen Euro nach oben geschnellt. Zum Vergleich: Zehn Jahre vorher lag der *Fairtrade*-Umsatz in Österreich erst bei 15,7 Millionen Euro.[440]

Fair Trade (Zukunft): Harriet Lamb, Geschäftsführerin von *Fairtrade International* (2015) hofft, dass Fair Trade irgendwann mal überflüssig wird. *„Das ist unsere Vision. 40 Jahre ist wahrscheinlich zu früh. Man denke nur daran, wie lange es gedauert hat, die Sklaverei abzuschaffen. Irgendwann wird es Fairtrade nicht mehr brauchen.“*[441]

Fairer Handel und Lebensverbesserung: Der Faire Handel trägt nicht nur dazu bei, die Lebens- und Arbeitsbedingungen in Ländern Afrikas, Asiens und Lateinamerikas zu verbessern. Er zielt auch auf ein verändertes Bewusstsein und Verhalten in der Gesellschaft.[442]

Handel statt Krieg: Die Hoffnung, dass Handel Kriege verhindern könnte, ist alt, der Zweifel daran ist es auch. Matthew Jackson (Stanford) hat alle Kriege seit 1820 mit mehr als tausend Toten gezählt und kommt zu dem Schluss, dass sich die Zahl der Kriege seit Mitte des 20. Jahrhunderts auf ein Zehntel reduziert hat.[443]

Konsum und Ausbeutung: Der investigative Reporter Christoph Lütgert rechnet vor: „*Wenn unsere Jeans nur einen Euro mehr kosten würden, und dieser Euro auch ganz unten ankäme, dann würden sie etwas bewegen*“. Und er folgert weiter, dass Konsumenten den entsprechenden Firmen eben „*immer wieder auf die Füße treten*“ müssen, denn „*Image ist irgendwann auch ein betriebswirtschaftlicher Faktor*“.[444]

Medico international: Die Hilfs- und Menschenrechtsorganisation beteiligt sich als eine von 250 Initiativen, Institutionen oder Vereinen aus 15 europäischen Ländern an der „*Kampagne für Saubere Kleidung*“.[445]

Nachhaltige Schokolade: Das Nachhaltigkeitsportal *Rank-a-Brand* analysiert seit Jahren Marken hinsichtlich ihrer ökologischen und sozialen Nachhaltigkeit. Auch für Schokolade wurden Analysen durchgeführt.[446]

Weniger ist manchmal eben mehr: „*Minimalismus heißt nicht Besitzlosigkeit.*“ Die Maxime sei vielmehr „*consume less, create more. Wer seinen Konsum reduziert, der erlangt mehr Unabhängigkeit, der kann durch äußere Leere innere Fülle erreichen.*“[447]

12 MOBILITÄT

TEILEN STATT BESITZEN

Wie in vielen Teilbereichen der Ökonomie haben auch im Verkehrssektor in den letzten Dezennien große Umbrüche stattgefunden, und es ist zu erwarten, dass auch in naher Zukunft weitere erhebliche Veränderungen stattfinden werden. Dies betrifft vor allem die eingesetzte Technik und insbesondere die dabei verwendete Energie. In den ärmeren Teilen unseres Globus wird sich vermutlich die Mobilisierung noch erheblich steigern, in den reichen Regionen wird es vermutlich zu strukturellen Veränderungen kommen. Laut einer Studie von Oliver Wyman wird geschätzt, dass in unseren Breiten die Entwicklung des Verkehrssektors vom Verzicht vieler Menschen auf das eigene Auto zugunsten der *„Shared Mobility"* mit individualisierten Mobilitätslösungen geprägt sein wird. Darüber hinaus ist ein endgültiger Abschied des Schienenverkehrs aus dünn besiedelten Regionen zu erwarten. Durch die flächendeckende Anwendung intelligenter Technologien könnten neue Akteure optimale Reiseketten zusammenstellen und die traditionellen Verkehrsunternehmen dazu zwingen, ihr Geschäftsmodell zu verändern.[a]

Vor allem in den hoch entwickelten Industrieländern werde dieser Trend spürbar werden. So wurde geschätzt, dass etwa in Deutschland die Ausgaben für die individuelle Automobilität von derzeit rund 75 Prozent aller Ausgaben für den Personentransport auf 56 Prozent bis 2040 zurückgehen würden. Ähnliche Entwicklungen sind auch in den anders strukturierten Ländern USA und China zu verzeichnen. Bei der *Shared Mobility* werden dagegen *„dramatische Zuwächse"* erwartet, vor allem mit der weiteren technischen Entwicklung des autonomen Fahrens. Annähernd zwei Drittel der befragten Verkehrsexperten waren überzeugt, dass dies die Sharing-Entwicklungen beschleunigen werde.[b] Nur chiffrenhaft all die verschiedenen Facetten hier aufzuzählen würde den Rahmen sprengen. In den unten folgenden Hoffnungstropfen sind diverse Schattierungen aufgelistet, wobei auch sie nur eine Art Spitze eines Eisberges darstellen. Wo genau – im sprichwörtlichen Sinne des Wortes – die Reise hingehen wird, ist wohl schwer abzuschätzen: zu unsicher und auch unmöglich ist es, zukünftige Entwicklung präzise vorauszusagen. An nur zwei Skizzen sei dies angedeutet.

So hätte wohl vor zwanzig Jahren niemand damit gerechnet, dass Kalifornien ernsthaft damit spekuliert, aus Autobahnen Stromkraftwerke zu machen und zwar mit Hilfe von so genannten piezoelektrischen Kristallen. Dabei handelt es sich nicht um irgendetwas vollends Exotisches, denn diese Kristalle, die etwa die Größe einer Uhrbatterie haben, können elektrischen Strom erzeugen, wenn sie mechanisch belastet werden, das heißt, wenn ein Fahrzeug über diese Kristalle fährt oder auch, wenn jemand darüber geht. In Kalifornien wird damit gerechnet, dass auf rund 10 Meilen (16 km) Autobahn bei derzeitigem Verkehrsaufkommen Strom für rund 100.000 Personen erzeugt werden kann. Diese könnten den Strom auch dafür verwenden, mit E-Autos auf den Autobahnen zu fahren. Da entwickelt sich dann zwar kein perpetuum mobile, aber immerhin eine Energie- und Mobilitätsform, an die vor einer Generation noch niemand gedacht hätte. Die Piezo-Technologie wird übrigens schon in anderen Bereichen eingesetzt. In Japan z.B. installierte 2009 die *East Japan Railway Company* piezoelektrische Fußböden im Bahnhof Tokyo, um mit der erzeugten Energie von Fußgängern alle Anzeigen in der Station zu versorgen. Israel hat bereits einige Autobahnen damit ausgestattet, und Italien hat einen Vertrag unterzeichnet, um die Technologie auf einer Strecke von Venedig nach Triest einzusetzen. Bereits mehrere Tanzclubs, darunter einer in San Francisco, haben diese Technologie unter ihren Tanzflächen eingesetzt, um damit die Beleuchtung zu betreiben.[c]

Noch ein anderes Beispiel, wo ebenfalls heute noch niemand absehen kann, wohin die Reise geht, aus dem Bereich des Schwerverkehrs: Dort wird nämlich als Zukunftsszenario bereits ein emissionsfreies Fahren **ohne** Trucker hinter dem Steuer propagiert. Um das Klimaziel zu erreichen, ist emissionsfreies Fahren auch im Lastwagenverkehr ein klares Ziel. Zudem soll auch im Schwerverkehr (nicht nur im Personenverkehr) immer öfter autonom gefahren werden, also ohne Lenker hinter dem Steuer. Wie sich diese Zukunftsvision darstellen könnte, zeigt nun die schwedische Firma *Einride*, die mit dem Prototyp *T-Pod* einen Vorschlag für einen selbstfahrenden batterie-elektrischen Warentransporter machte.[d] Der rund 7 Meter lange Transporter soll laut Hersteller bis zu 15 Euro-Paletten aufnehmen. Die Batterie verfügt über eine Kapazität von 200 kWh, was für eine durchschnittliche Reichweite von 200 Kilometern reichen soll. Elektro-Trucks sind bei Firmen wie *Tesla* und *Mercedes* längst in der Planung, und selbstfahrende LKW laufen bereits bei *Uber*, *Waymo* und *Volvo*. Bis 2020 wollen die Schweden über 200 *T-Pod* verfügen, die zwischen Göteborg und Helsingborg verkehren und jährlich rund 2 Millionen Paletten transportieren sollen.[e] In der Tat kommt dies einer radikalen Veränderung im Transportwesen gleich.

HOFFNUNGSTROPFEN

Auto (Carsharing): Der Trend geht zum Teilen. Bei der jüngeren Generation gingen die Neuwagenzulassungen in den vergangenen Jahren deutlich zurück. Das Teilen von Fahrzeugen wird immer populärer.[448]

Auto (China): China will seine Beihilfen für umweltfreundlichere Autos bis zum Jahr 2020 fortsetzen. Die Beihilfen werden Käufern von Elektroautos, Hybridfahrzeugen oder Wagen mit Brennstoffzellenantrieb gewährt.[449]

Auto (General Motors): In Detroit laufen dicke Pick-ups und SUV millionenfach von den Bändern. Doch gleich nebenan beginnt ein neues Zeitalter. *General Motors* hat ein eigenes Batterielabor eingerichtet.[450]

Auto (Holland): Ähnlich wie Norwegen hat 2016 das niederländische Parlament beschlossen, dass ab 2025 nur noch emissionsfreie Neufahrzeuge verkauft werden sollen.[451]

Auto (Indien): Indien führt Sondersteuern für SUVs, Dieselmotoren und Luxusautos ein. Ab 2030 sollen nur noch E-Autos zugelassen werden. Außerdem soll das öffentliche Verkehrsnetz in den Städten deutlich erweitert werden.[452]

Auto (Materialien): Nicht nur der Antrieb wird sich ändern, auch die Materialien werden sich ändern. Autos werden aus extrem leichten, aber festen Materialien wie Carbon hergestellt.[453]

Auto (Menge): 30 Prozent der Autos würden reichen, um Mobilität zu gewährleisten. Auf den Straßen würde weniger los sein, indem Autos intensiver genutzt werden.[454]

Auto (Sion): Der Sion soll das erste serienmäßige Elektroauto werden, das seine Batterien direkt mithilfe von Solarenergie laden kann.[455]

Auto (Stehzeiten): *„In Deutschland wissen wir aus Studien, dass das durchschnittliche Auto eine von 24 Stunden am Tag genutzt wird. Aus betriebswirtschaftlicher Sicht ist das irrational.“* Die Zukunft gehöre Konzepten, bei denen mehrere Nutzer über Smartphones Autos koordiniert gemeinsam verwenden.[456]

Auto (Verzicht): Ohne Auto zu leben, spart Zeit und Geld, die für anderes genutzt werden können. Und wenn wer es richtig anstellt, ist ohne Auto letztlich mobiler als mit.[457]

Auto (Volvo): Das Unternehmen will sich schrittweise von Fahrzeugen mit reinen Verbrennungsmotoren verabschieden. Vom Jahr 2019 an werde jedes neue *Volvo*-Modell einen Elektromotor haben.[458]

Auto (Wasserstoff): Der japanische Autohersteller *Toyota* bietet seit einem halben Jahr den ersten in Serie produzierten Wasserstoffwagen auf dem Markt an – und kommt mit der Produktion nicht nach.[459]

Auto (Windenergie): Überflüssiger Strom aus erneuerbaren Energien könnte dafür verwendet werden, Wasserstoff, Methanol oder Methan zu gewinnen. Alle drei können Autos antreiben.[460]

Autoabgase: Jedes dritte in Norwegen neu gekaufte Auto ist bereits ein Elektroauto. Aber auch eine Reihe ostafrikanischer Länder hat durch die Einführung strengerer Bestimmungen für Fahrzeuge und Treibhausgase Anfang 2015 die dadurch verursachten Emissionen um rund 90 Prozent verringern können.[461]

Autofreies Oslo (Norwegen): Die Stadtregierung von Oslo hat sich zum Ziel gesetzt, dass das Stadtzentrum bis 2019 autofrei sein soll.[462]

Bahn (Holland): Seit der Jahreswende 2016/17 werden alle Züge ausschließlich mit Strom aus Windenergie betrieben.[463]

Bahnfahren direkt mit Solarstrom (Niederösterreich): Wer zwischen Bruck an der Leitha und Wilfleinsdorf südöstlich von Wien mit der Bahn unterwegs ist, fährt mit Solarstrom.[464]

Bahnfahren mit reinem Ökostrom: Das alternative Bahnunternehmen *Locomore* bedient ab dem 14. Dezember 2016 täglich die Strecke von Stuttgart über Frankfurt und Hannover nach Berlin.[465]

Bremsenergie: 48-Volt-Antriebe ermöglichen eine sanfte Elektrifizierung ohne überbordende Kosten und werden sich daher in den kommenden Jahren rasant verbreiten.[466]

Car-Sharing (München): Mit einem ausgeklügelten Car-Sharing-System, einem E-Bike-Verleih und einigem mehr sollen die Bewohner eines Neubauviertels künftig ohne eigenes Auto auskommen – ohne dadurch Nachteile zu haben.[467]

Diesel (Attraktivität): Vor dem Pariser Autosalon 2016 wandten sich die Autohersteller vom Diesel ab. Der Dieselmotor ist zwar noch nicht tot. Richtig lebendig ist er aber auch nicht mehr.[468]

Diesel (Steuern): Wenn Diesel an den Tankstellen wie Benzin besteuert würde, könnte sich der allein der deutsche Fiskus über Mehreinnahmen von 9,5 Milliarden Euro pro Jahr freuen.[469]

Diesel (Verbot): Dieselautos sollen ab 2025 aus Paris, Madrid, Athen und Mexiko-Stadt verbannt werden. Weitere Städte werden wohl folgen.[470]

E-Bus (Eindhoven): In der Stadt gibt es seit Dezember 2016 nur mehr elektrische Busse im öffentlichen Verkehr.[471]

E-Bus (London): In London fahren bereits mehr als 50 Busse ohne Verbrennungsmotor im öffentlichen Nahverkehr.[472]

E-Bus (Österreich): Für einen Nullemissionsbus bekamen die Wiener Linien einen Mobilitätspreis in der Kategorie *„Planen. Bauen. Betreiben"*. Zwölf derartige Busse waren 2015 in Wien unterwegs.[473]

Eco-Marathon: Tausend Kilometer Reichweite mit einem Liter Sprit. Wer geizt, gewinnt: Beim weltweit größten Effizienz-Marathon gewinnt nicht das schnellste Auto, sondern das sparsamste. Der Rekord liegt bei fast 3.700 Kilometer mit einem Liter Sprit.[474]

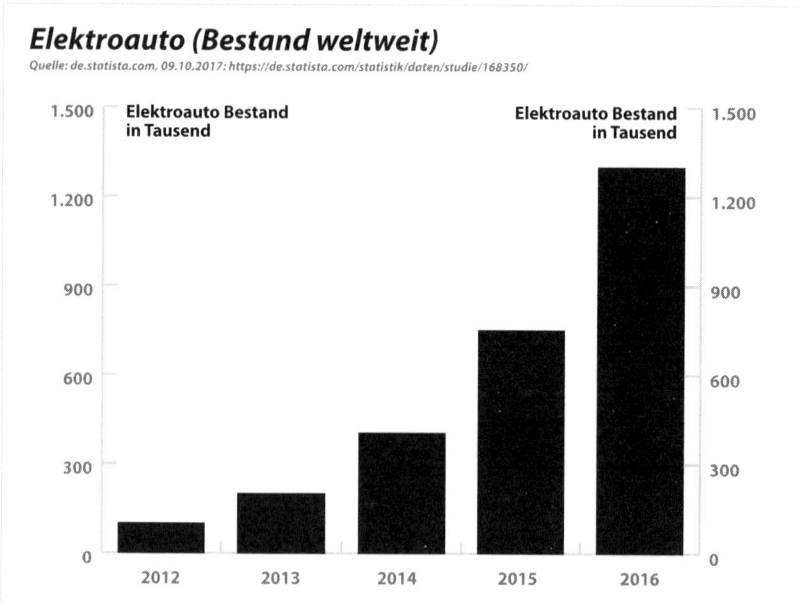

Abbildung 36: Elektroauto (Bestand weltweit)

Elektroauto (China): In China gab es Anfang 2017 mehr als 270.000 Strom-Tankstellen für Elektro-Autos. 2016 wurden bereits über 500.000 Elektroautos verkauft. In Norwegen fährt bereits jeder zweite Neuwagen elektrisch. Bis 2030 sollen in China 40 Prozent aller Autos elektrisch fahren – das wären ca. 15 Millionen neue E-Autos pro Jahr.[475]

Elektroauto (Nissan Leaf): *Nissan* nimmt eine Führungsrolle bei der emissionsfreien Mobilität ein und bahnt seit 2010 den Weg für die Verbreitung der Elektrofahrzeuge. Der *Nissan Leaf*, der erste in Großserie produzierte Stromer weltweit, ist das bisher meistverkaufte Elektrofahrzeug.[476]

Elektroauto (Post): Die deutsche Post stellt auf Elektroscooter um: Der Fuhrpark der Post umfasste Anfang 2017 etwa 44.600 Fahrzeuge, ein Großteil davon fuhr mit Diesel. Doch der Anteil der E-Autos nimmt schnell zu.[477]

Elektroauto (Preis): Laut *Bloomberg New Energy Finance* (BNEF) sollen Elektrofahrzeuge im Jahr 2025 gleich teuer wie Bezinautos sein.[478]

Elektroauto (Stella Lux): Das Solarmobil *Stella Lux* erzeugt mehr Strom, als es verbraucht, fährt 1.000 Kilometer weit und bietet Platz für vier Personen. Ein Zukunftsauto, das nicht nur zeigt, wie es geht, sondern vor allem, dass es geht.[479]

Elektroauto (Vergleich): Elektrofahrzeuge haben im Umweltbundesamt-Vergleich die Nase vorn. Sie bieten im Vergleich zu Diesel-, Benzin- und Hybrid-Fahrzeugen derzeit die besten Chancen, Energieverbrauch und Luftschadstoffemissionen im Straßenverkehr nachhaltig zu reduzieren und eine kohlendioxidarme individuelle Mobilität zu erreichen. Dazu kommt noch der Lärmvorteil.[480]

Elektromobilität (Norwegen): Ein Ölland setzt auf Elektromobilität. Das E-Modell ist in Norwegen in allen Autoklassen die günstigste Variante.[481]

Entschleunigung: Ulrich Grobers jüngstes Buch *„Der leise Atem der Zukunft. Vom Aufstieg nachhaltiger Werte in Zeiten der Krise"* ist das vielleicht schönste Beispiel für kenntnisreiche Zuversicht. Für ihn ist es ein Zeichen der Hoffnung, dass die Werte der Entschleunigung, des Lassens, des Kreislaufs, der Gemeingüter und der Selbstbeschränkung von immer mehr Menschen erkannt, geteilt und in Lebensmodelle umgesetzt werden.[482]

Fahrrad (China): Im größten Automarkt der Welt radeln jetzt hippe Großstädter auf knalligen Leihfahrrädern am Stau vorbei.[483]

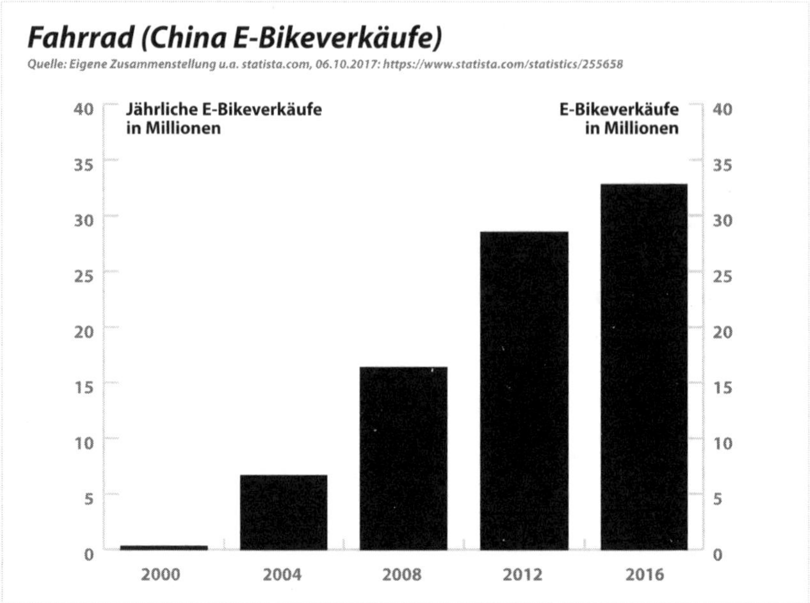

Abbildung 37: Fahrrad (China E-Bikeverkäufe)

Fahrrad (Dänemark): Kopenhagen baut eine spektakuläre 190 Meter lange Fahrradbrücke, die zwei durch Wasser getrennte Stadtteile miteinander verbindet. Die Brücke soll ermöglichen, dass die Hälfte aller Wege zur Arbeit, Schule und Uni mit dem Fahrrad zurückgelegt werden.[484]

Fahrrad (Deutschland): Die deutsche Bundesregierung fördert den Fahrradverkehr jährlich mit 100 Millionen Euro.[485]

Fahrrad aus Bambus: Fahrräder aus Bambus galten lange als Spielerei, inzwischen sind sie häufiger in den Schaufenstern zu finden.[486]

Fahrradweg als Stromproduzent: In einem niederländischen Dorf wird bereits ein Stück Fahrradweg mit Photovoltaikzellen im Boden getestet – Frankreich will den nächsten großen Schritt in der neuartigen Energiegewinnung gehen und dies auf Straßen versuchen.[487]

Fliegen (Biotreibstoffe): Sie schleudern deutlich weniger Ruß in die Atmosphäre – wodurch sich weniger Kondensstreifen bilden. Insgesamt ist die Luftfahrt nach Expertenschätzung für fünf Prozent der vom Menschen verursachten Klimaerwärmung verantwortlich. Die Bio-Variante (Fliegen mit Biosprit) verringerte den Ausstoß von Rußteilchen um 50 bis 70 Prozent.[488]

Fliegen (China): *Atmosfair* ermittelt alljährlich den *Atmosfair Airline Index* (AAI), der darauf beruht, wie viel vom Treibhausgas Kohlendioxid pro Kilometer und Passagier in die Luft geblasen wird. Laut *Atmosfair* kam die sauberste Fluggesellschaft der Welt aus China. Der Newcomer *China West Air* war in der Gesamtwertung die beste Fluglinie.[489]

Fliegen (Sicherheit): 1995 gab es einen Unfalltoten pro 0,7 Millionen Flüge. 2015 einen Unfalltoten pro fünf Millionen Flüge. Die Analysten des *Aviation Safety Network* (ASN) kamen zum Schluss, dass 2015 für die kommerzielle Fliegerei *„das sicherste Jahr aller Zeiten"* war.[490]

Fliegen mit Solarenergie: Ohne Treibstoff um die Welt: Weltumseglung mit der Solar Impulse 2 durch die Schweizer Bertrand Piccard und Andre Borschberg. Am 26. Juli 2016 endete mit der Landung in Abu Dhabi die Weltumrundung erfolgreich.[491]

Fliegen und Bäumepflanzen: Wenn Munasinghe (Professor in Sri Lanka) fliegen muss, lässt er dafür in Sri Lanka einen Baum pflanzen.[492]

Fliegen wird grüner: In München arbeitet *Siemens* daran, dass Fliegen grüner wird. Das Unternehmen glaubt, dass es in Zukunft Flugzeuge gibt, die 200 Passagiere transportieren können, bis zu 1.000 Kilometer fliegen und von einem hybriden Elektromotor mitangetrieben werden. So ließen sich bis zu 50 Prozent Kraftstoff einsparen.[493]

Flughafen (Biosprit): Die Lufthansa fliegt seit 2016 vom Flughafen Oslo mit einer Biotreibstoff-Mischung. Der Treibstoff wird aus dem Öl von Leindotter-Samen gewonnen. Allerdings: Ebenso wie bei Algen oder Raps wären riesige Anbauflächen notwendig, um den Gegenwert an Energie, der heute aus Kerosin gewonnen wird, herzustellen.[494]

Fußgängerzone (Paris): Paris erklärt im Herbst 2016 das Seine-Ufer zur Fußgängerzone – ausgerechnet zur Eröffnung des Pariser Autosalons.[495]

Güterzug von China nach London: Nach 18-tägiger Reise ist Mitte Jänner 2017 erstmals ein Güterzug aus China in London eingetroffen. Der Gütertransport auf der Schiene ist billiger als Luftfracht und zugleich schneller als der Transport per Schiff.[496]

Lastenräder als Alternative im Stadtverkehr: Etwa 400 Lastenräder sind mittlerweile in Wien im Einsatz, schätzte die Wiener Mobilitätsagentur schon im Jänner. Die Zahl wächst. Mit den Rädern können inzwischen Pakete mit Europaletten-Ausmaßen transportiert werden. Bis zu 300 kg Nutzlast haben etwa sogenannte Triker, also Lastenräder mit drei Rädern.[497]

LKW (Alternative Antriebe): Auch in Süddeutschland sind Elektro LKW's im Einsatz. Pro Jahr verbraucht der Elektro-LKW statt 60 Badewannen Diesel (= 12.000 Liter) etwa 40.000 kWh Strom – bei gleicher Leistung. Noch sind diese LKWs allerdings drei bis viermal so teuer wie herkömmliche LKWs.[498]

LKW (CO_2): Lastwagen im Fernverkehr und in den Städten könnten einer Studie zufolge viel weniger CO_2 ausstoßen, wenn die EU sich für ehrgeizige Regeln entscheiden würde. Bereits bis 2025 könnte der Ausstoß großer Sattelschlepper auf Fernstraßen laut *International Council on Clean Transportation* (ICCT) um 27 Prozent gesenkt werden, der kleinerer Lkws im Stadtverkehr um 23 Prozent. Bis 2030 sieht die Organisation sogar ein Reduktionspotenzial für Kohlenstoffdioxid von rund 43 Prozent für beide Fahrzeugtypen.[499]

LKW (Güterverkehr): Um Deutschlands Klimaziele zu erreichen, muss der Verkehr in Deutschland bis spätestens 2050 treibhausgasneutral werden – dies gilt gerade für den stark wachsenden Güterverkehr.[500]

LKW (Schweden): Ein schwedisches Start-up hat einen vollelektrischen LKW entwickelt, der autonom fahren kann. Auf eine Windschutzscheibe konnte verzichtet werden.[501]

LKW (Schweden): In Schweden fahren bereits Lastwagen mit Oberleitung. Die Projekte unterstützen das Bestreben, auch im Transport von fossilen Brennstoffen unabhängig zu werden. In Schweden ist das bis 2030 geplant.[502]

LKW (Strom): Das deutsche Umweltministerium möchte bis Ende 2018 je sechs Kilometer auf der A1 in Schleswig-Holstein und auf der A5 in Hessen testweise mit Stromleitungen verkabeln, um neuartige LKW mit Stromanschluss zu testen.[503]

LKW (Tesla): *Tesla*-Chef Elon Musk drückt bei der Entwicklung elektrischer Lastwagen aufs Tempo. Bereits im Oktober 2017 soll das erste Modell der Öffentlichkeit präsentiert werden. Zudem werde *Tesla* in den nächsten 18 bis 24 Monaten seinen ersten elektrischen Pick-up-Truck vorstellen.[504]

Luftschadstoffe (Kalifornien): Durch strengere Abgasnormen sind die Werte von Stickstoffdioxid um ein Drittel und die von Feinstaub knapp um die Hälfte gefallen – und die Kinder sind gesünder.[505]

Mobilität (Japan): In Tokio nutzt die Mehrzahl der Menschen die Bahn, nicht das Auto. 60 Prozent der Autos, die fahren, transportieren Güter statt Personen.[506]

Mobilität (Norwegen): Anfang März 2016 hatte Norwegen mit seinem Nationalen Verkehrsplan angekündigt, dass ab dem Jahr 2025 alle Autos, Busse und kleinen Transporter, die neu zugelassen werden, mit Elektromotor oder Brennstoffzelle und damit lokal emissionsfrei fahren sollen. Bis zur Mitte des Jahrhunderts sollen dann alle Fahrzeuge klimaneutral betrieben werden.[507]

Mobilität (Recycelbar): Ein abgasfreier Bus, eine recycelbare U-Bahn, ein ultraleichtes Auto und ein Fahrradwettbewerb für Schüler waren Projekte, die für den Österreichischen Staatspreis Mobilität 2015 eingereicht wurden.[508]

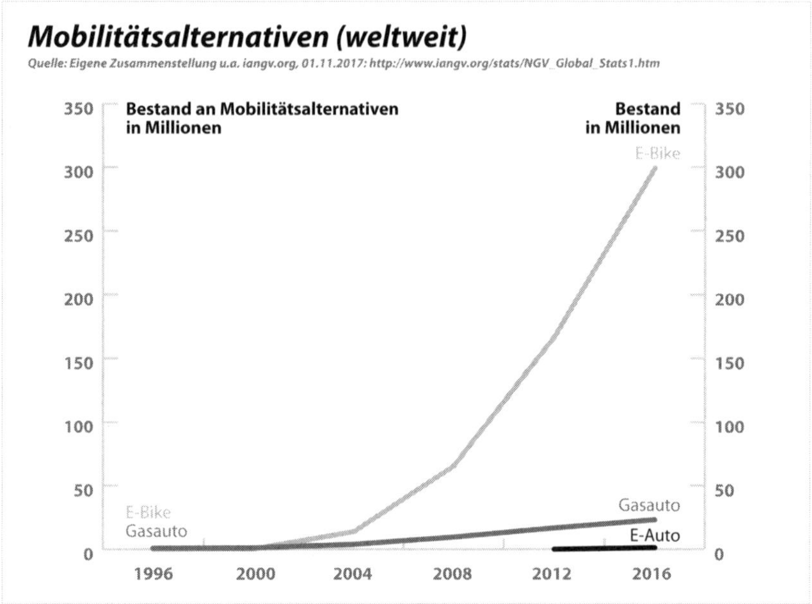

Abbildung 38: Mobilitätsalternativen (weltweit)

Mobility as a Service (Finnland): Wichtigstes Hilfsmittel ist ein Mobiltelefon mit einer App. Damit sollen sich die Bewohner schon bald die für sie jeweils beste Transportverbindung zusammensuchen – kombiniert aus Bus, Bahn, Leihfahrrad, Mietauto oder Fähre.[509]

Photovoltaiktankstelle: Im Sommer 2013 erhielt Salzburg die erste mit Photovoltaik betriebene Tankstelle Österreichs.[510]

Rushhour (Dänemark): In Kopenhagen hat der Begriff Rushhour eine etwas andere Bedeutung. Dort ist der Berufsverkehr nicht nur von Autos geprägt, sondern auch von Radfahrern. Etwa die Hälfte der Pendler tritt in der dänischen Hauptstadt täglich in die Pedale, mit fast 400 Kilometern Radweg ist die Stadt besonders fahrradfreundlich.[511]

Schiff (Elektrofähre): *Ampere* ist Finnlands erste Elektrofähre. Sie ist rund 90 Meter lang und 16 Meter breit und kann maximal 90 Autos transportieren. Der Einsatz der Elektrofähre auf der 1,6 Kilometer langen Strecke war für Sommer 2017 geplant.[512]

Schiff (Gasantrieb): *AIDAnova* ist das erste Kreuzfahrtschiff mit Gasantrieb. Dadurch verringert sich der CO_2-Ausstoß im Vergleich mit herkömmlichen Diesel- oder Schwerölverbrennungen um bis zu 25 Prozent.[513]

Schifffahrt (Alternative Antriebe): Die „*Tres Hombres*" ist ein Exot in der Handelsschifffahrt. Sie gehört der niederländischen *Fairtransport*, deren Ziel es ist, Waren klimaneutral von der Neuen in die Alte Welt zu bringen. Damit sich das bescheidene Frachtgeschäft lohnt, nimmt das Schiff Passagiere mit auf die Reise – 3.500 Franken kostet der Segeltörn über den Atlantik.[514]

Schifffahrt (Nord- und Ostsee): Für Nord- und Ostsee wurde um 2007 ein Maximalgehalt von 1,5 Prozent Schwefel im Treibstoff festgelegt. 2010 wurde der Wert auf 1,0 Prozent, im Jänner 2015 auf 0,1 Prozent herabgesetzt.[515]

Schifffahrt (Vorschriften): Für Fracht- und Passagierschiffe gelten künftig deutlich schärfere Umweltvorschriften. Ab 2020 dürfen weltweit nur noch Treibstoffe eingesetzt werden, die höchstens 0,5 Prozent Schwefel enthalten. Bisher lag dieser Grenzwert bei 3,5 Prozent.[516]

Schutz vor Straßen: Große Teile des Amazonas, Teile Sibiriens und auch des Kongobeckens sind noch intakt. Diese gelte es jetzt vor dem wuchernden Straßenbau zu schützen.[517]

Schweden: Das Land hat sich das Ziel gesetzt, den eigenen Transportsektor bis 2030 unabhängig von fossilen Brennstoffen zu machen.[518]

Solarlift: Im kleinen Dorf Tenna im Safiental im Kanton Graubünden, wurde 2011 der erste solarbetriebene Skilift der Welt installiert. Er ist gleichzeitig Skilift und Solaranlage für den Ort.[519]

Solarstraßen (weltweit): In der Normandie wurde 2016 der erste Bauabschnitt einer Solarstraße eingeweiht. Auch in Deutschland, den Niederlanden und den USA (Kalifornien) tüfteln Entwickler an Solarstraßen für Autos, aber auch für Fahrräder.[520]

Straßenverkehrstote (Deutschland): Auf Deutschlands Straßen starben im Jahr 2016 rund 3.300 Menschen, die niedrigste Zahl, die je erhoben wurde.[521]

Treibhausgasreduktion: Die EU könnte bis 2030 (verglichen mit 2005) die Treibhausgasemissionen im Verkehrsbereich um 22 Prozent reduzieren.[522]

U-Bahn (Siemens): Beim Projekt *Inspiro* des Unternehmens *Siemens* sind die Garnituren zu 95 Prozent recycelbar. *Siemens* hat mit dem Projekt 1.200 Arbeitsplätze in Österreich geschaffen.[523]

Verkehrssicherheit (Deutschland): Es gibt zwar heute 20-mal mehr Autos als 1950, dennoch fährt es sich 50-mal sicherer als damals.[524]

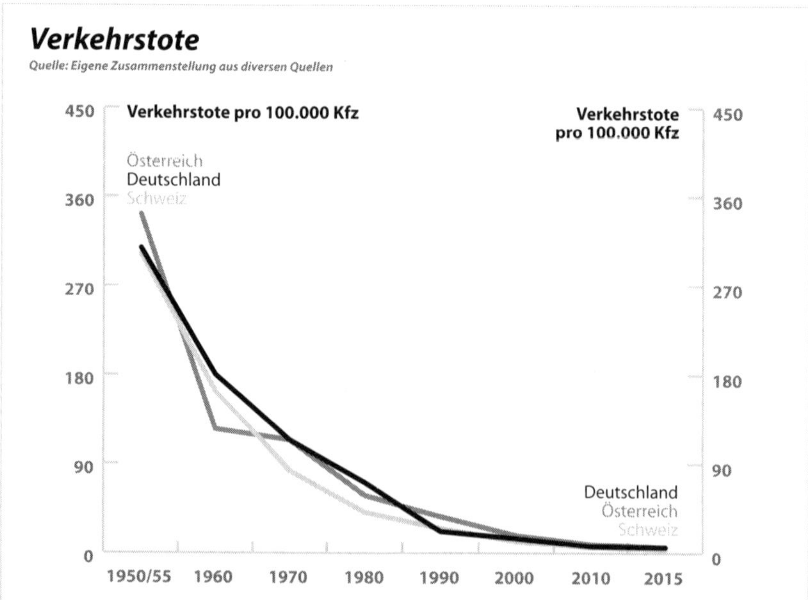

Abbildung 39: Verkehrstote

13 BIOSPHÄRE

ARTENVIELFALT

Der Reichtum an Pflanzen und Tierarten gehört zu einem der größten Schätze, auf die der Mensch tagtäglich zugreifen kann. Die Anzahl und Vielfalt der Arten ist für die Stabilität der Ökosysteme unverzichtbar. Das natürliche Artengleichgewicht der Erde wurde immer wieder von großen Aussterbewellen aus dem Lot gebracht. Während aber in erdgeschichtlichen Zeitaltern Asteroiden oder Supervulkane dafür verantwortlich waren, wird das aktuelle Massenaussterben wahrscheinlich vom Menschen verursacht – und es ist zu befürchten, dass dies große nachhaltige Folgen haben wird.[a]

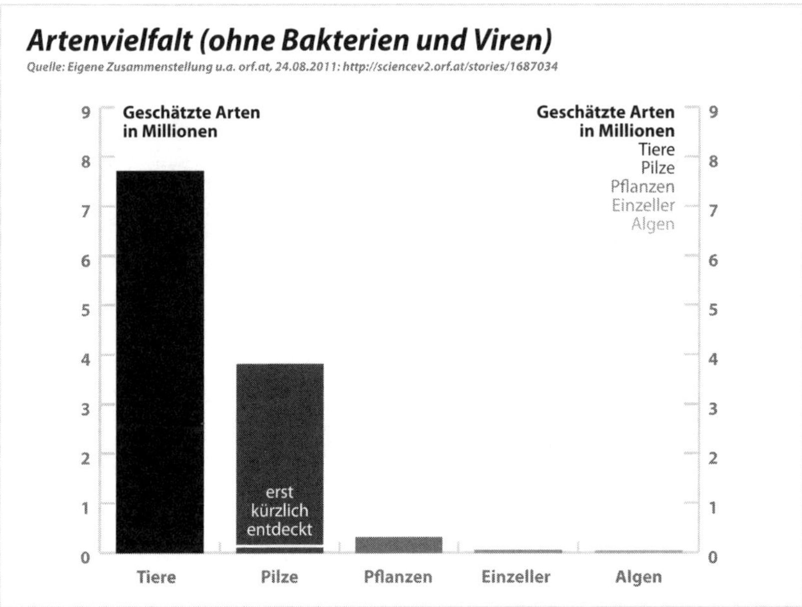

Abbildung 40: Artenvielfalt (ohne Bakterien und Viren)

Dazu nur zwei kleine Anmerkungen von Norman MacLeod[b], Paläontologe am *Natural History Museum* in London: Erstens sind die Schätzungen der Raten und Wahrscheinlichkeiten des zukünftigen Artensterbens noch ziemlich am Anfang und die Rolle der Wissenschaft ist diesbezüglich noch verbesserungswürdig. Wir wissen noch zu wenig über das Artensterben und auch zu wenig über dessen Folgen. Zweitens lässt MacLeod aber keinen Zweifel daran, dass eine Verringerung der aktuellen Rate des Artensterbens infolge unserer menschlichen Einflüsse **nur** möglich sein wird, wenn wir durchgreifende Entscheidungen in Bezug auf unsere Konsum- und Produktionsaktivitäten, die grundsätzlich nachhaltiger werden müssen, tätigen. Dies ist quasi eine conditio sine qua non. Die Tatsache, dass das öffentliche Interesse am Aussterben von Arten und an Biodiversitätsthemen im Allgemeinen noch nie höher war als heute, sieht MacLeod als ermutigendes Zeichen.

BODENVIELFALT

Boden gehörte lange zu den Stiefkindern der Wissenschaft. Doch das hat sich in den letzten Jahren geändert, nicht zuletzt deshalb, weil immer klarer wurde, wie entscheidend diese Ressource für das Überleben (nicht nur der Menschheit) ist.

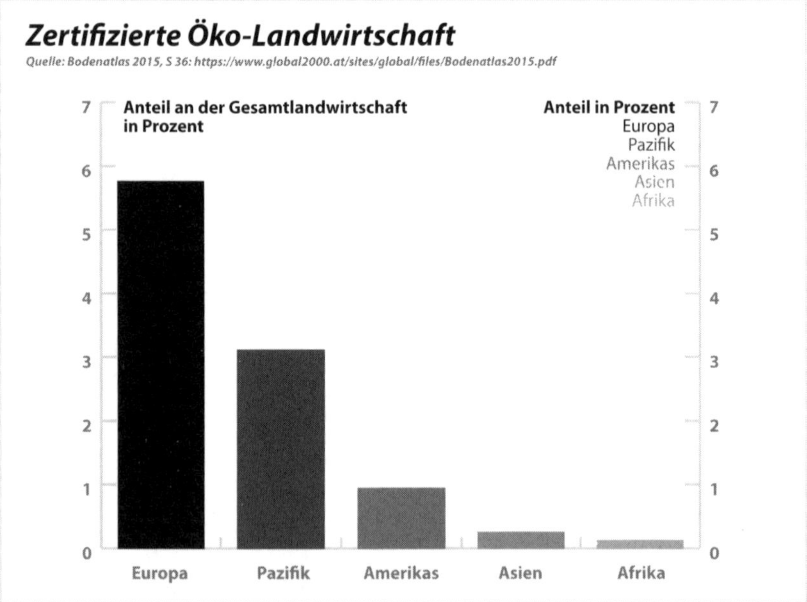

Abbildung 41: Zertifizierte Öko-Landwirtschaft (2015)

Ein Feldversuch niederländischer Forscherinnen und Forscher zeigt dabei, wie biologisch arme Flächen wieder artenreich werden können, mit anderen Worten: wie Boden wieder *„gesundgeimpft"* werden kann. Sie gingen der Frage nach, ob lange, intensiv bewirtschaftete und biologisch verarmte und ausgelaugte Kulturflächen für immer der Verwüstung preisgegeben sind oder wieder renaturiert werden können.

Auf einem Feld von 160 Hektar, auf dem rund 60 Jahre Getreide angebaut wurde, experimentierten die Leute vom *Niederländischen Institut für Ökologie* (in Wageningen) und kamen zu Ergebnissen, die hoffen lassen. Nachdem die Fläche in Versuchs- und Kontrollfelder abgeteilt wurde, entfernten sie zunächst die oberste Bodenschicht. Auf diese Weise wurde quasi die zurückliegende Flächennutzung abgetragen. Im zweiten Schritt wurde der Boden *„geimpft"*, und zwar mit einer kaum einen Zentimeter dicken Auflage aus Pflanzensamen, Humus und Bodenorganismen. Der so behandelte Boden verwandelte sich dabei bereits nach sechs Jahren entweder in artenreiches Gras- oder Heideland, das auch die typischen Pflanzenarten und Organismen wie Bakterien, Milben, Springschwänze oder Fadenwürmer aufwies.[c] Das erfreuliche und hoffnungsvolle Resümee aus der Studie lautet somit: Renaturierung kaputter Böden ist möglich und geht mit Impfungen weitaus schneller als gedacht.

HOFFNUNGSTROPFEN

Aale: In Frankreich setzen Wissenschaftler eine Million Glasaale in der Vilaine in der Hoffnung aus, dass sie dort besonders geeignete Lebensbedingungen vorfinden.[525]

Ägypten: Alles begann 1977 auf einem 70 Hektar großen Stück Wüste im Nordwesten der ägyptischen Hauptstadt Kairo. Ibrahim Abouleish begann ein unwirtliches Stück Wüstensand mithilfe biologisch-dynamischer Anbaumethoden à la Demeter zu beackern. Heute ist daraus ein Firmenkonglomerat mit 2.000 Mitarbeitern an drei Standorten geworden. 2003 gab es dafür den alternativen Nobelpreis, andere Preise folgten.[526]

Arten: Eine neue Schätzung veranschlagt nun millionenfach mehr Arten als bisher angenommen. Forschern zufolge könnte es mindestens eine Billion Spezies geben – die meisten davon Mikroben.[527]

Artenschutzkonferenz (Johannesburg 2016): In den meisten Fällen setzte sich in Johannesburg der Tierschutz gegen den Schutz kommerzieller Interessen durch. So sind ab sofort alle acht Arten des Schuppentiers, der graue Papagei, die Berberaffen und das Palisanderholz von jedem Handel ausgenommen.[528]

Artensterben: Dass das Artensterben grundsätzlich besorgniserregend sei, stellt keiner der Forscher in Abrede. Allerdings gibt es Forscher, die meinen, dass die bisher gemachten Vorhersagen zum Artensterben zu hoch seien. Zum Teil seien die Aussterberaten mehr als zweieinhalbmal überschätzt worden. Dies, weil die bisher verwendete mathematische Methode falsch gewesen sei.[529]

Bärenschutz: In einem abgelegenen Teil des Regenwalds im malaysischen Teil Borneos arbeitet ein kleines Team von Zoologen an der Rettung eines kaum bekannten Tiers: dem Malaienbären, auch Sonnenbär genannt.[530]

Berggorilla: Noch ist es zu früh für eine Entwarnung, doch internationale Naturschutzorganisationen haben eine leichte Zunahme der Berggorillas in den Vulkanbergen Zentralafrikas festgestellt.[531]

Bodenrettung (EU): Derzeit gibt es EU-weit noch kein Gesetz zum Schutz der Böden. Mehr als 500 Vereinigungen haben sich in der *People4Soil*-Kampagne zusammengeschlossen und fordern mit der *Europäische Bürgerinitiative* (EBI) die EU-Kommission zum Handeln auf.[532]

Buckelwale: Von den wenigen tausend Buckelwalen, die der industrielle Walfang Mitte des 20. Jahrhunderts übriggelassen hat, sind die Bestände wieder auf mehr als 60.000 Tiere angewachsen.[533]

Elefanten (Uganda): Inmitten einer verheerenden Wilderei führt Uganda vor, wie ein Land seine Elefanten schützen kann – und sie sich vermehren.[534]

Elfenbein (Sri Lanka): Zumindest ein kleines Zeichen gegen die Elfenbein-Wilderei setzte Sri Lanka: 359 Elefanten-Stoßzähne mit einem Gewicht von rund 1.500 Kilo wurden Anfang 2016 zerstört.[535]

Elfenbein (Verbot): Aus der Sicht einflussreicher Naturschutzverbände war die 17. Welt-Artenschutzkonferenz (Oktober 2016 in Johannesburg) ein Erfolg. Elefanten und in freier Wildbahn lebende Löwen sollen künftig besser geschützt werden.[536]

Graupapageie: Die bedrohte Vogelart hat auf der Weltartenschutz-Konferenz in Johannesburg den höchsten Schutzstatus bekommen.[537]

Grüne Mauer: Der Australier Tony Rinaudo hat einen verblüffend einfachen Weg zur Begrünung karger Landstriche erfunden. Nach 30 Jahren Überzeugungsarbeit beginnt sich die Methode durchzusetzen.[538]

Haifischbestände (USA): Die bedrohten Haibestände vor der Ostküste der USA erholen sich weiter (Stand September 2015).[539]

Landgrabbing, so heißt es im 2016 vorgestellten Grünbuch für die deutsche Landwirtschaft sinngemäß, sei nicht die Idealvorstellung. Exporte etwa von Fleisch und Getreide dürfen nicht dazu führen, dass bäuerliche Strukturen in den Zielländern vernichtet werden.[540]

Nashörner (Südafrika): Erstmals seit einem Jahrzehnt sei 2015 die Zahl der getöteten Nashörner zumindest nicht weiter angestiegen. Zudem wurden rund 320 Wilderer festgenommen.[541]

Nashornschutz: Ein Technikpaket aus Kamera und GPS könnte Tiere – allen voran Nashörner – vor Wilderern schützen. Sollten die Tierschützer nach dem Alarm zu spät kommen, hätte die Kamera, die im Horn des Tiers eingebaut ist, hoffentlich Beweismaterial gesammelt, das die Täter überführt.[542]

Panda: Der Panda wurde von der Liste der bedrohten Tierarten gestrichen.[543]

Pinguine: Es gibt viel mehr als gedacht. Statt der 2,4 Millionen geschätzten Tiere leben in der Ostantarktis eher an die sechs Millionen.[544]

Riesenschildkröten: Eine Zählung der Riesenschildkrötenbestände auf den Galapagos Inseln macht Hoffnung. Die Bestände von C. chatamensis sind dabei, sich zu erholen.[545]

Sahelzone: Jahrzehntelang litten die Länder der Sahelzone im Norden Afrikas unter extremen Dürren. 2015 meinten dazu Analysten, dass in vielen Regionen die Wüste wieder ergrüne, ja die Sahelzone sich vielerorts von den Folgen der jahrzehntelangen Dürreperioden erhole.[546]

Schildkrötenrettung: Die Bahngesellschaft in Japan baut für Schildkröten Unterführungen, damit die Tiere nicht auf den Gleisen verunglücken.[547]

Stör: Ausgerechnet in Deutschland, wo der Stör schon vor knapp einem Jahrhundert ausgestorben ist, soll die bedrohte Art eine Überlebenschance bekommen.[548]

Sudan: Der Chef einer Khartumer Holdingfirma mit Interessen im Agrarsektor bringt das landwirtschaftliche Potenzial seines Landes auf eine einfache Formel: „*Wenn wir nur die Hälfte aller Landreserven nutzen und dabei nur 40 Prozent der Produktivität Brasiliens erzielen, könnte der Sudan das gesamte Nahrungsmitteldefizit des Nahen Ostens ausgleichen.*“[549]

14 ATMOSPHÄRE

DIE HOFFNUNG STIRBT ZULETZT

„Wir sind die erste Generation, die den Klimawandel spürt, und die letzte, die etwas dagegen tun kann.“ [a] Pointierter kann die Klimaproblematik nicht zusammengefasst werden, wobei vor allem der zweite Teil des Satzes wichtig ist. Es gibt Chancen, die Klimaproblematik noch in den Griff zu bekommen, allerdings nur dann, wenn so schnell wie möglich gehandelt wird. Der Klimawandel verändert praktisch das gesamte Leben auf der Erde. Ob allen Verantwortlichen dieses Globus diese Tatsache schon bewusst ist, mag bezweifelt werden. Allerdings dürfte eines mit ziemlicher Sicherheit feststehen: die Zeitspanne, die dem Menschen noch zur Verfügung steht, wird mit jedem Jahr, das nicht genutzt wird, kleiner werden.

Ein Gegensteuern wäre noch möglich, aber ohne sofortiges entschlossenes Handeln droht eine tiefgreifende und irreversible Veränderung des Weltklimas. Dies ist auch die Kernbotschaft des Abschlussberichts des *Weltklimarats* (IPCC), der Anfang November 2014 in Kopenhagen vorgestellt wurde.[b] Neben der eingeschränkten Zeitperspektive wurde dabei allerdings auch ein wichtiger Lichtblick in dem umfassenden Papier skizziert: Noch sind die Kosten für die Gegenmaßnahmen überschaubar. Ambitionierter Klimaschutz müsse keine Wachstumsbremse sein, sondern kann sogar als Motor für Wohlstand fungieren – so auch die Kernbotschaft der *„Weltkommission für Wirtschaft und Klima“*.[c] Bislang scheinen die Gefahren, die vom Klimawandel drohen noch entfernt von Europa zu sein, dagegen bedroht er Afrika und Asien bereits stark. Allerdings Achtung: Das oft sprichwörtlich verwendete *„wir sitzen alle im selben Boot“* könnte gerade bei den Klimafolgen zum ersten Mal Realität und zu einem globalisierten Risiko werden.[d]

Bedenkt man wie wenig Geld – nach den Berechnungen des IPCC – ein Gegensteuern der Weltgemeinschaft kosten würde, wäre es höchst unökonomisch diese Chance verstreichen zu lassen. Denn die Kosten zur Reduzierung der CO_2-Emissionen würden nur jährlich 0,06 Prozentpunkte des weltweiten Konsums im 21. Jahrhundert kosten, wobei mit einem jährlichen Wachstum zwischen 1,6 und drei Prozent gerechnet wird. Dagegen würden, wenn nicht rasch etwas unternommen wird, die Kosten stark ansteigen, warnte der Weltklimarat. Es ist zu hoffen, dass die Weltgemeinschaft diese Botschaft hört und auch aktiv wird.[e] Noch ist der Wandel zu 100 Prozent erneuerbarer Energie möglich. Aber das Zeitfenster bleibt nicht unendlich lange offen. Noch haben wir eine Gnadenfrist, in der wir das 2-Grad-Ziel erreichen könnten. Für das anvisierte 1,5-Grad-Ziel schließt sich hingegen in Bälde das Zeitfenster.[f]

2-GRAD-ZIEL

Wenn die Weltgemeinschaft das 2-Grad-Ziel noch erreichen will, dann darf sie bis zum Jahr 2100 nur mehr maximal 980 Gigatonnen CO_2 in die Atmosphäre freisetzen. Dies ist verglichen mit den 40 Gigatonnen CO_2, die wir zur Zeit jährlich ausstoßen, eine recht bescheidene Menge.[g] Bei gleichbleibendem Ausstoß wären die 980 Gigatonnen bereits in ca. 25 Jahren – also noch vor 2050 – erreicht.

In Anbetracht dieser Zahlen scheint auch das Zwei-Grad-Ziel unerreichbar. Doch die Menschheit hat in den letzten Jahrzehnten in vielen Bereichen schier unvorstellbare Entwicklungen vollzogen. Warum sollte es ihr nicht auch beim Klima gelingen? Erste vielversprechende Ansätze wurden im Mai 2017 am Dach einer Müllverbrennungsanlage in Hinwil bei Zürich (Schweiz) präsentiert.[h] Dort entfernen Ventilatoren Kohlendioxid aus der Atmosphäre. Jährlich sollen 900 Tonnen Kohlendioxid aus der Luft geholt werden, was etwa dem Ausstoß von hundert Menschen in Deutschland entspricht.

Die Anlage in Hinwil soll weltweit die erste sein, die Kohlendioxid im industriellen Maßstab aus der Luft abschöpft und sogar an einen Kunden verkauft. Über eine Rohrleitung wird das Kohlendioxid nämlich zu einem nahen Gewächshaus eines Gartenbaubetriebes transportiert, um dort das Wachstum von Tomaten- und Gurkenpflanzen zu beschleunigen. Dem Kampf gegen den Klimawandel dient die Anlage in

Hinwil allerdings noch nicht, da das Treibhausgas beim Verrotten der Biomasse wieder freigesetzt wird. Doch die Techniker arbeiten schon daran, das Kohlendioxid anders zu verwenden, etwa für die Produktion von Treibstoffen. So versuchen die Wissenschaftler etwa aus Wasserstoff und Kohlendioxid ein synthetisches Erdöl herzustellen, das sich zu Benzin-, Diesel- oder Kerosinersatz weiterverarbeiten lässt. Wenn die Elektrolyse mit Ökostrom betrieben wird, sind solche Treibstoffe klimaneutral; bei ihrer Verbrennung wird so viel CO_2 frei, wie zur Herstellung verwendet wurde. Eine *„negative Emission“* (völliges Entfernen von CO_2) wäre damit auch noch nicht erreicht, aber immerhin eine *„klimafreie“* Umwandlung von CO_2 könnte so gelingen. Generell ist aber festzuhalten, dass die beste CO_2-Bekämpfung und somit größte Hilfe für das Weltklima darin besteht, CO_2 überhaupt **nicht** oder nur in deutlich geringem Ausmaß freizusetzen.

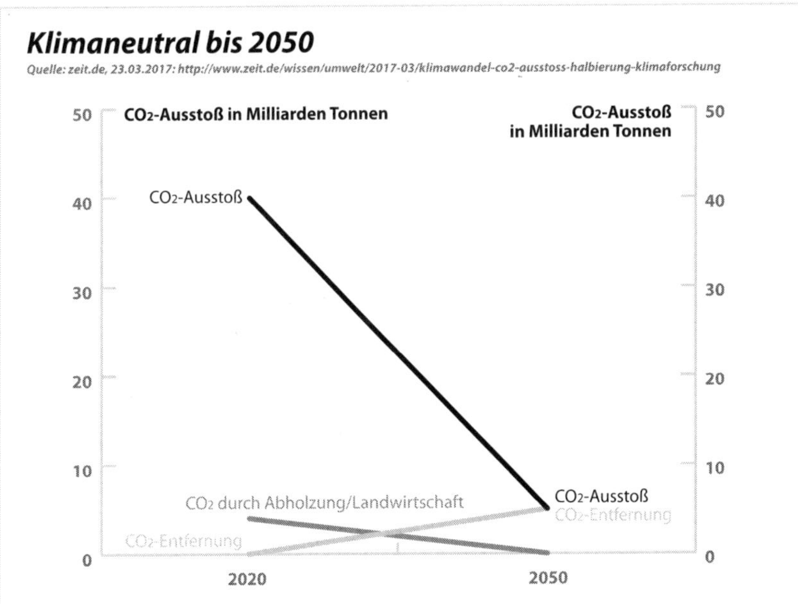

Abbildung 42: Klimaneutral bis 2050

Langfristig muss die Verwendung von CO_2 etwa in der Nahrungsmittel- und Getränkeindustrie oder der Produktion von Treibstoffen ökonomisch so gestaltet werden, dass es sich lohnt, die Freisetzung von Kohlendioxid zu verhindern oder es dauerhaft aus der Luft zurückzuholen.[i] CO_2-Ausstoß muss dafür so teuer werden (etwa durch eine CO_2-Steuer[j]), dass sich das Entfernen (bis hin zur Versteinerung) oder besser noch die Vermeidung der Freisetzung auch ökonomisch lohnt.[k]

Es wäre schön, wenn die optimistische Sicht von Nobelpreisträger Bernard Feringa (Chemienobelpreis 2016) bezüglich CO_2 Realität würde. Er meinte diesbezüglich einmal: *„Aus CO_2 etwas Nützliches zu machen, ist eine sehr schwierige Aufgabe. Aber ich bin überzeugt, dass wir es schaffen können.“*[l]

MAKE OUR PLANET GREAT AGAIN

Trumps Rückzug aus dem Pariser Klimaabkommen ist nur die eine Seite der Medaille. Die andere ist die Reaktion von Emmanuel Macron darauf. Der französische Präsident antwortete nämlich kurzerhand mit einem Gegenprogramm. Am 8. Juni 2017 lancierte er, damals gerade erst dreieinhalb Wochen im Amt, die Initiative *„Make Our Planet Great Again“*. Darin ruft Macron Klimawissenschafter aus aller Welt – vor allem aber jene aus den USA – auf, nach Frankreich zu kommen. *„Allen Wissenschaftern, Ingenieuren, Unternehmern und verantwortungsvollen Bürgern, die enttäuscht sind von der Entscheidung des US-Präsidenten möchte ich sagen, dass sie in Frankreich eine neue Heimat finden werden“*, so Macron in seiner Rede. *„Kommt her und lasst uns zusammen konkrete Lösungen für unser Klima, unsere Umwelt erarbeiten.“* Frankreich werde den Kampf nicht aufgeben. Das Pariser Abkommen bleibe verbindlich und werde nicht nur in Frankreich, sondern auch in allen anderen Unterzeichnerländern umgesetzt.

Der medienwirksame Auftritt war dabei nicht nur heiße Luft, sondern ging einher mit einem 60 Millionen Euro schweren Forschungsförderungsprogramm, das Wissenschaftern aus den Bereichen Klimaforschung, Umweltökonomie und nachhaltige Energiewirtschaft Stipendien in Höhe von jeweils bis zu 1,5 Millionen Euro gewährt. Die Stipendiaten können mit den Geldern bis zu vier Jahre lang an französischen Institutionen forschen. Wenige Wochen nach dem unkonventionellen Aufruf des Präsidenten deutete sich an, dass das Programm *„Make Our Planet Great Again“* großen Erfolg haben könnte. Bewerbungen gibt es jedenfalls genug. Wie das Wissenschaftsmagazin *Nature* berichtet, haben sich Hunderte Wissenschafter angemeldet. Stündlich gebe es neue Anfragen. Im Spätsommer und Herbst 2017 wolle man zunächst eine Shortlist von geeigneten Kandidaten und dann die gewählten Stipendiaten präsentieren. Frankreich wird aber wohl nicht alleine bleiben, auch das deutsche Bundesministerium für Bildung und Forschung plant eine vergleichbare Kampagne.[m]

OZONLOCH

Alles begann 1929 mit einer scheinbar genialen Erfindung des US-amerikanischen Maschinenbauingenieurs und Chemikers Thomas Midgley vom Autokonzern *General Motors*. Die von ihm erstmals hergestellten Fluorchlorkohlenwasserstoffe (FCKW) schienen völlig harmlose Gase und Flüssigkeiten zu sein, die weder Organismen angriffen, noch die Natur schädigen oder mit Gasen in der Atmosphäre wechselwirkten. Gleichzeitig boten sie eine Fülle von Anwendungsmöglichkeiten: vom Reinigen von Werkstoffen in der Industrie über die Verwendung als Treibgas in Haarspray oder als Kühlgas in Eisschränken bis hin zu Feuerlöschmitteln. Sehr beliebt waren die FCKW auch, um Kunststoffe aufzuschäumen.

Allerdings warnten bereits 1974 die Wissenschaftler Mario Molina und Frank Sherwood Rowland von der *University of California* in Irvine, Sonnenlicht würde aus diesen FCKW so genannte Chlorradikale abspalten, und diese wiederum könnten Ozon zerstören. Anfang der 1980er-Jahre maßen britische Antarktisforscher vom Boden aus extrem niedrige Ozonwerte in den Luftschichten hoch über dem ewigen Eis. 1984 veröffentlichten sie ihre Daten. Daraufhin änderten die Betreiber des TOMS-Messgeräts die Einstellungen des Bordcomputers. Als die niedrigen Messwerte nicht mehr aussortiert wurden, meldete der Satellit beinahe in jedem Frühjahr ein Ozonloch.

Die Weltpolitik reagiert auf diese Zusammenhänge ganz anders als bei vielen anderen Umweltproblemen (siehe den Klimawandel). Bereits 1987 verpflichteten sich 196 Länder und die Europäische Gemeinschaft im Protokoll von Montreal, die Produktion von FCKW bis

1999 zu halbieren. Am 29. Juni 1990 verschärften sie diese Regelung auf einer Folgekonferenz in London und entschieden, die Produktion von FCKW binnen zehn Jahren komplett einzustellen. Ausgenommen sind nur bestimmte Asthma-Medikamente, die für die Gesamtbilanz aber kaum ins Gewicht fallen. Seit 2000 sind praktisch keine neuen FCKW mehr dazukommen und die alten werden ganz langsam abgebaut. Im Jahr 2012 und 2013 scheint das Ozonloch zum ersten Mal über der Antarktis ein wenig kleiner geworden zu sein. *„In den kommenden Jahrzehnten sollte das Ozonloch jedoch wirklich schrumpfen"*, sind Forscher in aller Welt überzeugt.[n]

HOFFNUNGSTROPFEN

Alternative Energie (Leistung): Seit 2013 wird jährlich mehr erneuerbare Stromleistung auf der Welt installiert als fossile und nukleare zusammen.[550]

Alternative Energie (Photovoltaik): Zwischen 2004 und 2015 hat sich die weltweit installierte Photovoltaik-Leistung mehr als versechzigfacht und die Windenergie-Leistung verneunfacht.[551]

CO_2 (Kapitalanlagen): Durch bewusste Lenkung des Kapitals haben es Privatanleger in der Hand, zum Klimaschutz beizutragen. Dank des Montréal Carbon Pledge gibt es erstmals die Möglichkeit, das CO_2-Gewicht einzelner Unternehmen und damit auch den indirekten Kohlenstoffausstoß ganzer Fonds festzustellen.[552]

CO_2 (Konsum): Vor allem Fernflüge, das Auto, der Dämmstandard der Wohnung und deren Größe und der Konsum von Fleisch entscheiden darüber, ob jemand über oder unter dem CO_2-Durchschnittsverbrauch liegt. Daher haben Menschen mit hohem Umweltbewusstsein laut Studie nicht zwangsläufig eine gute persönliche Ökobilanz.[553]

CO_2-Ausstoß stagniert global seit drei Jahren: In einer Zeit starken Wirtschaftswachstums sei diese Entwicklung *„beispiellos"*, heißt es in einem Forschungsbericht (Stand November 2016). Eine Trendwende in Punkto Klimawandel bedeutet dies aber noch nicht.[554]

CO_2-Einsparung (global): Technisch könnten Milliarden Tonnen CO_2 mit erneuerbaren Energien eingespart werden. Natürlich müsse daneben die Waldzerstörung auch zurückgehen, die zu etwa 20 Prozent zum Klimawandel beiträgt.[555]

CO_2-Emissionen (EU): Die CO_2-Emissionen sind in der EU 2016 gegenüber dem Jahr davor um 0,4 Prozent gesunken.[556]

CO_2-neutrales Brauen: Die Brauerei *Murau* in der Steiermark/Österreich ist nach eigenen Angaben die erste Brauerei in Europa, die CO_2-neutral produziert. Dieses Ziel hat sie durch Umstellung auf regionale Biomasse-Wärmeversorgung und ein Brauverfahren mit Niedertemperatur-Technologie erreicht.[557]

CO_2-Programm bis 2100: Um den Klimawandel einzudämmen, wollen die führenden Industriestaaten bis Mitte des Jahrhunderts ihren Kohlendioxidausstoß aus der Verbrennung von Kohle, Öl und Gas um bis zu 70 Prozent senken. Zum Ende des Jahrhunderts sollen die Netto-Emissionen auf null gesenkt werden – so die Regierungschefs der G-7-Staaten beim Gipfeltreffen im bayerischen Elmau 2015.[558]

CO_2-Rechner: Unter 2030carboncalculator.eu ist nun ein interaktiver Rechner freigeschalten, mit dem Sie Ihre eigene Klimapolitik umsetzen können.[559]

CO_2-Recycling (Autositze): Das indische Wärmekraftwerk *Tuticorin Thermal Power Station* arbeite nahezu frei von Emissionen, die Wasser und Luft belasten. Kunststoffe und Treibstoffe lassen sich ebenfalls mit CO_2 als Rohstoff herstellen. Das gebundene CO_2 ist in der Lage, Erdölanteile in diesen Stoffen zu ersetzen. Der Automobilhersteller Ford experimentiert etwa mit CO_2, um daraus Schaum für die Polsterungen seiner Autos herzustellen.[560]

CO_2-Recycling (Indien): In einem indischen Kraftwerk wird nun mit einem chemischen Verfahren aus CO_2 Soda gewonnen.[561]

CO_2-Recycling (Kanada): Schon heute setzen erste kanadische Unternehmen wie *CO_2-Solutions* oder *Fire-Water* auf das Kohlendioxid-Recycling. Würden auch Unternehmen wie *Total, British Petroleum* (BP) oder *Shell* sich bewegen, dürfte es die CO_2-Umwandlung schnell aus den Laboren in die Realität schaffen.[562]

CO_2-Sparen: Die Spiegel-Autorin Carolin Wahnbaeck hat einen Tag lang mit sich selbst gerungen, um ihre CO_2-Bilanz zu verbessern. Ein lohnenswertes Nachdenken zur CO_2-Problematik.[563]

CO_2-Steuer (Frankreich): Macron schlägt unter anderem ein Förderprogramm für E-Mobilität, eine CO_2-Steuer und die Wiederbelebung des EU-Emissionshandels vor. Für die Verschmutzungsrechte soll künftig ein Mindestpreis gelten. Nach Macrons Modell würde es mindestens 25 bis 30 Euro kosten, eine Tonne Kohlendioxid in die Atmosphäre zu blasen. Damit wäre sichergestellt, dass Unternehmen stärker als bisher in Energieeffizienz und Ökoenergien investieren, weil das dann billiger wäre, als die CO_2-Zertifikate zu kaufen.[564]

CO_2-Steuer (IWF): In den meisten Staaten darf die Atmosphäre kostenlos als Deponie für Treibhausgase benutzt werden. Eine CO_2-Steuer wird hier wohl notwendig werden. Dies meinte auch die Chefin des *Internationalen Währungsfonds* (IWF), Christine Lagarde.[565]

CO_2-Steuer (Schweden): Schweden erhob 2015 eine CO_2-Steuer von 130 Euro pro Tonne und rangiert trotzdem auf Rang sechs unter den am schnellsten wachsenden Volkswirtschaften.[566]

CO_2-Versteinerung: Auf Island wandeln Wissenschaftler CO_2 um und versenken es im Erdboden. Doch für die Umwandlung benötigen sie sehr viel Wasser.[567]

CO_2-Ziel (Äthiopien): Äthiopien könnte es als erster großer Staat schaffen, die Phase mit den hohen CO_2-Emissionen zu überspringen und sich via Wasserkraft und Sonnenenergie zu einer modernen Gesellschaft zu entwickeln.[568]

CO_2-Ziel (Bhutan): versucht neben anderen Staaten mehr CO_2 aufzunehmen, als es emittiert.[569]

CO_2-Ziel (China): Der weltgrößte Energieverbraucher will seine Kohlendioxid-Emissionen gemessen an der Wirtschaftsleistung bis 2030 um 60 bis 65 Prozent gegenüber 2005 reduzieren.[570]

CO_2-Ziel (Costa Rica): Cost Rica möchte bis 2021 komplett CO_2-neutral werden.[571]

CO_2-Ziel (EU): Ziel der EU ist, bis 2030 mindestens 40 Prozent ihrer Treibhausgasemissionen gegenüber 1990 zu reduzieren.[572]

CO_2-Ziel (Norwegen): Norwegen strebt das Ziel des Pariser Klimaschutzabkommens an, bis 2030 Emissionen um 40 Prozent zu senken.[573]

Dekarbonisierung: Der Umbau von fossil zu erneuerbar ist nicht erst bis zum Jahr 2100, sondern in Ländern wie Deutschland wahrscheinlich schon bis 2050 oder 2060 machbar, meinen Optimisten.[574]

Divestment (Kirche): 40 katholische Institutionen haben angekündigt, ihre bestehenden Investitionen in Kohle, Gas oder Öl abzuziehen.[575]

Divestment (Rockefeller): Die Rockefellers verzichten auf fossile Anlageformen: Die Familie verabschiedet sich von Anlagen in fossile Brennstoffe und damit auch von *ExxonMobil*.[576]

Divestment (Städte): Weltweit sind es bereits 64 Städte, deren Geld den fossilen Sektor verlässt. Münster und Berlin sind die ersten Städte in Deutschland, die sich der Bewegung anschließen. Ohne mehr Investitionen und einem Stopp klimaschädlicher Subventionen wird das Ziel der Klimaneutralität nicht zu erreichen sein.[577]

England und die Kohle: Gut fürs Klima und vorbildlich an der englischen Energiepolitik ist der Beschluss, dass ab 2025 alle Kohlekraftwerke abgeschaltet werden. Ironie der Geschichte: England versucht (noch), mit Atomenergie das Problem zu lösen.[578]

Kampf gegen Klimawandel: 45 Länder wollen komplett auf Kohle, Öl und Gas verzichten. So ein bedeutender Beschluss auf der UNO-Klimakonferenz in Marokko 2016.[579]

Klima (China): Die wachsende Mittelklasse in China sei nicht länger bereit, tagtäglich mit schmutzigem Wasser, schlechter Luft und verseuchten Lebensmitteln umgehen zu müssen. Schon allein der politischen Stabilität wegen werde Peking alles daransetzen, die Transformation in Richtung eines nachhaltigen, ressourcensparenden Wirtschaftssystems ehestmöglich zu schaffen.[580]

Klima sticht Trump: Die Klimawende ist in vollem Gang und auch Donald Trump kann sie nicht rückgängig machen. Dafür sprechen mindestens vier Gründe: 1) Paris bleibt bestehen 2) das Pariser Abkommen trat früher in Kraft als erwartet, noch vor Marrakesch, 3) Selbst in den USA treiben Staaten, Städte und Gemeinden, ja selbst Firmen die Energiewende voran und 4) die Märkte haben sich den erneuerbaren Energien zugewandt.[581]

Klimabank: Das CO_2-Budget wird auf Pro-Kopf-Basis in nationale Budgets umgerechnet. Damit werden arme Länder wie Mauretanien oder Birma plötzlich *„reich"*. Sie könnten ihre CO_2-Zuteilungen, die sie wegen der noch niedrigen CO_2-Emissionen nicht brauchen, an die Industrieländer verkaufen. Eine neu gegründete *„Weltklimabank"* könnte dann das Kaufen und Verkaufen der CO_2-Lizenzen verwalten. Eine Klimaschutz-Dividende statt Almosen der reichen Länder?[582]

Klimaschutz (2-Grad-Ziel): Beim Klimaschutzabkommen in Paris 2015 wurde beschlossen, die globale Erwärmung auf 2 °C zu begrenzen. Das wiederum bedeutet eine jährliche Reduktion der Treibhausgasproduktion um fünf Prozent. Die gute Nachricht: Diesem Ziel kam die Weltgemeinschaft in den Jahren 2014 bis 2016 recht nahe.[583]

Klimaschutz (IEA): Selbst die *Internationale Energie-Agentur* (IEA), die früher ein Champion der fossilen Energiewelt war, hat im November 2016 gemeint, dass das 2-Grad-Ziel noch erreichbar sei.[584]

Klimaschutz (Neuseeland): Neuseeland will bis 2050 *„klimaneutral"* werden. Ab 2025 soll es nur mehr erneuerbare Energien geben. Zudem sollen 250.000 ha aufgeforstet werden.[585]

Klimaschutz (Weltbank): Die *Weltbank* will ihre Ausgaben für den Klimaschutz bis 2020 um 50 Prozent auf 3,5 Milliarden US-Dollar erhöhen.[586]

Klimaschutz trotz Trump: Obwohl US-Präsident Donald Trump den Ausstieg aus dem Pariser Klimaabkommen und generell eine Abkehr von klimapolitischen Maßnahem angekündigt hat, veranlasst die Pro-Paris-Haltung vieler US-Bundesstaaten, Städte und Unternehmen zur Hoffnung.[587]

Klimaschutz und Wachstum: Klimaschutz kostet zwar, ist laut OECD aber durchaus rentabel – und zwar schon auf relativ kurze Sicht.[588]

Klimavertrag von Paris: Die Ratifizierung ging diesmal verhältnismäßig schnell. Der Vertrag ist im Dezember 2015 von 197 Staaten beim Klimagipfel in Frankreichs Hauptstadt verabschiedet worden. Bereits am 4. November 2016 trat er in Kraft.[589]

Klimawandel (Korallen): Die Korallen sterben, die großen Riffe drohen zu verschwinden. Es gibt aber auch eine positive Nachricht. Manche Korallen können sich viel besser an hohe Temperaturen anpassen als bisher gedacht.[590]

Klimawandel (Paris): Anlässlich des Klimagipfels in Paris Ende 2015 haben einige der reichsten Menschen der Erde eine neue Organisation gegründet, die die Erderwärmung eindämmen soll. Der Organisation mit dem Namen *Breakthrough Energy Coalition* gehören etwa an: *Microsoft*-Chef Bill Gates, *Amazon*-Gründer Jeff Bezos, *Facebook*-Vorstandschef Mark Zuckerberg und der chinesische IT-Unternehmer und *Alibaba*-Boss Jack Ma.[591]

Klimawandel (Permafrost): In den vergangenen dreißig Jahren habe sich die Anzahl der Tümpel in der Gegend um eine Forschungsstation in Sibirien verdreifacht – ein Resultat der Klimaerwärmung. *„So lange ein Tümpel aktiv ist, emittiert er sehr hohe Konzentrationen an Kohlendioxid und Methan. Wenn aber die Vegetation den Tümpel überwuchert, erhöht sich auch die Kohlenstoffaufnahme wieder"*, so van Huissteden. Das könne den CO_2-Ausstoß reduzieren.[592]

Klimawandel (Savannen): Savannen sind Graslandschaften mit einem lockeren Baumbestand, die etwa 20 Prozent der Landoberfläche der Erde ausmachen. Wie sie auf den Klimawandel reagieren, scheint nicht einheitlich zu sein. Während ein globales Modell für Afrika insgesamt eine Abnahme der Holzbiomasse voraussagt, ergibt ein Kontinent-spezifisches Modell für Afrika eine Zunahme der Holzbiomasse.[593]

Klimawandel (Schwellenländer): Die Voraussetzungen für eine globale Energiewende seien nie besser gewesen als derzeit, erläuterte *Germanwatch*-Experte Jan Burck. *„Das liegt vor allem an den weiter sinkenden Kosten der erneuerbaren Energien und der Effizienztechnologien."* Investitionen in fossile Energien würden immer riskanter.[594]

Klimawandel (Wetterextreme): Der Klimawandel sorgt im Sommer für Temperaturrekorde und erhöht die Zerstörungskraft von Wirbelstürmen. Dennoch führt er nicht immer zu extremen Wetterereignissen, betont der englische Klimaforscher James Screen.[595]

Klimawandel könnte positiv verlaufen, wenn jetzt die richtigen Entscheidungen getroffen werden. Eine optimistische Prognose bzw. eine Fiktion liefert ein Beitrag in der Frankurter Rundschau.[596]

Klimaziel (UNO): Die Klimaziele sollen bis 2030 in nationale Politik und Gesetze als fester und verbindlicher Bestandteil integriert werden.[597]

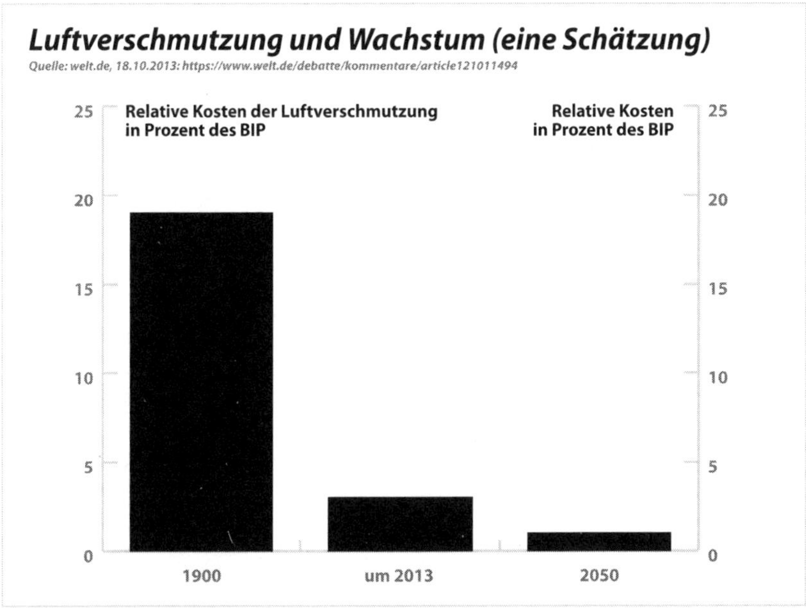

Abbildung 43: Klimaschutz und Wachstum (eine Schätzung)

Methansteuer: Neuseeland hebt eine Methansteuer für Schafe ein und zwar 5 Cent pro Schaf und Jahr.[598]

Pakistan: Ein Landwirt will die Bedrohungen durch Unwetter nicht mehr hinnehmen und klagt. Der Prozess hat Folgen für Pakistans Regierung: Sie muss im *„Klimabeirat"* beweisen, dass Umweltpolitik für sie keine Worthülse ist.[599]

Seegras gegen Klimagase: Kühe tragen mit ihren Rülpsern zum Klimawandel bei. Ein Bauer in Kanada hatte festgestellt, dass Kühe, die am Strand angespültes Seegras fraßen, nicht nur schneller wuchsen und gesünder waren, sondern auch weniger Methan produzierten.[600]

Treibhausgase: Die Vertreter von mehr als 150 Nationen verabschiedeten ein Verbot von Fluorkohlenwasserstoffen (FKW), das in vielen Kühlgeräten vorkommt. Mit dieser Einigung käme die Weltgemeinschaft – so manche Klimareferenten – dem Ziel des Pariser Klimaabkommens einen wichtigen Schritt näher.[601]

Umweltschutz (USA): Über 600 Firmen fordern einen besseren Umweltschutz von Trump. Ob der offene Brief und die Botschaft bei Trump ankommen, scheint allerdings fraglich.[602]

Weltklimareport 2014: Wenn CO_2 und andere Treibhausgas-Emissionen in den nächsten 90 Jahren auf nahe null gedrückt würden, sei die globale Erwärmung auf etwa zwei Grad gegenüber der vorindustriellen Zeit zu begrenzen und dies zu tragbaren Kosten.[603]

15 WASSER

TRINKWASSER

Inzwischen leiden zwei Drittel der 7,5 Milliarden Menschen auf der Erde zumindest zeitweise unter Wassermangel. Vier Milliarden, darunter knapp zwei Milliarden alleine in Indien und China, hätten zumindest einen Monat im Jahr nicht genug Wasser.[a] Der Zugang zu sauberem Wasser ist eines der elementarsten Bedürfnisse jedes Menschen. Obwohl noch immer zu viele Menschen keinen Zugang zu dieser lebensnotwendigen Ressource haben, gibt es auch in diesem Bereich Positives zu berichten. 2015 haben mehr als 90 Prozent der Weltbevölkerung Zugang zu besseren Trinkwasserquellen, verglichen mit ungefähr drei Viertel im Jahr 1990.

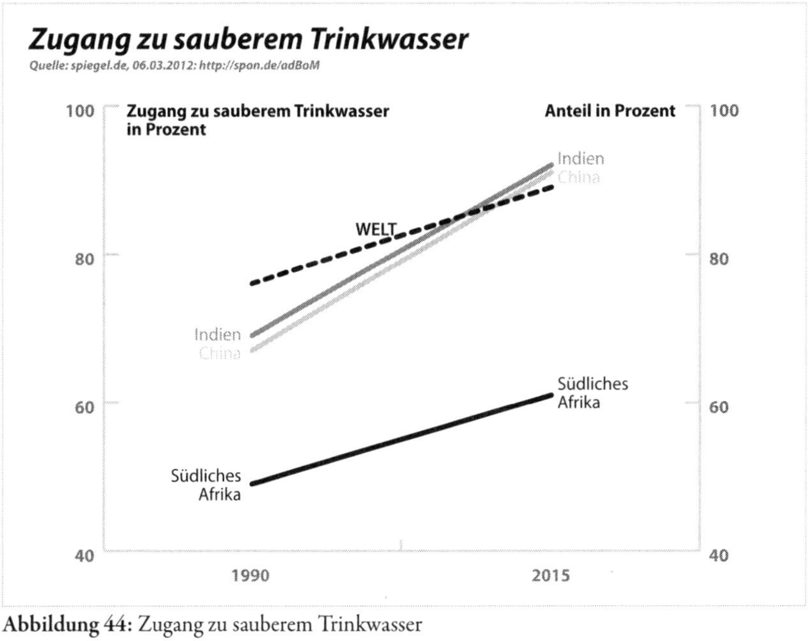

Abbildung 44: Zugang zu sauberem Trinkwasser

Etwa 2,6 Millionen Menschen konnte seit 1990 Zugang zu besseren Trinkwasserressourcen verschafft werden.[b] Damit wurde das UN-Milleniumsziel, das für 2015 einen Zugang zu Trinkwasser von rund 88 Prozent anstrebte, erreicht. Schon 2012 meinte der damalige Generalsekretär Ban Ki Moon, er könne *„einen großen Erfolg für die Menschen der Welt“*, verkünden, *„eines der ersten Millenniumsziele ist geschafft.“*[c]

Solche Erfolge sind natürlich als „relative“ Erfolge zu sehen, vor allem auch deshalb, weil es regional noch zum Teil großen Nachholbedarf gibt. Nachzügler sind etwa das zentrale und südliche Afrika, aber auch dort hatten 2010 mit 61 Prozent deutlich mehr Menschen Zugang zu Trinkwasser als noch 20 Jahre zuvor. 1990 waren es erst 48,6 Prozent.[d] Die Wasserproblematik ist in der Tat eine tickende Zeitbombe, wo auch kleine Erfolgsmeldungen wichtig sind, um nicht in Hoffnungslosigkeit zu versinken. Es wird nämlich in der Tat enormer und sehr vielfältiger Anstrengungen bedürfen, um die Versorgung mit Wasser zu einem faktischen Menschenrecht für alle werden zu lassen.

Experten des *Potsdamer Instituts für Klimafolgenforschung* (PIK) plädieren etwa dafür, vor allem auch das Wassermanagement erheblich zu verbessern. Sie untersuchten systematisch das weltweite Potenzial, mehr Nahrung mit der gleichen Menge Wasser zu produzieren – nämlich durch optimierte Nutzung des Regenwassers und effizientere Bewässerung der Ackerböden in den Mangelregionen. Dabei konnten sie zeigen, dass diese Möglichkeiten bislang unterschätzt wurden.[e] *„Intelligente Wassernutzung“* könnte die landwirtschaftliche Produktion ankurbeln und Investitionen in diesen Bereichen den globalen Hunger erheblich verringern.

Dabei sind die Technologien zum Wassermanagement recht vielfältig. Sie reichen von einfachen Lösungen für bäuerliche Kleinbetriebe bis hin zu industrieller Bewässerung. Eine wäre das Auffangen von Regenwasser in Zisternen, um es in Trockenperioden nutzen zu können. Sie wird laut den PIK-Experten in manchen Regionen traditionell genutzt, etwa in der Sahelzone Afrikas, nicht dagegen in vielen halbtrockenen Regionen etwa in Asien oder Nordamerika. Dort könnte sie die Erträge noch deutlich steigern helfen. Ein weiterer wichtiger Ansatz für die bewässerten Agrarflächen wäre zudem eine Umstellung der herkömmlichen Bewässerung auf effiziente, gut dosierbare Tropfensysteme.[f]

Ein noch viel zu wenig beachteter Aspekt besteht auch darin, dass der *„versteckte"* Wasserhandel (Stichwort „virtuelles" Wasser) in Zukunft viel mehr beachtet werden muss. Wasserintensive Pflanzen in wasserarmen Regionen anzubauen und dann in wasserreiche Regionen zu transportieren, wird in Zukunft wesentlich intensiver beachtet und notfalls verhindert werden müssen. Auch hinter dem immer stärker zunehmenden Landraub verbirgt sich oft ein *„Wasserraub"*; beides gilt es zu bekämpfen.[g] Ob es allerdings gelingt, dass bis 2030 *„ein universeller und gerechter Zugang zu sauberem Wasser und Trinkwasser für alle Menschen ermöglicht"* werde,[h] bleibt abzuwarten. Zumindest die Hoffnung und die Ambitionen dazu scheinen vorhanden zu sein.

DER MENSCH UND DAS MEER

Der Mensch muss mit seinem größten und überlebenswichtigen Ökosystem viel vorsichtiger umgehen. Ein *Science* Artikel fasst die Auswirkungen des Menschen folgendermaßen zusammen: *„Die Überfischung geht allen anderen menschlichen Störungen voran, eingeschlossen Verschmutzung, Verschlechterung der Wasserqualität, Sauerstoffmangel, Verlust von Seegras, giftige Algenblüten, Quallenausbrüche und Fischsterben."*[i]

Aber nicht alle Meeresbiologen teilen diese sich ständig wiederholenden Meeresuntergangsszenarios. Einer davon ist Carlos Duarte von der *University of Western Australia*. Er musterte die negative Litanei Punkt für Punkt durch und stellte fest, dass eigentlich nur die Überfischung evident und unbestritten sei und darüber kaum Dissens herrsche. Viele andere Bereiche analysierte er als weniger düster. So werden regionale Ereignisse oft zu globalen aufgeblasen und zudem der anthropogene Aspekt überbetont. Das mache die Menschen mutlos und die Journale wie *Science* und *Nature* reich. Als positive Beispiele nennt Duarte unter anderem die Erholung vieler Fischbestände 2013 im Nordatlantik, die Regenerationsfähigkeit von Korallen nach Hitzeschäden (Bleiche) und die evolutionäre Entwicklung von Fischen, die den Fangnetzen besser entkommen können.[j]

DER FLUSS RIO ATRATO

Der Rio Atrato schlängelt sich durch tiefgrüne Regenwälder, vorbei an kolumbianischen Siedlungen indigener und afrokolumbianischer Communities, durch die Provinzhauptstadt Quibdó, bis er sich schließlich rund 500 Kilometer weiter nördlich in das karibische Meer ergießt. Leider trägt der Fluss kaum noch Leben in sich. Erst aus der Luft wird das Ausmaß der Zerstörung sichtbar: eine rotbraune Brühe gräbt sich durch die üppige Pazifikregion, tiefe Krater fressen sich in die Landschaft. Der illegale Goldabbau hat seine unübersehbaren Wunden hinterlassen. Das Wasser ist mit den hochgiftigen Chemikalien Quecksilber und Zyanid verseucht. Seit Jahrzehnten leidet die Pazifikregion unter dem Raubbau – Ökosystem, Mensch und Tier sind die Leidtragenden. Die Konsequenzen für Mensch und Umwelt sind katastrophal.

Dagegen hat 2016 die Organisation *Tierra Digna* (würdige Erde) Klage gegen den Kolumbianischen Staat eingebracht und unerwartet einen Erfolg eingefahren. Das kolumbianische Verfassungsgericht hat nämlich Anfang Mai 2017 ein Urteil veröffentlicht, das in Kolumbien als Sensation gefeiert wird: Erstmals in Lateinamerika wird ein Fluss als Subjekt anerkannt, dessen Rechte verteidigt werden müssen. Der kolumbianische Staat ist nun angewiesen, den illegalen Bergbau unter Kontrolle zu bringen und der Bevölkerung Sicherheit zu garantieren. In einem Land, das gerade erst dabei ist, einen blutigen Bürgerkrieg zu beenden, ist das eine Herausforderung, die Jahrzehnte dauern könnte. Es ist ein Sieg für einen geschundenen Fluss und die mit ihm lebende Bevölkerung. Das Urteil könnte einen Wendepunkt für die krisengebeutelte Region im Nordwesten Kolumbiens bedeuten.[k]

HOFFNUNGSTROPFEN

Fangquoten (EU): Die EU-Fischereiminister haben sich auf Fangquoten für wichtige Fischarten im Atlantik und in der Nordsee für 2016 geeinigt.[604]

Fangquoten (Ostsee): Die Ostsee-Fischer dürfen 2017 deutlich weniger Dorsch aus dem Meer ziehen. In der westlichen Ostsee sinkt die Fangmenge um 56 Prozent gegenüber 2015, in der östlichen Ostsee um 25 Prozent. Auch für Freizeitfischer gibt es für 2017 Obergrenzen für den Dorschfang.[605]

Fisch und Arktisschutz: *Greenpeace* erreichte die Selbstverpflichtung von *Iglo*, *McDonald's* und Fischereiunternehmen. Sie verzichten ab sofort (Früh-Sommer 2016) auf den Fang und Verkauf von Kabeljau aus den bisher eisbedeckten Gewässern der norwegischen Arktis.[606]

Fischbestände (Nordsee): Eine Studie von 2013 kam zum Ergebnis, dass 27 der 43 bewerteten Fischbestände einen guten ökologischen Zustand aufweisen.[607]

Fischbestände (Twilight-Zone): Zwischen Licht und Dunkelheit ist Leben – und zwar jede Menge. In der sogenannten Twilight-Zone der Ozeane leben wohl zehnmal so viele Fische wie gedacht. Auf ihre Spur sind Wissenschaftler bei einer Expedition gekommen.[608]

Fischerei (Illegal): Im Kampf gegen illegale Fischerei ist im Juni 2016 nach Angaben der *Food and Agriculture Organization* (FAO) ein *„bahnbrechendes"* Abkommen in Kraft getreten. Die rechtlich bindende Vereinbarung sieht Kontrollen von Schiffen vor, durch die verhindert werden soll, dass illegaler Fisch in den Handel gelangt.[609]

Fischerei (Verbot): Mitte Juni 2016 hatten 30 Nationen erstmals ein internationales Abkommen gegen die illegale Fischerei unterzeichnet. Die WHO meint, dass sich dadurch manche Bestände wie Heilbutt und Flunder wieder erholen könnten.[610]

Fischerei und Nachhaltigkeit: Eine Untersuchung von mehr als 4.370 Fischereibetrieben weltweit kam zu einem verblüffenden Ergebnis. Jene, die nachhaltig arbeiten, also darauf achten, dass Arten nicht überfischt werden und die umweltschädliche Methoden vermeiden, arbeiten viel profitabler als die anderen Unternehmen.[611]

Fluss (Elbe und Saale): Die beiden Flüsse sind für viele Fische wieder ein Paradies. Schlechte Wasserqualität ließ die Bestände lange zurückgehen. Doch nun liefern beide Flüsse Beweise für eine Umkehr. Experten mahnen aber weitere Anstrengungen zur Renaturierung der Flüsse.[612]

Fluss (Elbe): In Hamburg war das Schwimmen in der Elbe vor 25 Jahren noch unvorstellbar, nun kann man dort wieder schwimmen.[613]

Fluss (Emscher): Bis 2020 soll die Emscher – neben der Ruhr der zweite große Fluss in Essen – renaturiert werden. Jahrzehntelang flossen Industriedreck und Fäkalien hinein, die Essener sprachen von *„Köttelbecke"* (Kotbach).[614]

Fluss (Ganges): Das Wasser des Ganges soll auf 100 Milliliter 1,5 Millionen fäkale Kolibakterien enthalten. Wasser mit weniger als 500 fäkaler Kolibakterien gilt als sicher. Das soll sich nun aber ändern. Spätestens zum 150. Geburtstag des Nationalhelden Mohandas Mahatma Gandhi im Jahr 2019 soll der Fluss wieder sauber sein.[615]

Fluss (Nigerdelta): Die nigerianische Regierung hat die bisher größte Säuberungsaktion im ölverseuchten Nigerdelta gestartet. Der Startschuss dafür erfolgte im Juni 2016 im Ogoniland. Geschätzte Kosten: eine Milliarde Dollar (knapp 900 Millionen Euro). Das Programm ist auf 30 Jahre angelegt.[616]

Fluss (Ruhr): Jahrzehntelang stand das Ruhrgebiet für Kohle, Stahl und Dreck. 2017 ist die ehemalige Montanstadt Essen zur *„Grünen Hauptstadt Europas"* gewählt worden. Nach 46 Jahren ist sogar das lange Undenkbare wieder möglich geworden: Baden im Industriefluss Ruhr.[617]

Flüsse und Seen (Deutschland): Der Anteil der deutschen Flüsse und Seen, die den EU-Grenzwert für Badegewässer einhalten, ist von unter 30 Prozent im Jahr 1992 auf heute 98 Prozent gestiegen.[618]

Flussrettung (Argentinien): Der Riachuelo in Buenos Aires soll regeneriert werden. Die Elendshütten auf der Böschung, die manchmal auf

Pfählen bis über die Wasseroberfläche gebaut waren, wurden abgerissen und die Bewohner umgesiedelt. Zu beiden Seiten des Flusses wird nun ein 35 Meter breiter Streifen freigehalten. Die Uferböschung wird bereits mancherorts schon wieder grün.[619]

Haifischbestände (USA): Die durch Überfischung bedrohten Haibestände vor der Ostküste der USA erholen sich weiter.[620]

Meeresschutz (Antarktis): Der internationale Antarktis-Vertrag von 1959 legte fest, dass der Kontinent von Wissenschaftlern verschiedener Nationen ausschließlich zu friedlichen Zwecken genutzt werden kann. Nach langen Verhandlungen sind im Oktober 2016 erneut Teile der Antarktis zum weltweit größten Meeresschutzgebiet erklärt worden.[621]

Meeresschutz (Chile): Das Land hat 2016/17 im südlichen Pazifik ein 11.000 km^2 großes Meeresschutzgebiet geschaffen.[622]

Meeresschutz (Gabun): Bei der UNO-Meeresschutzkonferenz im Juni 2017 kündigte der Präsident von Gabun die Schaffung von Afrikas größtem Meeresschutzgebiet an.[623]

Meeresschutz (Neuseeland): Neuseeland hat die Schaffung eines Meeresschutzgebiets von der Größe Frankreichs angekündigt. Das *Kermadec Ocean Sanctuary* mit einem Ausmaß von rund 620.000 Quadratkilometern werde eines der unberührtesten Meeresgebiete bewahren. Das Fischen und die Ausbeutung von Bodenschätzen werden in der Region verboten.[624]

Meeresschutz (Plastik): Immerhin 86 Prozent der Deutschen geben an, höhere Kosten zu akzeptieren, wenn beispielsweise Lebensmittelproduzenten zunehmend auf Plastikverpackungen verzichten.[625]

Meeresschutz (Sonnencreme): Statt der rund 6.000 Tonnen Sonnencreme, die jährlich weltweit in die Meere gelangen und dort großen Schaden anrichten, wäre der beste Schutz für Mensch und Meer ein langärmliges Lycrashirt und eine lange Neoprenhose.[626]

Meeresschutz (UNO): Im Juni 2017 veranstaltete die UNO zum ersten Mal eine Konferenz zum Schutz der Meere. Bis 2020 sollen mindestens zehn Prozent der Küsten- und Meeresgebiete unter Schutz gestellt werden. Außerdem sollen die Verschmutzung der Meere verringert und illegaler Fischfang stärker bekämpft werden.[627]

Meeresschutz (USA): Obama schuf großen Naturschutzraum im Pazifik. Das *Papahānaumokuākea National Monument* ist doppelt so groß wie Texas. Es ist Heimat von mehr als 7.000 Arten, darunter auch Korallenriffs. Die Fläche des geschützten Meeresgebiets wurde dadurch mehr als vervierfacht. Kommerzieller Fischfang oder die Ausbeutung des Meeresbodens ist verboten.[628]

Sanitäranlagen: Um allen Menschen Zugang zu Sanitäranlagen zu verschaffen, müssten über 20 Jahre hinweg jedes Jahr 17 Milliarden Dollar investiert werden. Ist das viel? Es ist etwa so viel, wie die weltweite Rüstung in vier Tagen verschlingt.[629]

Staudamm (Brasilien): Das größte Infrastrukturprojekt Brasiliens, ein gigantisches Wasserkraftwerk im Amazonas-Gebiet, darf nicht verwirklicht werden. Die brasilianische Umweltbehörde IBAMA verweigerte die notwendige Umweltlizenz im August 2016. Das Projekt *Sao Luiz do Tapajos* hätte das Ökosystem zu stark beeinflusst und dem indigenen Stamm der Munduruku die Lebensgrundlage entzogen.[630]

Thunfisch: *Thai Union*, der größte Hersteller von Thunfisch in Dosen, hat sich 2017 zu neuen sozialen und nachhaltigen Richtlinien für seine weltweite Produktion verpflichtet. Der thailändische Konzern will damit gegen Menschenrechtsverletzungen, illegale Fischerei und zerstörerische Fangmethoden in den Meeren vorgehen.[631]

Tiefseebohrung: Der Ölkonzern BP streicht umstrittene Bohrungen eines Großprojektes in Australien (im Gebiet der Great Australian Blight). Die Wale, Thunfische und Seelöwen können aufatmen.[632]

Trinkwasser (Deutschland): Laut *Stiftung Warentest* enthält Wasser aus dem Hahn oft mehr Mineralien und weniger chemische Rückstände als Mineralwasser.[633]

Trinkwasser (Israel): Israel produziert heute bereits die Hälfte des Trinkwasserbedarfs aus Salzwasser. Dazu bedarf es aber erheblicher Energiemengen.[634]

Trinkwasser (Slowenien): Als erstes Land in der *Europäischen Union* hat Slowenien dem Recht auf Trinkwasser Verfassungsrang gegeben. Im Parlament wurde es im November 2016 einstimmig beschlossen. Trinkwasser darf also nicht privatisiert werden. Bislang haben gut ein Dutzend Länder weltweit das Recht auf Trinkwasser in die Verfassung übernommen, jedoch keines davon aus Europa.[635]

Trinkwasser aus Abwasser: Dean Kamen (der Erfinder des *Segway*) und sein Team haben auch ein Gerät entwickelt, das Abwässer aller Art in genießbares Trinkwasser umwandeln kann. Die Möglichkeit auch abgelegene Regionen mit Trinkwasser zu versorgen, wäre somit gegeben.[636]

Trinkwasser aus der Wüstenluft: Ein neu entwickeltes Material kann auch aus trockener Luft Trinkwasser gewinnen. Das zentrale Element ist eine metallorganische Gerüststruktur (kurz MOF). Labortests haben gezeigt, dass sich mit 1 kg MOF schon bei nur 20 Prozent Luftfeuchtigkeit bereits 2,8 Liter Trinkwasser pro Tag gewinnen lassen.[637]

Trinkwasser aus Fäkalien: Bill Gates unterstützt eine neuartige Aufbereitungsanlage, die Fäkalienwasser wieder in trinkbares Wasser verwandelt.[638]

Trinkwasser aus Grundwasservorräten: Im Jahr 2008 präsentierte eine Forschungsgruppe eine neu entwickelte Methode, mit der sich Gefahrenkarten für geogene Schadstoffe (z.B. Arsen) im Grundwasser erstellen lassen, ohne dass sämtliche Brunnen und Grundwasservorräte einer Region dafür überprüft werden müssen. Solche Karten sind ein Novum in Bereich der Grundwasserforschung und für Staaten mit einem Arsen- oder Fluoridproblem von großem Vorteil bei der Suche nach sauberem Trinkwasser.[639]

Trinkwasser aus kontaminiertem Nutzwasser: *Ingenieure ohne Grenzen* haben bereits 2012 in Tansania eine Zisterne zur Wasserspeicherung gebaut, die kontaminiertes Nutzwasser mit Sonnenlicht und Titandioxid als Katalysator wieder trinkbar macht.[640]

Trinkwasser aus Luft: Ein Haushalts-Gerät kann bis zu zwölf Liter reines Trinkwasser pro Tag aus der Luft gewinnen – sogar in versmogten Städten. Allerdings muss die Luftfeuchtigkeit bei über 30 Prozent liegen.[641]

Trinkwasser aus Luft: In Brasilien hat der Erfinder Pedro Ricardo Paulino eine Maschine konstruiert, die bis zu 5.000 Liter Trinkwasser am Tag aus der Luft erzeugen kann.[642]

Trinkwasser aus Nebel: Eine Werbetafel spendet in Lima Trinkwasser aus der Luft. Am Fuße des Werbe-Schildes können die Bürger kostenlos aus einem Hahn die Trinkwasserreserven zapfen und zu jeder Jahreszeit genießen. Es konnten so über 9.450 Liter Trinkwasser binnen drei Monaten gewonnen werden.[643]

Trinkwasser aus Salz: Forscher der *Universität Marburg* haben einen Chip entwickelt, der mit geringem Energieaufwand Meerwasser entsalzt. Die Technik könnte für viele Millionen Menschen weltweit Trinkwasser liefern.[644]

Trinkwasser aus Urin: Ein Forscherteam hat im Auftrag der NASA ein System entwickelt, das 98 Prozent des Wassers von Urin recycelt, also wieder zu Trinkwasser macht.[645]

Trinkwasser aus verdreckten Gewässern: Das *LifeStraw* ist ein rettender *„Strohhalm“* gegen das Massensterben. Das simple Gerät einer dänisch-schweizerischen Firma verwandelt dreckiges Wasser in null Komma nichts zu Trinkwasser. NGOs verteilen es etwa in Afrika und bekämpfen damit Seuchen.[646]

Trinkwasser durch Entsalzung: Um Salzwasser durch Verdunsten aufzubereiten, ist normalerweise viel Energie nötig. Nicht so beim Lowtech-Solarentsalzer, den chinesische Forscher vorstellen. Ein durch Sonnenlicht angetriebener Verdampfer soll helfen, in ärmeren Gegenden Trinkwasser bereitzustellen.[647]

Trinkwasser ohne Abkochen: Das *Helioz* Team hat ein Gerät entwickelt, um schmutziges Wasser ohne Abkochen trinkbar zu machen. Alles, was es dafür braucht, ist Sonnenlicht.[648]

Überfischung: Schon bis 2020 sollen laut UNO die Jagd und die Überfischung reguliert, die illegale und zerstörerische Fischerei gestoppt und wissenschaftliche Pläne ausgearbeitet werden, die den Erhalt der Arten und die Nachhaltigkeit garantieren.[649]

Wasser (Bodensee): Um 1980 fanden sich im Bodensee noch über 80 Mikrogramm Phosphor pro Liter Wasser. Bis 2007 ist dieser Anteil auf unter 10 gesunken.[650]

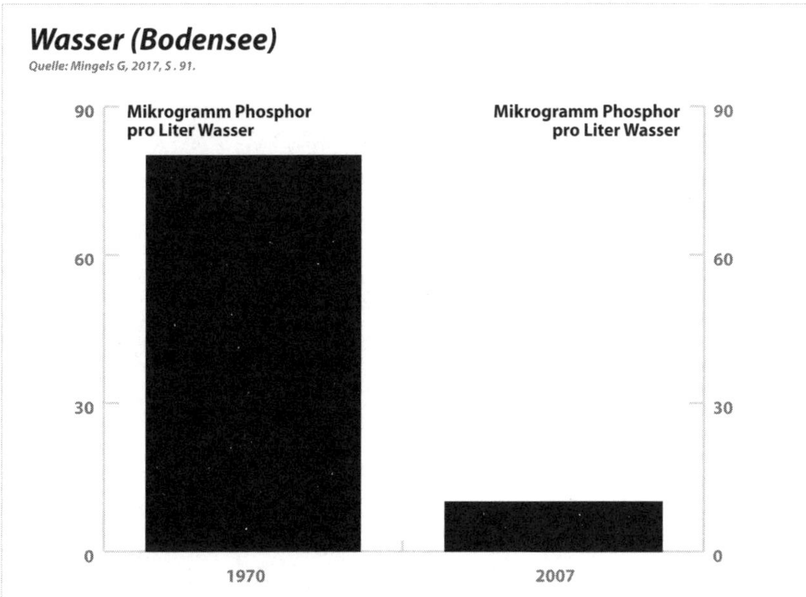

Abbildung 46: Wasser im Bodensee

Wasser (Haushalt): Alberto Vasquez (Südamerika) hat ein Kanistersystem entwickelt, das bis zu 40 Liter pro Person am Tag sparen kann. Alles, was man dafür tun muss: Duschen.[651]

Wasser (Indien): Mit einer traditionellen indischen Bewässerungstechnik ist es Rajendra Singh gelungen, die ausgetrockneten Böden in entlegenen Dörfern im indischen Rajasthan wieder fruchtbar zu machen. Singh erhielt dafür im März 2015 den „*Wassernobelpreis*".[652]

Wasser (Investitionen): Investitionen in die Trinkwasserversorgung und in Abwassersysteme sind aus volkswirtschaftlicher, sozialer und ökologischer Sicht enorm wichtig und lohnen sich. Laut einer Studie des Bundes (Schweiz) generiert jeder in Wasser und Siedlungshygiene investierte Franken einen wirtschaftlichen Mehrwert von 3 bis 5 Franken.[653]

Wasser (Menschenrecht): Maude Barlow kämpft seit Jahrzehnten für das Menschenrecht auf Wasser. Die Kanadierin ist Mitbegründerin der Umweltschutzbewegung *Blue Planet Project*, die Wasser vor Privatisierung schützen will. Für ihre Arbeit wurde sie 2005 mit dem Alternativen Nobelpreis ausgezeichnet.[654]

Wasser (Südostasien): Das Erreichen der Millenniumsziele von Wasser und Siedlungshygiene würde weltweit pro Jahr zusätzliche 3,2 Milliarden Arbeitstage von Erwachsenen und 443 Millionen Schultage von Kindern sichern.[655]

Wasser (Südsudan): Das Buch von Klaus Stieglitz und Sabine Pamperrien: „*Das Öl, die Macht und Zeichen der Hoffnung*" dokumentiert die Bemühungen, die Verantwortlichen in den Ölfirmen und der südsudanesischen Regierung dazu zu bewegen, sich an international geltende Standards zu halten.[656]

Wasser aus Büchern: Theresa Dankovich hat ein Buch entwickelt, dessen einzelne Seiten mit Silber- und Kupferpartikeln durchsetzt sind. Die Seiten sind abreißbar und werden als Filter benutzt, um verschmutztes Wasser trinkbar zu machen. Die Filterqualität soll sehr gut sein.[657]

Wasser, ein Menschenrecht: Der Zugang zu Trinkwasser wurde 2010 von der UNO als Menschenrecht anerkannt. Es gab mittlerweile sogar einige Gerichtsfälle weltweit, in denen Menschen Wasser oder das Menschenrecht darauf schützen lassen wollten.[658]

Wasser und Kosten: Laut Schätzung der WHO wurden für neue Wasserversorgungen in Entwicklungsländern pro Jahr 4,2 Milliarden Dollar ausgegeben. Zum Vergleich: Die weltweiten Militärausgaben pro Tag belaufen sich demgegenüber auf 4,4 Milliarden Dollar.[659]

Wasser via Solarpumpen: In ganz Marokko werden Tausende Dieselgeneratoren an Wasserpumpen auf Solarbetrieb umgestellt.[660]

Wasserfußabdruck: Arjen Hoekstra führte den Begriff Wasserfußabdruck ein. Dabei wird der „virtuelle" Wasserverbrauch einzelner Güter (im Sinne von globalen Durchschnittswerten) angeführt.[661]

Wasserknappheit: Wasser gibt es genug, die ungleiche Verteilung ist das Problem, sagt der Wasserexperte Alaistar Morrison.[662]

Wasserkrieg (Bolivien): Es dauerte anno 2000 rund vier Monate, bis die Regierung die Privatisierung des Wassers wieder rückgängig machte. Ein Sieg der Zivilgesellschaft.[663]

Wassermangel (weltweit): Laut dem *Potsdamer Institut für Klimafolgenforschung* (PIK) wäre es möglich, die weltweite *„Ernährungslücke"* alleine durch effizienteres Wassermanagement zu halbieren und schädliche Folgen von Klimaveränderungen auf Ernteerträge abzufedern.[664]

Wasserrad: Nach den Vorschlägen von Dorfbewohnern in Indien wurde in Kombination mit der US-Firma *Wello* ein *WaterWheel* aus qualitativ hochwertigem Kunststoff, der dem rauen Untergrund standhält, zum Wassertransport gefertigt. Frauen wird dadurch der Transport von Wasser erheblich erleichtert.[665]

Wasserreinigung (Bangladesch): Arsenverschmutztes Wasser ist ein ernstes Problem in Bangladesch. Schwedische Wissenschaftler wollen mit mobilen, solarbetriebenen Wasserfilteranlagen in Staaten mit Wasserproblemen dagegen ankämpfen.[666]

Wasserreinigung (Deutschland): Forscher des *Max-Planck-Institutes* Stuttgart haben winzige *„Mikroroboter"* mit Eigenantrieb entwickelt, die Blei aus kontaminiertem Wasser entfernen oder organische Verschmutzungen abbauen können.[667]

Wasserreinigung (Kambodscha): François Jaquenoud aus Frankreich hat ein Finanzierungskonzept ersonnen, mit dem sich wenig begüterte Dorfgemeinschaften die gleiche Reinigungstechnik leisten können, mit der Wohlhabende ihre Gartenpools keimfrei halten. In Kambodscha unterstützt seine 2003 in Paris gegründete Organisation *1001 Fontaines pour demain* mit dem Modell bereits 100.000 Einwohner in 58 Ortschaften. Sie reinigen ihr teils schlammiges Wasser aus Seen und Flüssen mit Filtern und UV-Lampen.[668]

Wasserreinigung (Rucksack): Professor Franz-Bernd Frechen hat einen Rucksack erfunden, der schmutziges Wasser in sauberes verwandelt.[669]

Wasserversorgung (UNO): Bis 2030 soll ein universeller und gerechter Zugang zu sauberem Wasser und Trinkwasser für alle Menschen ermöglicht werden.[670]

Wasserversorgung (weltweit): Dank vereinter Anstrengungen im Rahmen der UNO-Millenniumsziele haben zwischen 1990 und 2015 weltweit 2,6 Milliarden Menschen *„verbesserten Zugang"* zu Trinkwasser erhalten.[671]

Zugang zu sauberem Wasser ist eines der elementarsten Bedürfnisse. Dieses konnten 1990 etwa 76 Prozent aller Menschen stillen, 2010 waren es bereits über 88 Prozent. Nachzügler ist das zentrale und südliche Afrika, aber auch dort hatten mit 61 Prozent deutlich mehr Menschen Zugang zu Trinkwasser als noch 20 Jahre zuvor (49 Prozent).[672]

16 ABFALL

BIOSÄFTE IN AFRIKA

Auf den Märkten Ugandas werden tagtäglich Schubkarren voller Obstreste weggeworfen. Regelmäßig versinken die Füße der Käufer im Matsch. Diese massenhafte Verschwendung brachte die ugandische Unternehmerin Prudence Ukkonika auf die Idee, aus den überflüssigen Früchten Bio-Weine und -Säfte herzustellen. Die Büroräume ihres selbstgegründeten Unternehmens namens *K-Roma* befinden sich in Wandegeya, einem großen Geschäftszentrum in Kampala, das auch für sein pulsierendes Nachtleben bekannt ist. *K-Roma* stellt Verpackungen her und vertreibt Weine und Säfte in ganz Ostafrika. Ukkonika sitzt an der Spitze eines Unternehmens, dessen Wert auf über 350.000 US-Dollar geschätzt wird (Stand 2015). Ihr Erfolg ist keine Selbstverständlichkeit, denn weltweit gibt es nur sehr wenige Winzerinnen – und noch weniger in Afrika. Ukkonika arbeitet heute hauptsächlich mit ugandischen Landwirtinnen zusammen. Sie sind für den Anbau der Früchte verantwortlich, die später den Rohstoff für ihre Produkte bilden. *„In der Zeit, in der wir aufgewachsen sind, hieß es noch, dass Frauen einfach darauf warten sollen, bis die Ehemänner die wirtschaftliche Verantwortung übernehmen. Die Frauenrechtsbewegung hat nun jedoch alles verändert. Wir dürfen nicht immer nur von der Emanzipationsbewegung reden. Wir müssen den Worten auch Taten folgen lassen und uns aktiv dafür einsetzen, dass Frauen gestärkt werden.“* [a]

Egal, ob sie Land für den Eigenbedarf bewirtschaften oder Geld damit verdienen – Frauen in Sub-Sahara-Afrika machen laut der FAO bis zu 80 Prozent der Arbeitskräfte im Agrarsektor aus. Doch aufgrund traditioneller Umstände sind sie noch immer nicht im Besitz des Landes, das sie bewirtschaften. Meist haben sie auch kein Mitspracherecht bei der Vermarktung oder Weiterverarbeitung ihrer eigenen Ernte. Ukkonikas Firmengründung ist ein Beispiel, dass es auch anders und zudem sehr erfolgreich gehen kann.

MÜLLTRENNUNG IN PERU

Albina Ruiz Ríos war entsetzt. Als sie vor vielen Jahren nach Lima zog, stieß die Peruanerin auf Tausende Menschen, die im Müll der Slums nach Ess- und Verwertbarem wühlten. Für Ríos stand fest: Die Stadt muss sauberer, gesünder und hygienischer werden. Ihre Idee: Um das Müllproblem zu lösen, galt es, die Slumbewohner davon zu überzeugen, den Müll zu trennen statt ihn einfach nur aufzutürmen und dafür sogar noch eine Müllabfuhrgebühr zu zahlen. Sie gründete *Ciudad Saludable*, ein dezentrales Müllentsorgungssystem mit selbstständigen Kleinunternehmen, das Arbeitsplätze schafft und die hygienischen Bedingungen in den Slums verbessert. Für diese Idee hat sie den Fairness Award erhalten, der weltweit Persönlichkeiten auszeichnet, die der armen Bevölkerung neue Lebensperspektiven eröffnen.

Weil die Familien wegen des Mülls vor der Tür krank wurden und ständig Durchfall bekamen, mussten sie damals im Monat im Schnitt sechs Dollar für Medikamente ausgeben, erzählt Ríos. Die neue Müllgebühr hingegen betrug nur einen Dollar. Das überzeugte die Bewohner – sie konnten so sparen und gesund bleiben. Jeder neue Müllmann wird nun darin geschult, Müll zu trennen und zu recyceln. Zudem erhalten die neuen Unternehmen von der Stadtverwaltung für den Transport des Mülls kleine Dreirad-Lastfahrzeuge. Ríos' Idee hat Schule gemacht: Heute arbeiten in über 200 lateinamerikanischen Städten Müllmänner und -frauen für ähnliche Initiativen. Allein in Peru gibt es über 12.000 Kleinunternehmer. *Ciudad Saludable* unterstützt zudem Initiativen im Kampf gegen illegales Müllablagern.[b]

PLASTIKSACKERL IN EUROPA

Das Plastiksackerl prägt noch immer die Einkaufsmeilen der EU-Bürger. Anno 2013 lag der EU-Durchschnitt bei 198 Tüten, die pro Kopf verwendet wurden. Weit über dem Durchschnitt lagen dabei die Bürger in Polen, Ungarn und der Slowakei, wo pro Kopf und Jahr mehr als 400 Plastiksackerln verbraucht werden.[c] In Portugal liegt die

Anzahl mit geschätzten über 500 Plastiksackerln noch höher. Wesentlich niedriger wurde die Kopfzahl für Österreich (51 Sackerln) und Deutschland (71 Tüten) angegeben.[d] Die mit Abstand wenigsten Sackerln wurden in Irland verwendet. Wieso gerade in Irland, sind die Iren etwa so viel umweltbewusster als die anderen Europäerinnen und Europäer? Der Grund dürfte viel „profaner" sein. Irland hatte eine *„Tütensteuer"* von 22 Cent pro Plastiksackerl eingeführt. Die Folgen dieser Maßnahme können sich sehen lassen: Der Verbrauch pro Kopf sank von 328 im Jahr auf 20.[e] Welch wundersame Müllvermeidung doch mit 22 Cent erreicht werden kann. Vielleicht sollte sich die gesamte EU dieses Instrumentariums bedienen, nachdem ja geplant ist, dass bis zum Jahr 2020 jeder EU-Bürger im Durchschnitt nur noch 39 Plastiktüten im Jahr verbrauchen soll.[f] Dieses kleine Beispiel zeigt zudem sehr schön, dass mit nur freiwilligen Appellen die Umwelt wohl nicht zu retten sein wird; es bedarf auch entweder verpflichtender Regeln oder finanzieller Anreize.

BAKTERIEN GEGEN PET-FLASCHEN

Ein Forschungsteam aus Japan beschreibt in der Zeitschrift *Science* den ersten bekannten Mikroorganismus, der in der Lage ist, den Kunststoff PET abzubauen und komplett stofflich zu verwerten. *„Die Entdeckung dieses besonderen Bakteriums ist aus mehreren Gründen bahnbrechend"*, sagt Uwe Bornscheuer. *„Bislang waren nur ganz wenige Enzyme bekannt, die überhaupt und auch nur eine sehr geringe Aktivität im Abbau von PET zeigen. Besonders wichtig für ein Aufbrechen des Polymers ist vor allem die Zugänglichkeit der ‚glatten' Kunststoffoberfläche. Hier scheint der Ideonella sakaiensis-Stamm besondere Mechanismen entwickelt zu haben, die das japanische Forscherteam aber noch nicht im Detail aufklären konnte."* Prinzipiell könnte nun dieser Mikroorganismus genutzt werden, um den Kunststoff PET umweltfreundlich zu verwerten. Gleichzeitig wäre es aber nun bei Kenntnis der beteiligten Enzyme grundsätzlich möglich, Verfahren zu entwickeln, um das Monomer Terephthalsäure zu isolieren und für die Synthese von PET wieder einzusetzen. *„Dies würde ohne Zweifel eine erhebliche Umweltentlastung darstellen, da auf den Einsatz von Erdöl zur Herstellung dieses Kunststoffes verzichtet werden könnte"*, schließt Professor Bornscheuer seine Einschätzungen ab. Für die Grundlagenforschung wäre es sehr interessant herauszufinden, wie die beiden hochspezifischen Enzyme PETase und MHETase durch natürliche Evolution entstanden sind, da der Kunststoff PET erst seit ca. 70 Jahren in der Umwelt vorkommt. Folglich stand nur ein recht kurzer Zeitrahmen zur Anpassung des Bakteriums an dieses neue *„Substrat“* zur Verfügung und offensichtlich ist diese Entdeckung der japanischen Arbeitsgruppe ein Beispiel für eine sehr rasante Evolution eines Mikroorganismus.[g]

VERPACKUNGEN FÜR FRISCHWAREN

Die israelische Firmengründerin Daphna Nissenbaum erfand ein Verpackungsmaterial für Frischwaren, das sich selbst auflöst. Damit entdeckte sie eine Marktnische. Bei näherem Überlegen verfiel sie auf den Gedanken, ein Verpackungsmaterial zu erfinden, das den Frischhaltequalitäten von Kunststoff nicht nachstehe, aber von der Natur so leicht verdaut werden könne wie Bananen- oder Orangenschalen. Am TIPA-Firmensitz in Hod Hascharon, nordöstlich von Tel Aviv, stehen heute reihenweise Rollen mit unterschiedlich dicken Lagen transparenter Biofolien, die herkömmlichem Plastik zum Verwechseln ähnlich sehen, aber weder aufdringlich rascheln, noch einreißen. Der Unterschied, auf den es ankommt, zeigt sich im fünfzig Grad warmen Kompostofen des firmeneigenen Forschungslabors: Die TIPA-Folie ist bereits nach einigen Wochen brüchig und braun verfleckt, die Plastikfolie hingegen unverändert. *„In maximal 180 Tagen haben sich alle unsere Stoffe im Kompost aufgelöst und können als Dünger verwendet werden“*, sagt Nissenbaum. Die Bio-Tüte kommt zwar rund anderthalbmal so teuer wie die herkömmliche. Aber der Verpackungsanteil – laut Nissenbaum je nach Nahrungsprodukt zwei bis zehn Prozent – spielt beim Endpreis keine große Rolle.[h]

HOFFNUNGSTROPFEN

Abfallvermeidung (Becher-Bonus): Mit der Initiative soll weniger Müll durch Coffee-to-go Becher entstehen. Ende 2016 nahmen in Deutschland schon 32 Unternehmen mit mehr als 2.600 Filialen bundesweit teil (Start der Aktion war im März 2016).[673]

Abfallvermeidung (Europa): Die Europäische Woche der Abfallvermeidung fand 2017 vom 18. bis 26. November statt. Es war dies Europas größte Kommunikationskampagne für Abfallvermeidung mit rund 500 Aktionen in ganz Deutschland und mehr als 12.000 Aktionen in mehr als 33 Ländern Europas.[674]

Abfallvermeidung (Österreich): In Österreich gibt es schon jetzt einzelne Ketten, die das Befüllen mitgebrachter Getränkebecher mit einigen Cent Rabatt lukrieren: etwa *Ströck* (10 Cent) und *Starbucks* (50 Cent).[675]

Abfallverwertung (Italien): In der Abfallverwertung kommt Italien noch vor Deutschland eine Vormachtstellung zu. 2015 haben Industriefirmen 25 Millionen Tonnen Abfall verwertet, was die CO_2-Emissionen um 55 Millionen Tonnen reduzierte. In Deutschland werden vergleichsweise nur 23 Millionen Tonnen Abfall wiederverwertet.[676]

Bazillen knacken Plastikmüll: Fünfzig Jahre lang sucht die Wissenschaft schon nach Wegen, den Plastikmüll biologisch zu zerkleinern. Der chinesische Umweltingenieur Jun Yang hat nun zufällig Maden entdeckt, die Plastik fressen sollen.[677]

Chemikalien: Die „klassischen" Chemikalien wie Blei, Quecksilber, Cadmium, DDT und PCB sind in Deutschland ganz maßgeblich zurückgegangen. Sorgen bereiten noch immer bestimme Weichmacher.[678]

Dell: Geht es nach *Dell*, so sollen 2017 in einem Pilotprojekt rund 8.000 Kilogramm Plastikmüll einer neuen Verwendung zugeführt werden. Damit die neue Verpackung nicht ebenfalls wieder in den Ozeanen landet, wird jede Verpackungsschale mit dem Recycling-Symbol Nr. 2 für HDPE (High Density Polyethylen) gekennzeichnet, das ebenfalls wieder recycelbar sein soll.[679]

Essbares Besteck: Um den Berg von Plastikbesteck abzubauen gründete ein Inder das Unternehmen *Bakeys*, das essbares Besteck produziert. Es besteht aus Hirse, Reis und Weizen.[680]

Funky Junk: In Kambodscha hatte eine Britin die Idee, aus Plastik praktische Gegenstände zu produzieren und zu verkaufen. Bis Ende Dezember 2013 hat sie bereits über 300.000 Tragetaschen, Sitzkissen, Untersetzer, Körbe und andere praktische Gegenstände weltweit verkauft.[681]

Haltbarkeit von Plastiktüten: Eine herkömmliche Plastiktüte benötigt bis zu ihrem kompletten Zerfall 400 Jahre. Dagegen benötigt eine neu entwickelte Plastiktüte unter Sonneneinstrahlung bis zum vollständigen Zerfall nur drei Monate.[682]

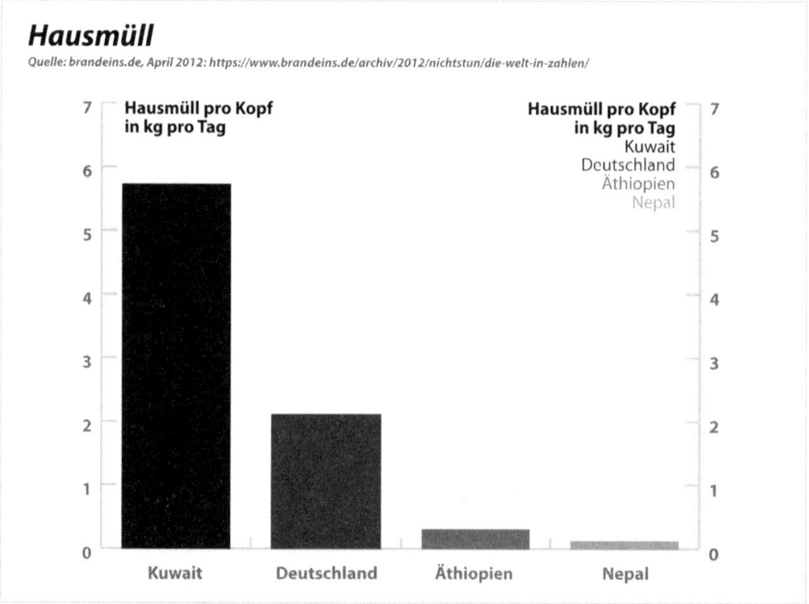

Abbildung 47: Hausmüll

Hausmüll: Der Hausmüll, den ein Einwohner in Nepal pro Kopf und Tag um 2010/12 produzierte, betrug 0,12 kg. Zum Vergleich: In Kuwait betrug die Summe pro Kopf und Tag 5,72 kg.[683]

Konzerne wollen Plastik verhindern: Vierzig der größten Konzerne der Welt (etwa *Procter & Gamble*, *Unilever*, *Coca-Cola*, *Danone* und *Dow Chemical*) haben sich 2017 im Vorfeld des Weltwirtschaftsforums von Davos dazu verpflichtet, weniger und umweltfreundlicheres Plastik zu verwenden. *Unilever* verpflichtete sich beispielsweise bis zum Jahr 2025 nur noch voll wiederverwertbare, recyclingfähige oder kompostierbare Plastikverpackungen einzusetzen.[684]

Kosmetik: Die breite Mehrheit der Deutschen (83 Prozent) erwartet von den Kosmetikherstellern, dass sie auf Kunststoffe in fester, flüssiger oder anderer Form in ihren Produkten verzichten.[685]

Mode: *Adidas* hat im Sommer 2016 einen Schuh aus Plastikmüll aus dem Ozean produziert.[686]

Müllabfuhr (Finnland): Die finnische Start-up Firma *Enevo*, gegründet 2010, hat es sich zur Aufgabe gemacht, Mülldaten zu sammeln und die Müllabfuhr in den Städten effizienter zu machen. Mittels Ultraschall wird die Befüllung der Tonne gemessen und die Daten in Echtzeit an die Serverfarm von *Enevo* geschickt. Dort generiert das System die ideale Müllroute für den Arbeitstag.[687]

Müllminimalistin: Bea Johnson erzählt in ihrem Buch, wie sie ihr Leben vereinfachte, indem sie ihren Müll zu Hause auf ein Glas pro Jahr reduzierte. Das Standardwerk lautet: *„Glücklich leben ohne Müll!"* (vgl. dazu auch: einjahrimglas.blogspot.co.at). [688]

Musik aus Müll-Instrumenten: Das Jugendorchester *Landfill Harmonic* musiziert ausschließlich mit Instrumenten, die aus Abfall gemacht sind. Die Geschichte begann bereits im Jahre 2002 mit der Initiative *„Sonidos de la Tierra"* (Klänge der Erde). Seither konnten bis 2013 über 3.000 Kinder in den Elendsregionen Paraguays für Musik begeistert werden. Bereits über 80 Konzerte wurden in Paraguay und sogar im Ausland aufgeführt.[689]

Ozeanmüll: Der *FC Bayern München* lief beim Spiel gegen 1899 Hoffenheim am Samstag den 5. November 2016 in Dressen (*Adidas*) aus Ozeanmüll auf.[690]

Plastic Bank: Am effektivsten wäre es wahrscheinlich (vor allem in Asien) eine Kreislaufwirtschaft zu fördern. Dazu gibt es seit kurzem eine vielversprechende Initiative, die *„Plastic Bank"*. Kunststoffe sollen zu wertvoll werden, um sie wegzuwerfen.[691]

Plastik und Gesundheit: Würde sich der Kontakt mit gesundheitsgefährdendem Plastik um ein Viertel verringern, könnten europaweit rund 150.000 Fälle von Diabetes vermieden und jährlich 4,5 Milliarden Euro an Gesundheitskosten gespart werden.[692]

Plastikgeschirrverbot: Im Rahmen des Energiewende-Gesetzes *„Energy Transition for Green Growth Act"* sollen die Franzosen ab 2020 entweder Geschirr aus Porzellan oder aus Materialien benützen, die biologisch abbaubar sind.[693]

Plastikrecycling: Im Mannheimer Rheinhafen entsteht die erste Kunststoff-Öl-Recyclinganlage Deutschlands. Wenn die Anlage fertig ist, können aus 1.000 Kilogramm Plastikmüll 850 Liter Heizöl erzeugt werden.[694]

Plastiksackerl (Asien): Seit Februar 2016 müssen in 23 asiatischen Städten im Rahmen eines Pilotprojekts bis zu umgerechnet 33 Cent für eine Plastiktüte bezahlt werden.[695]

Plastiksackerl (Bali): Weil sich der Staat nicht kümmert, versuchen Kinder in Indonesien, die massive Umweltverschmutzung einzudämmen. Benjamin Dikmans, 16, reiste in den Inselstaat, um ihnen zu helfen und ganz Bali von Plastiktüten zu befreien.[696]

Plastiksackerl (Bangladesch): Das Land verbot schon 2002 die Polyethylentüten.[697]

Plastiksackerl (China): Die Volksrepublik hat dünne Plastiktüten 2008 komplett verboten und eine Gebühr für dickere erhoben. Mit Erfolg: In den ersten zwei Jahren nach Einführung der Maßnahme ist der Verbrauch um rund 50 Prozent gesunken.[698]

Plastiksackerl (Deutschland): Die Deutschen haben 2016 pro Kopf nur noch 45 Plastiktüten verbraucht. 2015 waren es noch 68. Der Rückgang gilt als Folge der Einführung einer Gebühr auf Plastiktüten in vielen Geschäften.[699]

Plastiksackerl (Discounter): *Rewe* und *KiK* haben es vorgemacht. Ab 2017 verkauft auch der Discounter *Lidl* keine Plastiktüten mehr. Bei *Lidl* würden voraussichtlich jährlich über 100 Millionen Kunststofftaschen eingespart. Auch in den *Lidl*-Filialen in Österreich und der Schweiz werde es künftig keine Plastiktüten mehr geben.[700]

Plastiksackerl (England): Seit Oktober 2015 müssen Supermarktkunden eigene Taschen mitbringen oder fünf Pence – knapp 7 Euro-Cent – zahlen. Allerdings gilt das zum Ärger von Umweltschützern nur in Geschäften von Unternehmen, die mindestens 250 Vollzeitbeschäftigte haben. Bereits im ersten Halbjahr nach der Einführung ging der Plastiksackerlverbrauch im Lande von 7.000 Millionen auf 500 Millionen zurück.[701]

Plastiksackerl (EU): Die Neuregelung sieht vor, dass der jährliche Pro-Kopf-Verbrauch von derzeit rund 200 dünnen Kunststofftaschen bis 2019 auf 90 reduziert wird. Bis 2025 soll der maximale Verbrauch auf durchschnittlich 40 Sackerln pro Jahr und Bürger gedrosselt werden.[702]

Plastiksackerl (Frankreich): Ab dem 1. Juli 2016 sind Einwegkunststofftüten, die dünner als 50 Mikrometer sind, verboten. Etwa 17 Milliarden wurden dort pro Jahr verbraucht. Ausgenommen sind Produkte, die dem französischen Standard für Heimkompostierung entsprechen und einen Bioanteil von mindestens 30 Prozent aufweisen.[703]

Plastiksackerl (Jakarta): In Jakarta müssen die Kunden nun 33 Cent für eine Plastiktüte bezahlen. Folge: Die Plastiktüten-Hersteller haben ihre Produktion bereits heruntergefahren.[704]

Plastiksackerl (Kalifornien): Ab Juli 2015 dürfen die dünnen Plastiksackerln in Lebensmittelgeschäften und Drogeriemärkten nicht mehr an Kunden ausgegeben werden. Ab 2016 sind auch kleinere Geschäfte von dem Verbot betroffen.[705]

Plastiksackerl (Österreich): 89 Millionen Plastiksackerl weniger hat ein seit Juli 2016 gültiger Pakt zu deren Reduktion bis März 2017 gebracht. Das Ziel für 2019: Nur mehr 25 Kunststoff-Tragetaschen pro Person im Jahr.[706]

Plastiksackerl (Ruanda): Wer nach Ruanda einreist, muss sein Gepäck überprüfen lassen. Finden sich darin Plastikbeutel, werden diese konfisziert, dafür verteilen die Beamten braune Papiertüten. Die Hauptstadt Kigali zählt zu den saubersten des Kontinents, und auch im Hinterland fällt auf, wie plastikfrei Teeplantagen und Reisfelder sind.[707]

Plastiksackerl (Sansibar): Die Geldbuße, die in Sansibar auf das Einführen oder Verteilen von Plastiktüten steht, beträgt 1.560 Euro.[708]

Plastiksackerl (Verbote): Nachdem Bhutan und Bangladesch als erste Länder ab der Jahrtausendwende Plastiktaschen verboten hatten (sie verstopften bei Monsunregen die Kanalisation), folgten Papua-Neuguinea, Ruanda, Tansania. Auch in Frankreich und Italien sind bereits Verbote in Kraft.[709]

Recyceln (Deutschland): Die deutsche Bundesregierung will mit einem neuen Verpackungsgesetz bis 2022 eine Recyclingquote einführen. Demnach müssen 63 Prozent der Kunststoffverpackungen und bei Papier, Glas und Metallen sogar 90 Prozent recycelt werden.[710]

Styropor: Mehlwürmer können Styropor verdauen. 100 *„Testesser"* konsumierten im Schnitt 34 bis 39 Milligramm Kunststoff pro Tag und schieden es in Form von CO_2 und Kot wieder aus. Die Ausscheidungen enthielten nur biologisch abbaubare Substanzen und könnten daher theoretisch als Nährsubstrat in der Pflanzenzucht eingesetzt werden.[711]

Verpackungsfrei (Berlin): Das geht auch anders, sagen sich Sarah Wolf und Milena Glimbovski. Unter dem Namen *„Original unverpackt"* eröffnen die beiden Frauen Deutschlands ersten müllfreien Supermarkt in Berlin. Früher war das normal, jetzt erobern die Gründer die Herzen der Kunden.[712]

Verpackungsfrei (Darmstadt): Hessens zweiter Supermarkt für unverpackte Lebensmittel eröffnet 2016 im Martinsviertel in Darmstadt. Die Ausstattung des Geschäfts wurde per Crowdfunding finanziert.[713]

Verpackungsfrei (London): Die britische Unternehmerin Catherine Conway eröffnete um 2007 in London ihren Laden *Unpackaged*, in dem sie ausschliesslich unverpackte Nahrungsmittel verkauft. Kunden bringen eigene Flaschen, Schachteln und Taschen mit und füllen sie mit den rund 400 Produkten auf.[714]

Windeln: In der Müllverbrennungsanlage von Darmstadt wird mit der Verbrennung von Windeln und Restmüll Strom und Fernwärme erzeugt. Der Strom – jährlich etwa 38 Millionen Kilowattstunden – reicht für rund 38.000 Einwohner. Die aus dem Kamin frei werdenden Rauchgase sind dabei reiner als die Luft in Darmstadts Straßen.[715]

17 WALD

TONY RINAUDO UND DIE BÄUME

Tony Rinaudo (aus Australien) kam vor fast 40 Jahren nach Afrika mit der Idee, gegen die Entwaldung des Kontinents anzukämpfen und die Ausbreitung der Wüsten zu stoppen. Er pflanzte in Niger jahrelang viele Bäumchen, die aber alle wieder in der Hitze verdorrten. Doch Rinaudo kämpfte weiter und fand eine Lösung. Er beschäftigte sich mit den kümmerlichen Trieben, die er in der Halbwüste fand und stellte fest, dass diese Triebe von früher gefällten Bäumen stammten, die aus einem unterirdischen Wurzelgeflecht entsprangen und die nach jedem Regen aus dem Sand hervorkamen, um dann sehr rasch vom hungrigen Vieh abgefressen zu werden. Somit konnten diese Triebe nie zu kleinen Bäumchen heranwachsen. Dabei kam Rinaudo die zündende Idee: Neue Bäume pflanzen war überflüssig, er musste nur die vorhandenen Triebe schützen. Der Australier musste aber zunächst beweisen, dass seine These richtig war. Dafür umzäunte er ein Versuchsfeld, um das Vieh fernhalten zu können. Die heranwachsenden Büsche schnitt er zurecht und schon wenige Jahre später stand im Versuchsfeld ein kleiner Wald.

Mittlerweile stehen in der von Rinaudo in Niger betreuten Region etwa 200 Millionen Bäume. Er war überzeugt, wenn diese Methode im Halbwüstenstaat Niger funktioniert, dann müsste sie im klimatisch günstigeren Südäthiopien erst recht von Erfolg gekrönt sein. Anfangs war die Bevölkerung in Äthiopien sehr skeptisch und hielt ihn für einen Scharlatan. Doch auch im Süden Äthiopiens wirkte seine Methode Wunder.[a] Dies zeigt ein kurzer Bericht, in dem es heißt: „*Wer heute in die Stadt Sodo im Süden Äthiopiens kommt und dort das letzte Mal vor zehn Jahren gewesen ist, glaubt, seinen Augen nicht trauen zu können. Wo damals auf den umliegenden Bergen nur vereinzelte stachelige Büsche und nutzlose Kriechpflanzen zu sehen waren, fressen heute Kühe saftiges Gras und der Wildbach plätschert ins Tal, so dass man glauben könnte, man wäre irgendwo in den Alpen auf einer Alm.*“[b]

Mit der von Rinaudo entdeckten Methode sind seit 1983 auf einer Fläche von sechs Millionen Hektar Bäume zurückgekehrt. Der australische Waldmacher hat nahezu im Alleingang Millionen Menschenleben verbessert. Alleine im Niger sind mittlerweile Dutzende Millionen neue Bäume gewachsen, über eine Million Bauern auf fünf Millionen Hektar betreiben zudem Landwirtschaft unter und zwischen den Bäumen. Es war keine neue Methode, die Rinaudo nach Afrika brachte, eigentlich war sie uralt, aber aus vielerlei Gründen hatten die einheimischen Bauern sie vergessen.

Rinaudo ermöglichte eine effiziente und kostengünstige Bekämpfung von Hunger unter Beteiligung der Betroffenen. Eine, die zugleich die Wunden des Ökosystems lindert, das Mikroklima in Afrika verbessert, Migration verhindert. Was Rinaudo inzwischen auch zehntausende Bauern lehrte, heißt: *„farmer managed natural resources"*, kurz FMNR, von Bauern betriebene Verwaltung der natürlichen Ressourcen. Chris Reij, niederländischer Experte vom renommierten *World Resources Institute* in Washington, nennt diese Wiederaufforstung *„die wohl größte Umweltveränderung in Afrika in den letzten hundert Jahren"*. Am Anfang nannte man Tony Rinaudo in Niger einen *„verrückten weißen Bauern"*, heute gilt er als der *„Chef aller Bauern"*. Viele tauften ihre Söhne auf den Namen Tony. Er selber tourt durch Afrika und Asien und verkündet den Hoffenden: *„Vor zehn Jahren stand hier kein einziger Baum. Aber das kann man ändern"*.[c]

HEILKRÄUTER AUS DER WÜSTE

Alles begann 1977 auf einem 70 Hektar großen Stück Wüste im Nordwesten der ägyptischen Hauptstadt Kairo. Ibrahim Abouleish, der in Österreich in Graz Chemie und Medizin studiert und einige Jahre in der Pharmaindustrie gearbeitet hatte, wollte das unwirtliche Stück Wüste mithilfe biologisch-dynamischer Anbaumethoden à la Demeter beackern. Anthroposophische Grundsätze, wie sie der *Demeter-Verband* verfolgt, hielt er für am besten geeignet, um Wüstenboden fruchtbar zu machen. Aus der kleinen Farm, die anfangs Heilkräuter wie die Blüten der Königskerze für den Export anbaute, ist heute ein Firmenkonglomerat mit 2.000 Mitarbeitern an drei Standorten geworden: Unter dem Firmendach *Sekem* konnten die Biopioniere schon Anfang der Achtzigerjahre Westkunden Kräuter und Gewürze liefern, die Demeter-Standards genügten. Heute steigt die Nachfrage nach Biolebensmitteln auch in Ägypten. So entstanden neben den drei Biohöfen sechs weitere Firmen, die Biolebensmittel, Naturmedikamente und Ökotextilien vertreiben.

Als jüngste Gründung kam 2007 *Ecotec* hinzu. Das von Sohn Helmy geführte Unternehmen baut und vertreibt Anlagen zur Wasseraufbereitung und Gewinnung von regenerativer Energie. Der Vater, der aus den Gewinnen eine anthroposophische Schule betreibt und gerade eine Universität für nachhaltige Entwicklung aufbaut, bekam neben vielen anderen Auszeichnungen 2003 den alternativen Nobelpreis. Zudem wurde ihm der *Business for Peace Award* der gleichnamigen Osloer Organisation zuerkannt. Nachhaltigkeit sei eine der dringlichsten Aufgaben, sagt Abouleish: „*Es bedeutet, heute Lebensbedingungen zu schaffen, die es zukünftigen Generationen erlauben, in Würde zu leben.*“[d]

ORANGENSCHALEN ALS DÜNGER

In den 1990er-Jahren starteten in Costa Rica Ökologen und Ökologinnen der Universität von Pennsylvania gemeinsam mit einer Saftfirma ein Experiment. Es ging um den Schutz eines Nationalparks. Knapp außerhalb des Naturschutzgebiets begann nämlich 1995 eine Firma mit der Produktion von Orangensaft. Die Wissenschaftler schlugen der Saftfirma einen Deal vor: Wenn sie einen Teil ihres Grundstücks an das Schutzgebiet abtreten würden, dürften sie im Gegenzug kostenlos Biomüll im Park entsorgen. Die Firma willigte ein, und so durfte sie in regelmäßigen Abständen 1.000 LKW-Ladungen Orangenschalen auf ein Gebiet von drei Hektar Boden ablegen. Die Fläche war bereits aufgrund von Überweidung und Rodung unfruchtbar geworden. Dort sollten die Schalen ohne weitere Verarbeitung verrotten. Nach allerdings nur zwei Jahren und der Entsorgung von rund 12.000 Tonnen Orangenschalen musste das Projekt 1997 abgebrochen werden. Ein konkurrierender Saftproduzent hatte nämlich geklagt, dass das Naturschutzgebiet dadurch verschmutzt würde. Die Folge: Das Projekt wurde abgebrochen, die erste Ladung Schalen wurde aber nie aus dem Nationalpark entsorgt und geriet in Vergessenheit. 16 Jahre später erfuhr ein anderer (junger) Wissenschaftler von diesem abgebrochenen Projekt und entschloss sich nach Costa Rica zu fahren, um dort nach der Orangenmülldeponie zu suchen. Was er fand, war eine Sensation, die Orangenschalen waren zwar weg, aber auch der unfruchtbare Boden, denn das Gelände war überwuchert mit Bäumen und Schlingpflanzen, ja das ehemals karge Gebiet war zu einem dichten Pflanzenteppich geworden. Der junge Forscher verglich den neu entstandenen Urwald mit der Fläche, wo damals keine Orangenschalen verrottet waren. Der Vergleich machte deutlich, wie gut die Schalen als Dünger dienten: dreimal so viele Baumarten als auf ungedüngtem Boden, 176 Prozent größere Menge an Holz-Biomasse und im Boden deutlich mehr Nährstoffe.[e]

HOFFNUNGSTROPFEN

Artenreichtum: Costa Rica macht nur 0,03 Prozent der Erdoberfläche aus und ist nur unwesentlich größer als die Schweiz. Der Artenreichtum aber macht sagenhafte fünf Prozent der gesamten Flora und Fauna des Planeten aus. Ein Viertel des Landes steht unter Naturschutz – das macht Costa Rica zum Musterland des nachhaltigen Ökotourismus.[716]

Aufforstung (Afrika): Mit der Aufforstung einer riesigen Waldfläche wollen mehrere afrikanische Staaten und Unterstützer dem Klimawandel entgegenwirken. Einem im Dezember 2015 in Paris vorgestellten Plan zufolge soll bis zum Jahr 2030 auf hundert Millionen Hektar neuer Wald entstehen.[717]

Aufforstung (Ecuador): Das Land hat 2015 einen neuen Rekord beim Baumpflanzen aufgestellt und dabei an nur einem Tag 647.250 Bäume verschiedener Sorten gepflanzt.[718]

Aufforstung (Indien): In Indien wurden im Juli 2016 an einem Tag 50 Millionen Bäume gepflanzt. Über 800.000 Einwohner des Bundesstaates Uttar Pradesh beteiligten sich an der Aktion. Ziel war und ist es, den Waldbestand bis 2030 auf 95 Millionen Hektar zu erhöhen.[719]

Aufforstung (Lateinamerika): Für 297 Millionen Euro soll der Wald in Chile, Kolumbien, Costa Rica, Ecuador, Guatemala, Mexiko und Peru wieder nachwachsen. Diese Staaten Lateinamerikas haben sich zur Wiederaufforstung von fast 20 Millionen Hektar Wald bis 2020 verpflichtet.[720]

Aufforstung (Mexiko): In Culiacán im Westen Mexikos, einer der gefährlichsten Städte der Welt, wurden aus Waffen Schaufeln hergestellt, um damit Bäume zu pflanzen.[721]

Aufforstung (Neuseeland): Das Land will bis 2025 rund 250.000 Hektar aufforsten. Dies erklärte die damalige Premierministerin Clark anno 2007.[722]

Aufforstung (Plant-for-the-Planet): Felix Finkbeiner rief 2016 zur *„Billion Tree Campaign"* auf, dem weltgrößten Aufforstungsprogramm, bei dem 1.000 Milliarden Bäume, bevorzugt in den Ländern des Südens gepflanzt werden sollen. Nach einer Studie der *Universität Yale* wachsen heute 3.000 Milliarden Bäume auf der Erde und es gäbe Platz für knapp weitere 1.000 Milliarden. Diese zusätzlichen Bäume würden in etwa ein Viertel des menschengemachten CO_2-Ausstoßes binden. Zur Finanzierung: Wenn jeder Mensch aus dem reichen Teil der Welt das Pflanzen von 1.000 Bäumen finanziert, ermöglicht er, dass weniger Menschen aus den ärmeren Ländern ins reiche Europa fliehen müssen.[723]

Aufforstung (Thailand): Die Anbaumethode ist eine Kombination von so genannten *„Seed Bombs"*, also Samenbomben, und *„aerial reforestation"*, was so viel wie Aufforstung aus der Luft bedeutet. Die Erfolgsquote bei dieser Anpflanzung aus der Luft liegt bei sehr guten 70 Prozent.[724]

Biomasse: Die weltweite Vegetation hat seit 2003 an Biomasse zugelegt – trotz der Abholzung tropischer Regenwälder. Verantwortlich für das Wachstum sind Aufforstungen in China sowie reichlich Regenfälle in Savannen.[725]

Drohnen gegen den Waldverlust: Umweltschützer und Ökologen bedienen sich moderner Techniken. Drohnen fliegen über Tansania, um die Schimpansen-Population zu kontrollieren. Sie fliegen über Surinam, um den Urwald zu überwachen. Sie fliegen über Indonesien, um den Zustand der gefährdeten Orang-Utans zu dokumentieren. Und sie fliegen im Rest von Südostasien, um Palmölfelder zu kartieren – eine der Hauptursachen für die Entwaldung in der Region. Dabei gab es bereits Erfolge bei der Tätersuche.[726]

Entwaldung (Brasilien): Zwischen 2005 und 2013 wurden 86.000 Quadratkilometer Regenwald verschont – das entspricht der Größe Österreichs. 3,2 Milliarden Tonnen Kohlendioxid wurden dadurch eingespart.[727]

Holzkohle: Holzkohle kann auch aus Resthölzern oder aus nachhaltig bewirtschafteten Wäldern gemacht werden. Mittlerweile gibt es auch Briketts aus Kokosnussschalen oder aus verkokten Resten landwirtschaftlicher Abfälle. So entsteht Brennmaterial aus Olivenkernen, Maiskolben oder auch aus abgeschnittenen Weinreben. Zudem gibt es Pläne, Kaffeesatz zu Grillbriketts zu pressen.[728]

Illegale Abholzung (Brasilien): Der Unternehmer A. J. Vilela dirigierte das bisher größte entdeckte Kartell, das illegale Abholzung des Regenwaldes im Amazonas betreibt. Gegen A. J. Vilela beantragt die Staatsanwaltschaft 238 Jahre Haft.[729]

Illegaler Holzhandel: In den USA gibt es schon seit 2008 ein Gesetz gegen illegale Holzimporte. Mehrmals wurden Unternehmen zu hohen Strafen verurteilt, zuletzt die Firma *Lumber Liquidators*, die 13,2 Millionen Dollar zahlen musste.[730]

Indigene Völker und der Wald: Ungefähr 1,3 Milliarden Menschen weltweit, ein Fünftel der Weltbevölkerung, sind für ihr Überleben von den Produkten des Waldes abhängig – vom Honig bis zu Rattanhölzern und genießbarem Fleisch. Diese Völker sollen nun geschützt werden. Ein wichtiges Programm ist z.B. *„Dedicated Grant Mechanism"*, das 80 Millionen Dollar bekommt und gemeinsam von indigenen und lokalen Völkern und anderen Nationalitäten betrieben wird.[731]

Mangrovenwälder: Auf der Insel Java in Indonesien testen Wissenschaftler alt bewährte ökologische Methoden zur Regeneration. Die ersten Mangrovenbäumchen sprießen bereits.[732]

Palmölproduktion: Die Fläche zur Palmölproduktion könnte weltweit verdoppelt werden, ohne dabei wertvolle Tropenwälder zu zerstören. Das zeigt eine Analyse österreichischer Forscher.[733]

Papua Neuguinea: Der Aktivist Paul Pavol kämpft gegen einen malaysischen Holzkonzern, der mit kriminellen Methoden ganze Landstriche in Besitz genommen hat. Das sind die stillen Helden des 21. Jahrhunderts.[734]

Wald (Deutschland): Die Säurebelastung der Wälder hat sich laut Bodenzustandserhebung deutlich verringert.[735]

Wald (Indien): Jadav „Molai" Payen begann vor über 30 Jahren, Bambus auf einer kahlen Sandbank anzupflanzen. Heute ist die Sandbank ein üppiger Wald, genannt Molai Woods, eine Heimat für zahlreiche Vogelarten, Tiger, Rhinozerosse und Elefanten, also gerade für Tierarten, die anderswo vom Aussterben bedroht sind.[736]

Wald (Indonesien): Der Regenwald in Indonesien schrumpft dramatisch, weil Bauern und Konzerne die Flächen als Ackerland nutzen wollen. Aktivisten kämpfen nun erstmals dagegen an.[737]

Wald (Kanada): Die Provinzregierung von British Columbia gab Anfang Februar 2016 einen umfassenden Schutzplan bekannt. Auf einer Fläche so groß wie Belgien wird es zu 85 Prozent keinen industriellen Holzeinschlag mehr geben. Die übrigen 15 Prozent stehen der örtlichen Forstwirtschaft offen, unterliegen jedoch strengen Auflagen für kommerziellen Holzeinschlag.[738]

Wald (UNO): Bis 2020 will die UNO den Umweltschutz, die Sanierung und den Erhalt der Ökosysteme sicherstellen sowie insbesondere Wälder, Wüsten, Dschungel und Berge mit internationalen Abkommen schützen.[739]

Wald und Stadtentwicklung: Die Gebäude der Woha-Architekten in Singapur sehen aus, als würden sie vom Urwald zurückerobert. Sie sparen viel Energie und sind Vorbild für wachsende Metropolen.[740]

Wald und Weltbevölkerung: Ein (weitgehender) Verzicht auf Tierprodukte würde weltweite Ernährungssicherheit ohne Waldverlust ermöglichen.[741]

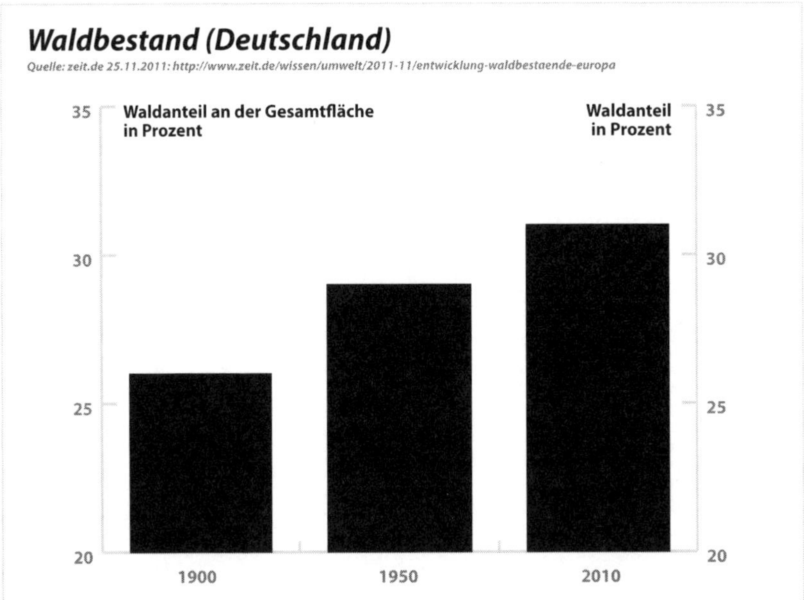

Abbildung 48: Waldbestand (Deutschland)

Waldbestand (Eurasien): Insgesamt sind in den vergangenen Jahren weniger Wälder gerodet worden als noch in den Neunzigerjahren. Manche Regionen wie China oder Europa haben sogar größere Waldflächen. Diese Entwicklung ist vor allem Wiederaufforstungsprogrammen zu verdanken.[742]

Waldbestand (Welt): Es gibt mehr Wald auf der Erde als gedacht. Mit Hilfe von Google-Earth-Bildern haben Wissenschaftler eine Diskrepanz beim geschätzten Anteil von Trockenwald aufgedeckt. Die Analyse der hochauflösenden Aufnahmen kam zu dem Schluss, dass weltweit 4.628 Millionen Hektar (46,28 Millionen km^2) Wald die Erde überziehen. Das entspricht fast dreimal der Fläche Russlands, und es sind rund zehn Prozent mehr als bisher angenommen.[743]

Waldbrände: Es gibt Hinweise, dass in weiten Teilen der Welt die Größe der verbrannten Flächen über das vergangene Jahrhundert nicht zu –, sondern abgenommen hat.[744]

Waldschutz mit Smartphones: Ein gebrauchtes Smartphone, befestigt an einem Baumstamm im Regenwald, betrieben mit Solarzellen und ausgestattet mit einem Mikrofon, das dauerhaft in den Wald horcht: Das ist das Konzept der *„Rainforest Connection"*. Das Ziel: Mit der Technik sollen 20 bis 30 Millionen Hektar Wald geschützt werden. Ein Nebenprodukt: Forscher können die Telefone auch nutzen, um die Bewegungen von Tieren zu erforschen oder den Rhythmus des Ökosystems zu verstehen.[745]

18 DEMOKRATIE

ENGAGIERT EUCH!

Bücher über die Vor- und Nachteile einer Demokratie füllen ganze Bibliotheken. Eines kann aber unbestritten festgehalten werden: Obwohl auch demokratische Regierungsformen Mängel in sich tragen, gibt es bislang keine bessere Herrschaftsform als sie. Bei allen Unzulänglichkeiten sollte diese wichtige Feststellung nie aus den Augen verloren werden. Zwar werden auch in Demokratien nicht alle wichtigen Fragen – schon gar nicht alle Verteilungsfragen – zur Zufriedenheit aller geregelt, verglichen mit anderen Regierungsformen schneidet die Demokratie aber unvergleichlich besser ab.

Abbildung 49: Entwicklung der Demokratien

Der Demokratisierungsprozess begann schon lange vor Christi Geburt in kleinen lokalen Ansätzen etwa bei den Griechen, es dauerte aber Jahrtausende, bis er ein wirklich globales Phänomen wurde. Erst nach dem Zweiten Weltkrieg konnte die Anzahl der demokratischen Staaten eine enorme Zunahme verzeichnen. Waren um 1950 erst gut 20 Staaten dem demokratischen Regierungssystem zuzurechnen, so sind es heute immerhin über 90, die nicht nur dem Namen nach „demokratisch" sind (siehe Abbildung 49).[a]

In dieser Zeit und speziell mit dem Zusammenbruch der UdSSR kam es zu einer regelrechten *„Demokratisierungswelle"* und einem gleichzeitigen Rückgang der Diktaturen.[b] Es wäre zu hoffen, dass dieser Prozess auch in der näheren Zukunft anhält, wie wohl natürlich nicht vergessen werden soll, dass auch viele formale Demokratien immer Gefahr laufen, zu Scheindemokratien zu verkommen. Der Weg hin zur Demokratisierung ist keine Einbahnstraße, schon gar nicht ist sie eine Selbstverständlichkeit, die sich einfach im Laufe der Geschichte einstellt. Ganz im Gegenteil: Demokratie muss permanent gepflegt, bewahrt, verbessert und neu erkämpft werden. Dieser oft auch versteckte Kampf für Demokratie und vor allem auch für Freiheit verläuft recht zäh und langsam, aber er war in den letzten Dezennien doch auch von Erfolg gekrönt.[c] So hat sich – kleine Schwankungen immer miteinbezogen – im Zeitverlauf der Anteil der freien Staaten seit Mitte der 1970er-Jahre kontinuierlich erhöht. Galt 1975 lediglich ein Viertel aller Staaten als frei, waren es 1990 bereits 40 Prozent und 2012 rund 46 Prozent (also fast die Hälfte) aller Staaten. Der Anteil der eingeschränkt freien Staaten lag in den meisten Jahren seit 1975 bei etwa einem Drittel. Der Anteil der unfreien Staaten hingegen ist langfristig zurückgegangen. Im Jahr 2012 galten 24 Prozent aller Staaten als unfrei, 1975 waren es immerhin noch 41 Prozent. Allerdings lebten in diesen 24 Prozent aller Staaten 34 Prozent der Weltbevölkerung – knapp 2,4 Milliarden Menschen.[d]

Demokratie und der Kampf um die Freiheit des Einzelnen ist eine Aufgabe, die permanent herausfordert. Zudem ist auch immer wieder mit Rückschlägen zu rechnen. Larry Diamond und seine Koautoren weisen in ihrer Publikation *Authoritarianism goes global – The Challenge to Democracy* (erschienen 2016) darauf hin, dass demokratische Strukturen und Einrichtungen in den letzten Jahren wieder weltweit zurückgegangen seien. Ganz offen trete das zum Beispiel in Russland und China zu Tage. Die dortigen Machthaber hätten gelernt, zivilgesellschaftliche Organisationen für ihre Zwecke einzusetzen. Wirkliche oppositionelle Stimmen werden mundtot gemacht, immer wieder auch ganz real getötet.[e] Larry Diamond spricht sogar von einer *„Rezession der Demokratie"*. Er betont, dass er die Ursache dafür – wo immer sie zu beobachten ist – meist nicht so sehr in einem ökonomischen Scheitern, sondern in einem Zerbrechen der demokratischen Strukturen und der demokratischen Haltungen in den Eliten und in der Bevölkerung sieht. Korruption zum Beispiel zerstört Demokratie. Zentral ist deshalb auch die Botschaft und die Aufforderung, dass die Rechte des Einzelnen und die Gesetze geachtet werden und zwar von allen. *„Demokratien, die anderen ihre Grundrechte nehmen, beginnen so, sich selbst den Garaus zu machen. Bedrohlicher als der Terrorismus ist es, wenn wir im Kampf gegen ihn unsere Demokratie beschädigen. Bedrohlicher als die Flüchtlinge ist es, wenn wir glauben, Krieg gegen sie führen zu müssen."*[f]

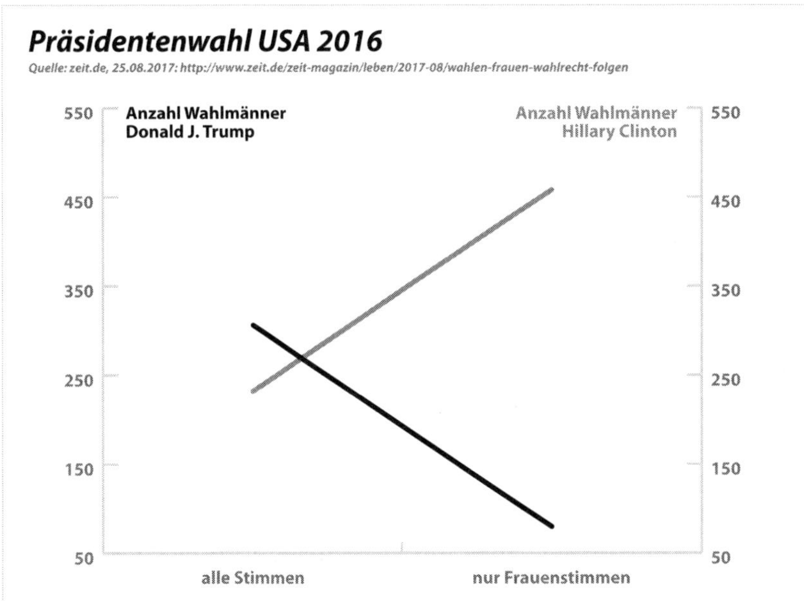

Abbildung 50: Präsidentenwahl USA 2016

Doch diese *„Rezession der Demokratien"* betrifft nicht nur Russland und China, sondern auch Kernländer der sogannten „Freien Welt". Timothy Snyder, Buchautor und Professor an der *Universität Yale* mahnte eine Woche nach der Wahl von Donald Trump zum neuen Präsidenten der USA: *„Die US-Bürger seien nicht schlauer als ehemals Europäer,* *die über die Demokratie den Faschismus hervorgebracht hätten. Jetzt sei die richtige Zeit, um aus der Vergangenheit zu lernen.*" Anhand von 20 einfachen Punkten zählt er zudem auf, wie sich die Demokratie (unter Trump und anderen) verteidigen lässt[g]:

- Leistet keinen vorauseilenden Gehorsam
- Verteidigt Einrichtungen
- Ruft euch die Morallehre wieder ins Gedächtnis
- Wenn ihr Politikern zuhört, achtet auf die Wortwahl
- Bewahrt Ruhe, wenn das Undenkbare geschieht
- Geht vorsichtig mit der Sprache um
- Hebt euch hervor, folgt nicht allen Anderen
- Glaubt an die Wahrheit
- Recherchiert, überprüft
- Engagiert euch in der Politik
- Macht Augenkontakt und Small Talk
- Übernehmt Verantwortung für die Welt
- Verhindert den Einparteienstaat
- Spendet regelmäßig für den guten Zweck
- Habt ein Privatleben
- Lernt von Menschen aus anderen Ländern
- Seid auf der Hut vor paramilitärischen Vereinigungen
- Wenn ihr eine Waffe besitzt, reflektiert
- Seid so couragiert, wie ihr nur sein könnt
- Seid Patrioten

SOMALILAND

Somaliland gilt in der instabilen Region am Horn von Afrika als Vorbild. Vor 25 Jahren erklärte das kleine Land in Ostafrika seine Unabhängigkeit. Somaliland ist in etwa zweimal so groß wie Bayern, hat aber nur ein Drittel der deutschen Bevölkerung. Ein Viertel der Gesamtbevölkerung lebt in Hargeisa, wo die Grundstücke *„so viel wie in Frankfurt am Main"* kosten. 2016 feierte Somaliland den 25. Jahrestag seiner Unabhängigkeit. Das Fest war allerdings getrübt, weil die Bürger des kleinen Staates am Horn von Afrika ihr Jubiläum wieder einmal alleine feiern mussten. Die knapp vier Millionen Einwohner zählende

Nation wird von keinem anderen Staat der Welt anerkannt. Anders als in anderen afrikanischen Staaten ermutigen die Somaliländer ihre Kinder nicht, sich auf den unsicheren Weg nach Europa zu begeben, um die Familie unterstützen zu können. Im Gegenteil, sie setzen alles daran, sie davon abzuhalten. In der Hauptstadt Hargeisa befinden sich die Firmensitze des genial ausgedachten weltweiten Geldüberweisungssystems namens *Dahabschiil*, einer Mobilfunkfirma gleichen Namens sowie eines Handy-Bezahlsystems, das es der Bevölkerung ermöglicht, einen Gebrauchtwagen, Kaffee oder Hosenknopf mit dem Handy zu erwerben.

Während sich die Brüder in Somalia, das ja 1960 als Vereinigung einer ehemals italienischen und einer britischen Kolonie entstanden war, im vergangenen Vierteljahrhundert ununterbrochen bekriegten, wurde in Somaliland (dem einst britischen Teil) eine Regierung nach der anderen ins und aus dem Amt gewählt, ohne dass es dabei zu Zwischenfällen gekommen wäre. Nur wenige Staaten Afrikas können das von sich behaupten.[h]

HOFFNUNGSTROPFEN

Burma: Die Junta ist seit 2015 offiziell einer zivilen Regierung gewichen. Die Oppositionspartei NLD der Friedensnobelpreisträgerin Aung San Suu Kyi ist ins Parlament eingezogen. Die Zensur wurde gelockert, das Versammlungsverbot abgeschafft und hunderte politische Gefangene wurden entlassen. Dafür steht die Regierung wegen der Lage der Rohingya international in der Kritik.[746]

Demokratie (Atombombe): Es ist ein tröstlicher Gedanke, dass dem nationalsozialistischen Regime gerade wegen seiner Unmenschlichkeit diese Waffe verwehrt blieb. Unter einer demokratischen Regierung hätten einige der Physiker möglicherweise ebenso eifrig an der Entwicklung der Bombe gearbeitet wie ihre Kollegen in den USA. Andere waren erleichtert, dass ihnen das erspart geblieben war. Für sie hat Otto Hahn das Schlusswort gesprochen: *„Ich danke Gott auf den Knien, dass wir die Uranbombe nicht gemacht haben.“*[747]

Demokratie (Gegenwart): Die globale Demokratisierungswelle nach 1990 hatte zur Folge, dass *„zum ersten Mal in der Geschichte der Menschheit die Mehrheit der Weltbevölkerung in einer Demokratie lebt.“*[748]

Demokratie (Geschichte): 1820 lebte ein Prozent der Weltbevölkerung in einer Demokratie, 2015 waren es nach Rosner 56 Prozent.[749]

Demokratie und Ökoroutine: Es gehört zu den Kennzeichen demokratischer Gemeinschaften, sich zu steuern und immer wieder nachzubessern. Dafür gibt es in der jüngeren Vergangenheit unzählige Erfolgsgeschichten. Sei es die Anschnallpflicht in den 1970ern, die Einführung des Katalysators oder das Rauchverbot in öffentlichen Räumen. Kaum jemand echauffiert sich heute noch ernsthaft über derartige *„Einschränkungen“* oder *„Verpflichtungen“*. *Ökoroutine* präsentiert eine Vielzahl derartiger, konzeptionell leicht umsetzbarer Standards und Limits. Viele davon sind gelebter Verbraucher- oder Tierschutz, etwa eine verlängerte Garantiezeit für Elektrogeräte oder das schrittweise Aus für die Käfighaltung von Hühnern. Andere wiederum wirken radikal, beispielsweise die Forderung nach Obergrenzen für Flughäfen, Straßenbau und Wohnflächen.[750]

Divestment als politisches Instrument: Das bisher größte und wirkungsvollste Beispiel für Divestment kommt aus Südafrika. Die Kampagne, in deren Rahmen 155 Universitäten aus den USA bis Mitte der 1980er-Jahre ihr Vermögen aus Unternehmen abzogen, die im Land wirtschafteten, trug maßgeblich zum Ende der Apartheid bei.[751]

Frauen im Parlament: Frauen haben in den letzten 20 Jahren in fast 90 Prozent der 174 Länder, die Daten übermittelten, bei ihrer Repräsentation im Parlament an Boden gewonnen. Der durchschnittliche Anteil von Frauen im Parlament hat sich in derselben Zeit fast verdoppelt.[752]

Gambias Präsident nach 22 Jahren abgewählt: Zuerst hat Yahya Jammeh seine Niederlage bei der Präsidentschaftswahl eingeräumt. Einige Tage später hatte Yahya Jammeh es sich aber wieder anders überlegt. Er wollte doch im Amt bleiben. Erst Ende Jänner 2017 verlässt er dann endgültig unter Druck, aber bislang ohne Blutvergießen das Land, allerdings nicht ohne vorher die Staatskasse geplündert zu haben. Es ist das erste Mal in der Geschichte des 52 Jahre alten Staates, dass eine Regierung nach Wahlen ausgetauscht wurde.[753]

Ghana: Zwei Tage nach der Präsidentenwahl im Dezember 2016 im westafrikanischen Ghana hat Amtsinhaber John Dramani Mahama seine Niederlage anerkannt und Oppositionsführer Nana Akufo-Addo zum Sieg gratuliert.[754]

Globales Parlament: Internationale Persönlichkeiten aus 150 Ländern unterstützen zusammen mit dem Dalai Lama eine internationale Kampagne zur Einsetzung eines *„Weltparlaments"* bei der UNO.[755]

Ku Klux Klan: Der afroamerikanische Pianist Daryl Davis entmachtet im Alleingang den Ku Klux Klan im US-Bundesstaat Maryland und erreicht dessen Auflösung.[756]

Milliardär kämpft für bürgerliche Rechte: Der US-Milliardär Tom Steyer, Umweltaktivist und Unterstützer der Demokraten meinte in einem Interview bezüglich seines Kampfes gegen Trump und was ihm das wert sei: *„Fragt man mich, für wie wertvoll ich die Gesundheit, die Sicherheit, die Jobs und die bürgerlichen Freiheiten der Amerikaner halte, dann sehe ich da keine Grenze nach oben"*.[757]

Politische Freiheit: Freedom House zählt im Jahr 2016 insgesamt 123 Demokratien. Das entspricht 65 Prozent aller Staaten. Im Jahr 1989 waren es noch 69 Demokratien. Dies soll aber nicht hinwegtäuschen, dass politische Freiheit noch immer ein zartes Pflänzchen bleibt und ständigem Druck ausgesetzt ist.[758]

Uruguay: Als Jose Mujica 2010 Präsident von Uruguay wurde, zog er nicht in den Präsidentenpalast, sondern wohnte weiter auf seiner einfachen Farm. 2015 endete seine Präsidentschaft. Im Sommer 2016 war er in Oxford und hielt vor Studenten eine Rede. Seine Botschaft dort: *„Es reicht nicht, sich reinzuhängen, damit die Wirtschaft wächst. Man muss für etwas anderes kämpfen: für den menschlichen Fortschritt."*[759]

US-Zeitungen: Nach Trumps Wahlsieg stellt die *Washington Post* und die *New York Times* Dutzende Journalisten ein. Die US-Zeitungen wollten Lügen des designierten US-Präsidenten aufdecken und umgehend korrigieren. Als Reaktion auf Trumps Wahlsieg meldete etwa *Pro Publica*, eine stiftungsfinanzierte Organisation für investigative Recherche, Spenden von mindestens 750.000 Dollar. *Los Angeles Times* und *Wall Street Journal* verzeichneten Rekordzuwächse bei den Abo-Zahlen. Die *New York Times*, laut Trump angeblich *„schwächelnd"*, freute sich Ende November 2016 über 132.000 neue Abonnenten.[760]

Vanity Fair gewinnt innerhalb von nur 24 Stunden 13.000 Neu-Abonnenten nach Trump-Schimpferei. Auf der Website warb *Vanity Fair* dann mit dem Spruch für sich, es sei das *„Magazin, von dem Trump nicht will, dass Sie es lesen"*.[761]

Wahldemokratien sind jene Staaten, in denen wenigstens weitgehend allgemeine und freie Wahlen stattfinden. Von 1990 bis 2005 nahm die Zahl sogenannter Wahldemokratien von 76 auf 119 zu.[762]

Westafrika: Trotz der gegenwärtigen (2017) Probleme bezüglich weiterer Entwicklung von demokratischen Strukturen, kann auch dazu Positives berichtet werden. Die größten Fortschritte wurden in westafrikanischen Staaten gemacht.[763]

19 KATASTROPHEN

ES WAR SCHON SCHLIMMER

Sehr oft wird in Zeitungen kolportiert, dass wir in einer „katastrophalen“ Zeit leben. Stimmt diese Feststellung? Ein Vergleich der Jahrhunderte relativiert diese Feststellung stark. Abbildung 51 soll daran erinnern, welch gewaltige Katastrophenereignisse, gemessen an der Zahl der Todesopfer, sich alleine im 20. Jahrhundert ereignet haben. Ein Großteil dieser Ereignisse – abgesehen vom Zweiten Weltkrieg – ist meist schon wieder aus unserem Gedächtnis verschwunden. So schlimm auch diverse katastrophale Einzelereignisse der jüngeren Vergangenheit waren, verglichen mit den „Mega-Events“ des 20. Jahrhunderts fallen sie eher „bescheiden“ aus.[a]

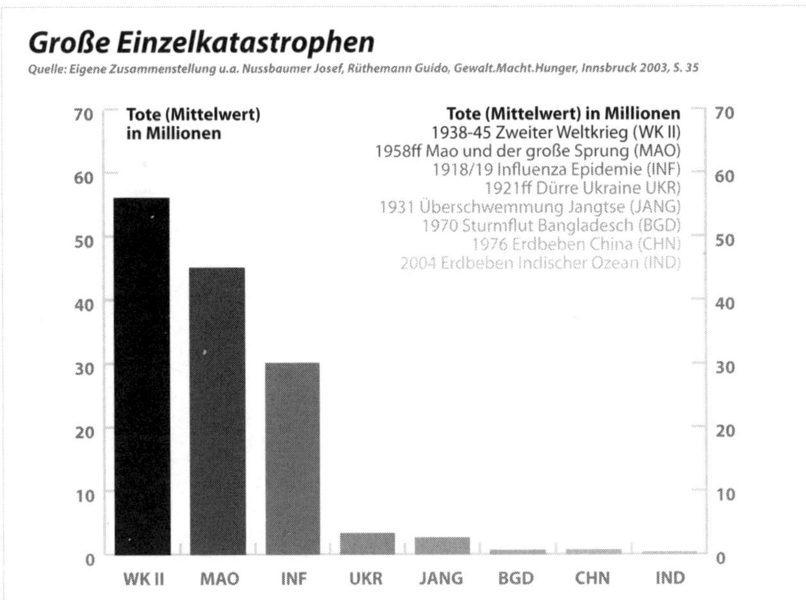

Abbildung 51: Große Einzelkatastrophen (Auswahl)

Seit mehr als einem halben Jahrhundert gab es im Kriegs- Hunger- oder Seuchenbereich keine Einzelkatastrophe, die mehr als 10 Millionen

Menschenleben forderte. Das ist deswegen bemerkenswert, weil die Weltbevölkerung um 1960 erst gut drei Milliarden Menschen betrug. Das ist weniger als die Hälfte des gegenwärtigen Standes und lässt die relativen Opferzahlen von damals noch viel eindringlicher erscheinen. Mit anderen Worten: Was würden wohl die heutigen Medien berichten, wenn bei einem Ereignis 40 oder gar 60 (relativ dann 80 oder gar 100) Millionen Tote zu beklagen wären? Auch der Vergleich der Opferzahlen diverser heutiger Naturkatastrophen mit einzelnen Megakatastrophen, die sich bis vor einem halben Jahrhundert ereignet haben, fällt eindeutig positiv aus. Es gab seit Jahrzehnten keine Einzel-Naturkatastrophe mehr, die eine Million oder mehr Tote forderte (letztmalig war es wohl die Dürrekatastrophe im Sahel Anfang der 1980er-Jahre).[b] Wir scheinen diese Tatbestände weitgehend vergessen zu haben! Auch die Naturkatastrophenbilanz untermauert diese Feststellung (siehe Abbildung 52).[c]

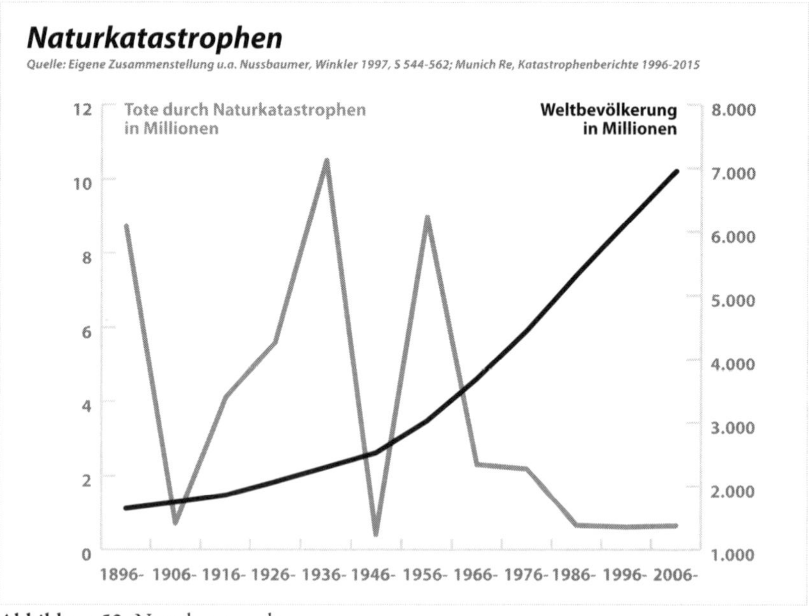

Abbildung 52: Naturkatastrophen

Es ist ein scheinbares Paradoxon: Je gefährlicher die Naturkatastrophen in den Medien dargestellt werden, umso geringer ist die Gefahr durch eine Naturkatastrophe zu sterben. So zumindest präsentiert sich die Bilanz des 20. Jahrhunderts.

Eine ähnliche Entwicklung zeigt sich im Bereich der Industriekatastrophen. So ist die Anzahl der Todesopfer von großen Katastrophen (100 und mehr Tote pro Ereignis) im 20. Jahrhundert – absolut und noch viel mehr relativ zur Bevölkerungsentwicklung – zurück gegangen. Leider ist auch hier der wesentlich größere Anteil an Opfern in den armen Ländern zu finden, ja die Opferbilanz ist dort in der zweiten Hälfte des 20. Jahrhunderts sogar gestiegen (siehe Abbildung 53). Offensichtlich ist es so, dass die gefährliche Produktion in arme Regionen ausgelagert wurde bzw. die Sicherheitsstandards in der armen Welt nicht das Niveau der reichen Welt erreicht haben.[d]

Abbildung 53: Industriekatastrophen

HOFFNUNGSTROPFEN

Bauweise (Iran): Ein Erdbeben mit der gleichen Stärke forderte im Iran 2004 rund 40.000 Tote, in Kalifornien zum gleichen Zeitpunkt nur vier Tote.[764]

Bauweise (Neuseeland): Das Starkbeben in der neuseeländischen Stadt Christchurch im September 2010 verlief ähnlich wie das Beben in Haiti ein paar Monate zuvor. Doch während im Entwicklungsland Haiti 260.000 Menschen in den Trümmern starben, gab es in der Industrienation keine Toten.[765]

Erdbebensichere Recyclinghäuser: Die Umweltaktivistin Alexandra Posada errichtet im kolumbianischen Hochland Kuppelhäuser aus Altreifen. Damit löst sie mehrere Probleme auf einmal: Mit den Reifen als Baumaterial können preiswerte, klimafreundliche, aber vor allem auch erdbebensichere Häuser gebaut werden.[766]

Flugunfälle: Die Flugsicherheit in der Weltluftfahrt erreicht laut Experten ein neues Rekordniveau. Nach einer Analyse des Hamburger Flugunfallbüros *Jet Airliner Crash Data Evaluation Centre* (JACDEC) nahm die Zahl der tödlichen Unfälle im ersten Halbjahr 2017 drastisch ab.[767]

Tankerunfälle: Gab es in den 1970er-Jahren noch Jahre, in denen über 600.000 Tonnen Rohöl durch Tankerunfälle ins Meer strömten, so sank diese Zahl in den letzten 10 Jahren auf etwa ein Dutzend Tausend Tonnen pro Jahr.[768]

Vulkanausbruch (Vesuv): Die Zahl der Häuser, die in letzter Zeit in der roten Zone am Fuß des Vesuvs illegal errichtet wurden beträgt 50.000. Die Wahrscheinlichkeit eines Ausbruchs des Vesuvs wird auf alle 50 bis 100 Jahre geschätzt. Der letzte große Ausbruch war im Jahr 1944.[769]

20 GEWALT

PERSPEKTIVENWECHSEL

Der kanadische Evolutionspsychologe der *Universität Harvard*, Steven Pinker widerspricht vehement der These, dass die Gewalt in der jüngsten Zeit stark zugenommen habe.[a] Dabei argumentiert er historisch und verwendet statt der absoluten Zahlen relative. Aus dieser Sicht ist es früher viel gewalttätiger und brutaler zugegangen als heute. Hätten die Kriege des 20. Jahrhunderts den gleichen Anteil der Bevölkerung getötet wie das in früheren Kriegen (z.B. Stammeskriegen) üblich war, dann hätten sie nicht 100 Millionen Tote gefordert, sondern viel mehr.[b] Außerdem sind im Laufe der Geschichte alle möglichen Formen der Gewalt zurückgegangen: Kriege, Morde, Folter, Hinrichtungen, Vergewaltigungen bis hin zur häuslichen Gewalt.[c] Pinker leugnet nicht, dass es all dieser Formen der Gewalt noch gibt, er behauptet nur, dass all diese Gewaltformen abgenommen haben. *„Die Rate der gewaltsamen Todesfälle durch direkte politische Gewalt (Krieg, Terrorismus, Völkermord, Warlord-Milizen) entspricht während der letzten zehn Jahre einem beispiellos niedrigen Prozentsatz"*, meint er. Er liege bei *„wenigen Hundertsteln eines Prozents der Weltbevölkerung"*.[d]

In prähistorischen Zeiten sind etwa fünfzehn Prozent der Menschen gewaltsam ums Leben gekommen, bis vor wenigen hundert Jahren immer noch schätzungsweise zwei Prozent.Solche Dimensionsveränderungen zeigen auch, dass selbst bei einer so heiklen Datenlage, mit der wir es bei den Kriegs- und Mordstatistik zu tun haben, die Aussagen selber nicht mehr angezweifelt werden können. Selbst wenn wir annehmen, dass die historischen Quellen um das Doppelte oder Dreifache danebenliegen – den Vergleichsgrößen wäre das kaum anzusehen.[e] Selbst so schaurige Ereignisse wie Auschwitz, Stalingrad oder Hiroschima versucht Pinker zu relativieren, denn auch früher hätten sich Menschen gegenseitig Unfassbares angetan. Er nennt die europäischen Religionskriege, die Invasionen von Dschingis Khan, die Raubzüge von Tamerlan, viele Bürgerkriege und den Untergang ganzer Imperien in China, die Dezimierung der amerikanischen Ureinwohner oder den Handel mit Sklaven aus Afrika.[f]

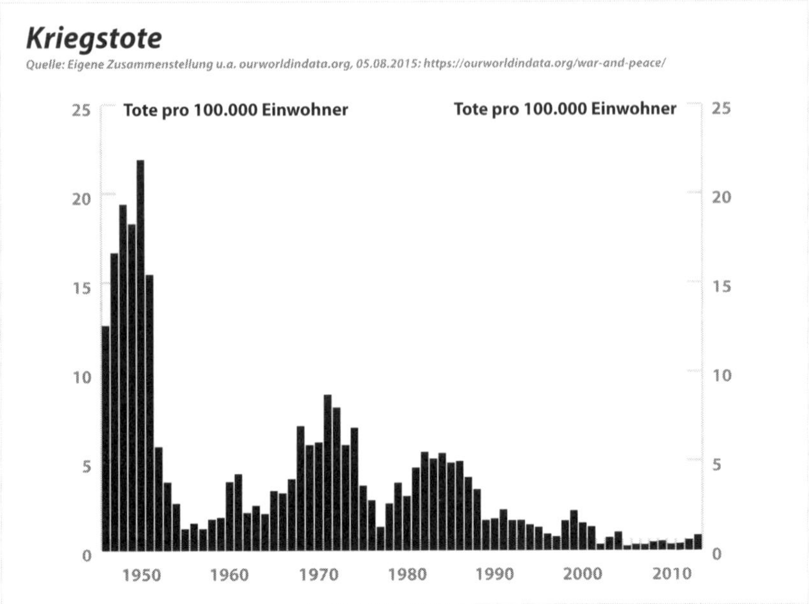

Abbildung 54: Kriegstote

Was das Kriegsgeschehen im engeren Sinne betrifft, ist festzuhalten, dass seit 1945 die Kriege zwischen zwei Staaten kaum mehr zugenommen haben und das Kriegsgeschehen sich eindeutig auf innerstaatliche Kriege (Bürgerkriege) verlagerte. Die *Arbeitsgemeinschaft Kriegsursachenforschung* (AKUF) klassifiziert von den 249 zwischen 1945 und 2014 ausgetragenen Kriegen 176 als innerstaatlich. Das sind über 70 Prozent. Bis Mitte der 1970er-Jahre hat sich der Anteil innerstaatlicher Kriege immer weiter erhöht und macht seitdem über 90 Prozent des jährlichen Kriegsgeschehens aus. Die Kriege Staat gegen Staat sind somit stark rückläufig, seit 1992 gilt dies auch für die innerstaatlichen Konflikte (Reduktion um etwa die Hälfte von 1992 bis 2014).[g] Auch die Anzahl der Todesopfer von Kriegen ist seit den 1950er-Jahren – auch wenn es erhebliche Schwankungen gab – rückläufig (siehe Abbildung 54).[h]

Generell kann zum Kriegsgeschehen aber historisch festgehalten werden, dass in der Menschheitsgeschichte bis hin zur Moderne über die

Jahrhunderte hindurch nicht der Friede, sondern der Krieg der *„Normalzustand“* war. Die stets drohende Mangelwirtschaft – am wirkungsvollsten dadurch überwindbar, dass Nachbarvölker versklavt werden – führte zu andauernden Streitigkeiten, die nur *„durch Olympiaden“* für ein paar Tage unterbrochen wurden. Erst mit dem Wiener Kongress (1815) wurde der angestrebte *„Normalzustand“* nicht mehr im Krieg, sondern im Frieden gesehen. Dieser Frieden sollte nicht durch ein Diktat einer Macht, sondern in einem fein austarierten Gleichgewicht der Mächte erhalten werden. Dieses Umdenken war in der Tat ein Quantensprung im Umgang mit Gewalt.[i]

Aber nicht nur das Kriegsgeschehen und die Kriegsopfer waren in den letzten Dezennien rückläufig, noch frappierender ist die Entwicklung des Rückgangs bei der alltäglichen Gewalt: An Mord und Totschlag starben im 14. Jahrhundert 40 von 100.000 Menschen, dann sank die Rate kontinuierlich, im 20. Jahrhundert auf 1,4 von 100.000. Und die Täter werden nicht mehr zur öffentlichen Belustigung gerädert und gevierteilt, auch das Verbrennen von Hexen und Ketzern und die Sklaverei sind zumindest auf dem Papier abgeschafft: *„Wir leben heute wahrscheinlich im friedlichsten Moment der ganzen Zeit, die unsere Art auf der Erde verbracht hat. Irgendetwas müssen wir richtig gemacht haben. Es wäre fein, genau zu wissen, was.“*[j] Warum sind wir dennoch kaum damit vertraut, dass die Gewaltformen nicht zu, sondern sogar abnehmen? Mit dieser Frage schließt sich der Kreis dieses Buches. Wir sind es alle gewohnt, die Welt durch die Brille der Medien zu sehen. Das führt systematisch in die Irre. In den Fernsehnachrichten werden nur Dinge gezeigt, die passiert sind. Nie wird von Dingen berichtet, die nicht passiert sind. Deshalb wird es folgende Nachrichten auch nie geben: *„Ich berichte live aus einer Großstadt, in der kein Bürgerkrieg herrscht.“* Oder: *„Ich stehe vor einer Schule, in der niemand Amok gelaufen ist.“* Solange die Gewaltrate nicht auf null gesunken ist, wird es immer genügend Grausamkeiten geben, um die Abendnachrichten zu füllen. Aber es wäre ein Trugschluss, daraus statistische Trends abzuleiten. Denn die Menschheit ist friedlicher geworden. Demokratische Regierungen schaffen einen Rahmen, in dem sich Menschen nicht mehr wahllos die Köpfe einschlagen. Der Handel führte dazu, dass Menschen lebendiger mehr wert waren als tot und kaufen billiger als stehlen. *„Und der Aufschwung von Bildung und Wissenschaft führte wiederum dazu, dass* *wir Gewalt – so wie Hunger oder Krankheit – als ein Problem begreifen konnten, das wir lösen wollen.“* [k] Gewalt wird niemals ganz aus unserer Welt verschwinden, so realistisch ist auch Pinker. In einer Welt mit über sieben oder acht Milliarden Menschen wird es immer junge Kerle geben, die in einer Kneipe durchdrehen oder eine *„Volksfront zur Befreiung von Was-auch-immer“* gründen, um ihrem Lebensfrust Ausdruck zu verleihen. *„Aber die Gewalt kann auch in Zukunft weiter zurückgehen.“* [l]

TERROR IN EUROPA

Ohne die so traurigen Terrorereignisse im Sommer 2016 und Frühjahr 2017 in westeuropäischen Städten verniedlichen zu wollen, ist doch festzuhalten, dass selbst in Europa in den letzten zehn Jahren die Terrorbilanz wesentlich geringer ausfiel als noch in den 1970er- und 1980er-Jahren.[m]

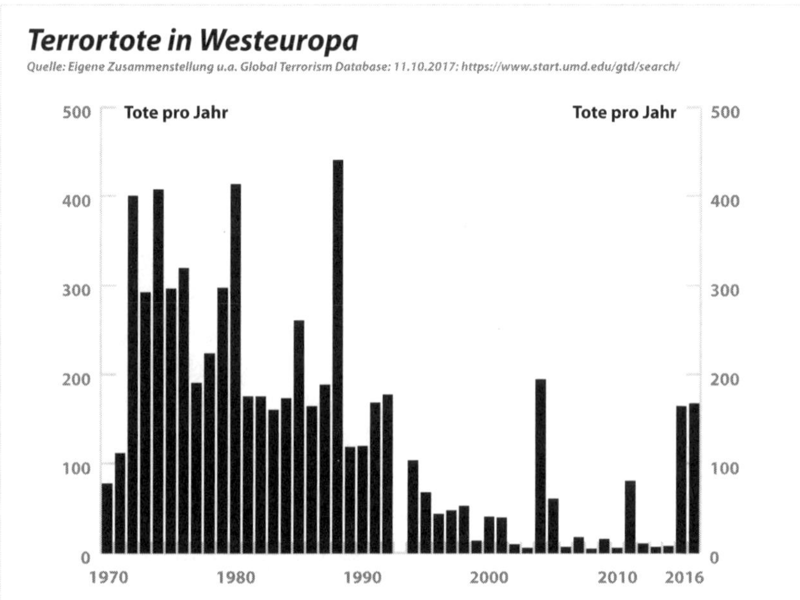

Abbildung 55: Terrortote in Westeuropa

Und auch wenn die Anschläge von Paris, Nizza, Brüssel, Berlin oder London geographisch scheinbar immer näher rücken, so kann ein

Blick auf die weltweiten Terroropfer das Gefühl einer ständigen Bedrohung vielleicht ein wenig zurecht rücken. Verglichen mit anderen Weltregionen lebt es sich nämlich in Europa seit der Jahrtausendwende (bis 2014) wie auf einem anderen Planeten (siehe Abbildung 56).

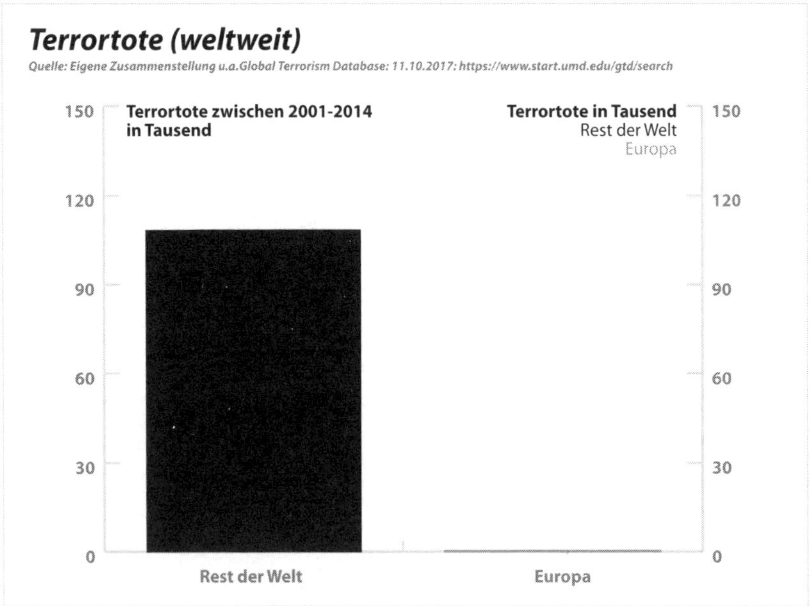

Abbildung 56: Terrortote (weltweit)

420 Todesopfer waren in Westeuropa zwischen 2001 und 2014 zu beklagen. Fast die Hälfte davon entfällt auf die Zuganschläge 2005 in Madrid. In vielen anderen Ländern waren es dagegen Tausende, ja Zehntausende, insgesamt jedenfalls über 108.000 Tote. Natürlich, auch 420 Todesopfer sind 420 zu viele, dennoch würden sich wohl in anderen Regionen die Menschen überglücklich fühlen, wenn sie „nur" eine europäische Opferbilanz ertragen hätten müssen.°

GEFÄNGNISSE IN DEN NIEDERLANDEN

Während in vielen Ländern die Gefängnisse übervoll sind, stehen in den Niederlanden Gefängnisse leer. Zahlreiche Haftanstalten wurden mangels Insassen geschlossen. Als Gründe dafür werden ein Rückgang bei Verbrechen, aber auch eine neue Rechtsphilosophie, die

die Rehabilitation dem Wegsperren vorzieht, genannt. Was aber tun mit den leeren Gemäuern? Einige Gefängnisse wurden an Belgien und Norwegen vermietet, die darin ihre Gefangenen unterbringen. Andere Gefängnisse wurden während der Flüchtlingskrise als Asylzentren genutzt, etwa das frühere Gefängnis in Hoogeveen im Nordosten des Landes. Das denkmalgeschützte panoptische Gefängnis in Breda im Süden des Landes mit knapp 33.000 Quadratmetern wurde in ein Büro- und Entertainment-Zentrum umfunktioniert. Laut Medienberichten war die Resonanz enorm, denn 90 Start-ups haben sich bis 2017 am nicht ganz alltäglichen Bürostandort eingemietet. Ein Gefängnis in Amsterdam soll an private Immobilienentwickler verkauft werden, die auf dem 7,5 Hektar großen Grundstück rund 1.000 Wohnungen errichten und einen komplett neuen Bezirk entwickeln. Und selbst für Abenteuerlustige konnte eine Verwendung gefunden werden. Im Innenhof des schon oben erwähnten Gefängnisses in Breda werden mittlerweile sogenannte „*Prison Escape*“-Spiele veranstaltet. Fans von Nervenkitzel tragen hier eine Gefängnisuniform und müssen aus ihrer Zelle ausbrechen – professionelle Schauspieler versuchen das zu verhindern. P

In der Tat, Gefängnisse lassen sich vielseitig umfunktionieren und je weniger eine Gesellschaft Gefägnisse zum Einsperren von Menschen braucht, umso besser ist dies für sie.

HOFFNUNGSTROPFEN

Afghanistan verbietet Spielzeugwaffen: Die afghanische Regierung hat in einem Schritt gegen die verbreitete Kultur der Gewalt im Land Spielzeugwaffen verboten.[770]

Alternativen: Der innere Unfrieden der Gesellschaft muss nicht zwingend in Wut, Hass und Gewalt ausarten. Er kann auch produktive Kräfte freisetzen, die nach Wegen zu einer solidarischen Gesellschaft suchen.[771]

Anzeigen (Österreich): Von Jänner bis Juni 2017 wurde der niedrigste Anzeigenwert der letzten zehn Halbjahre erreicht. Gestiegen ist hingegen die Aufklärungsquote. Delikte wie Wohnraumeinbrüche, Kfz-

Diebstähle und Gewaltdelikte gingen zurück, nur bei der Internetkriminalität gab es eine starke Zunahme.[772]

Argentinien: In Buenos Aires wurden 2016 Argentinische Militärs wegen der *„Operation Cóndor"* verurteilt. Das Berufungsgericht befand unter anderen den letzten argentinischen Militärherrscher Reynaldo Bignone (1982-83) für schuldig.[773]

Atomwaffen (Anzahl): Die Zahl der weltweiten Atomwaffen ist 2016 weiter zurückgegangen. Laut dem *Stockholm International Peace Research Institute* (SIPRI) gingen die Bestände um 460 Nuklearwaffen auf insgesamt 14.935 zurück. Um 1985 waren es noch 70.000! [774]

Atomwaffen (Verbot): 122 UN-Mitgliedstaaten haben im Jahr 2017 nach monatelangen Verhandlungen einen Verbotsvertrag für Atomwaffen beschlossen. Das völkerrechtlich bindende Abkommen verbietet Entwicklung, Produktion, Besitz, Stationierung und Einsatz von Atomwaffen. Ein unmissverständlicher Hinweis darauf, dass der Besitz von Atomwaffen mit dem humanitären Völkerrecht nicht vereinbar ist.[775]

Bandentote: Kriegstote machten um 2014 nur 10 Prozent aller Todesfälle infolge Gewalt aus. Bedeutender sind Mord und Totschlag. Zu Gewalttoten außerhalb von Kriegen gibt es wenig gesicherte Zahlen – aber dennoch klare Hinweise, dass die Welt auch diesbezüglich friedlicher wird.[776]

Berufsverbrecher wird Sozialunternehmer: Volkert Ruhe hat gerade ein Buch über sein Leben veröffentlicht: Hinterm Stacheldraht geht's weiter. Vom Berufsverbrecher zum gefeierten Sozialunternehmer.[777]

Blumentöpfe aus Bazookas: Manfred Zbrzezny betreibt in Liberia eine Werkstatt, wo er mit seinen Mitarbeitern aus alten Schusswaffen Kerzenständer, Blumentöpfe und Lampen produziert.[778]

Einstein: 1939 warnte Albert Einstein Präsident Franklin D. Roosevelt in einem Brief vor einer möglichen deutschen atomaren Vernichtungswaffe und war somit Geburtshelfer der amerikanischen Atombombe.

16 Jahre später veröffentlichte er gemeinsam mit dem Philosophen Bertrand Russell und weiteren neun Wissenschaftlern die berühmte Erklärung, in der sie die Regierungen der Welt auffordern, Wege für eine friedliche Lösung aller ihrer Kontroversen zu finden.[779]

Fossile Energie und Kriege: Viele aktuelle Kriege hängen direkt oder indirekt mit fossilen Energien zusammen und werden aus deren Erlösen finanziert. Der verstärkte Ausbau erneuerbarer Energien könnte wesentlich zur Beseitigung und Milderung dieses Problems beitragen.[780]

Frieden: Laut Informationen des amerikanischen *Instituts für Wirtschaft und Frieden* (IEP) ist die Welt 2017 friedlicher geworden.[781]

Gewaltempfinden (Deutschland): Die Zahl der Tatverdächtigen unter 21 Jahren wegen schwerer Körperverletzung lag in Deutschland im Jahr 2007 bei 67.415. Drei Jahre später sank die Zahl auf 55.178 Tatverdächtige. Demgegenüber meinen 90 Prozent der Erwachsenen, dass die Jugendgewalt zunimmt.[782]

Gewaltentwicklung in der Moderne: In der Moderne, seit etwa 100 Jahren, nahm die Gewaltbereitschaft innerhalb der Gesellschaft stark ab. Dies berichten auch die Wissenschaftler der Studie *„The phylogenetic roots of human lethal violence“* (*Nature*).[783]

Gorbatschow: Der frühere Staatspräsident der Sowjetunion wendet sich gegen den *„Kult der militärischen Gewalt“*.[784]

Hinrichtung (Simbabwe): Die Justizbehörden in Simbabwe suchten zehn Jahre verzweifelt nach einem Henker. Das Land konnte deshalb seit 2005 (bis Jänner 2016) keinen zur Todesstrafe Verurteilten hinrichten.[785]

Hinrichtungen (USA): Die Zahl der Hinrichtungen in den USA ist weiter gefallen und hat 2016 den tiefsten Stand seit 25 Jahren erreicht.[786]

Hinrichtungen (USA): Im 17. Jahrhundert wurde noch ein Bürger von 50.000 hingerichtet. 2016 war es in etwa einer von 16 Millionen.[787]

Hinrichtungen (weltweit): Die Zahl der dokumentierten Exekutionen ging 2014 den Angaben zufolge im Vergleich zum Jahr 2013 um 22 Prozent zurück. Die Zahl der bekanntgewordenen Todesurteile sei indes um 500 auf 2.466 gestiegen.[788]

Jagd: Immerhin hat sich das Image des Großwildjägers gewandelt. Früher gab es Helden in Khaki, heute sind es lächerliche Zahnärzte, die für ihr mörderisches Hobby weltweit beschimpft werden.[789]

Kenia: Der kenianische Präsident Uhuru Kenyatta hat im Oktober 2016 alle 2.747 Todesurteile in dem ostafrikanischen Land in lebenslange Haftstrafen umgewandelt.[790]

Kolumbien: Nach mehr als 50 Jahren des bewaffneten Kampfes haben Rebellen der Farc und die Regierung in Kolumbien Frieden geschlossen. Am 26. September 2016 wurde das historische Abkommen unterzeichnet.[791]

Korruption: Laut *Transparency International* hat Botswana die niedrigste Anfälligkeit für Korruption des ganzen afrikanischen Kontinents.[792]

Kriege (Gegenwart): Erstmals ist seit einigen Jahren laut AKUF 2016 kein neuer kriegerischer Konflikt ausgebrochen.[793]

Kriege (Geschichte): Die klassischen Kriege zwischen zwei oder mehreren Ländern nahmen seit 1945 ab; langfristig geht seit dem frühen 18. Jahrhundert die Zahl der zwischenstaatlichen Kriege zurück. Wie die Aufzeichnungen des *Peace Research Institute* Oslo zeigen, nehmen auch die Kriegstoten seit dem Ende des Zweiten Weltkriegs ab, wenn auch mit großen Schwankungen.[794]

Kultur als Friedensstifter: *„Über Krieg und Frieden entscheiden nicht nur politische und ökonomische Faktoren, sondern insbesondere auch die Kultur“*.[795]

Mexiko: Aus Waffen wurden Schaufeln hergestellt, um damit Bäume zu pflanzen. Die Stadt Culiacán rief die Bewohner der Stadt auf, ihre

Waffen abzugeben, um im Gegenzug einen Gutschein für elektronische Haushaltswaren zu erhalten. Insgesamt wurden 1.527 Waffen abgegeben, woraus ebenso viele Schaufeln hergestellt wurden. Am Ende wurden diese Schaufeln an Schulen und Institutionen verteilt, um Bäume zu pflanzen.[796]

Morde (El Salvador): Die Polizei in El Salvador hat am 12. Jänner 2017 mitgeteilt, dass an diesem Tag zum ersten Mal seit zwei Jahren kein Mord zu beklagen war. Nach UNO-Berechnungen ist El Salvador das Land mit der weltweit höchsten Mordrate. 2015 gab es 104 Morde pro 100.000 Einwohner. 2016 sank die Mordrate immerhin um 20 Prozent auf 81 Tote pro 100.000. Zum Vergleich: In Österreich liegt sie bei 0,5.[797]

Morde (Serbien): Es gibt ca. 1,7 Morde auf 100.000 Einwohner. Das entspricht in etwa der Mordrate Belgiens oder Tschechiens.[798]

Morde (weltweit): Weltweit sank die Mordrate von 2000 bis 2012 um 16 Prozent.[799]

Perspektivenwechsel (Kriegstote): Kriege haben kein allzu großes Gewicht in der weltweiten Sterbestatistik. Pro Tag sind es im Schnitt 500 Menschen, die durch gewalttätige Konflikte ums Leben kommen. Mehr als doppelt so viele Menschen kommen allerdings durch Ertrinken ums Leben. Auch Asthma (650 Tote pro Tag), Stürze (1.070 Tote) oder Flammen (850) töten mehr Menschen als Kriege. Rund 2.800 Selbstmorde gibt es pro Tag, täglich sterben mehr als 3.200 Menschen bei Verkehrsunfällen, 7.000 Menschen an den Folgen übermäßigen Alkoholkonsums und fast 8.000 Menschen innerhalb von 24 Stunden an der Immunschwächekrankheit Aids, ganz zu schweigen von den rund 50.000 Toten pro Tag in der Folge von Erkrankungen des Herz-Kreislaufsystems.[800]

Perspektivenwechsel (Menschenfeind): Pro Jahr werden 10 Menschen durch Haie getötet, 100 Menschen durch Löwen und immerhin 50.000 durch Schlangen. Der größte Menschenfeind ist der Mensch selbst. Jedes Jahr werden 475.000 Menschen von Menschen getötet.[801]

Prügelverbot bei Erziehung: Das erste Land, das ein Prügelverbot im Gesetzbuch verankert hat, war Schweden 1979. Immerhin 48 Staaten sind seither diesem Beispiel gefolgt.[802]

Raufunfälle (Deutschland): Im Jahr 2000 wurden noch 135.686 gewaltbedingte Unfälle an deutschen Schulen gezählt, im Jahr 2014 waren es mit 80.425 erheblich weniger.[803]

Raufunfälle mit Frakturen (Deutschland): Die Häufigkeit solcher Vorfälle hat sich seit 2000 ungefähr halbiert, betroffen ist jährlich noch rund einer von 1.500 Schülern.[804]

Rüstungsausgaben: Im Vergleich zur Wirtschaftsleistung nahmen die Rüstungsausgaben ab: Betrugen sie vor dreißig Jahren noch fast sieben Prozent des weltweiten Bruttosozialprodukts, waren es 2013 nur noch zwei Prozent.[805]

Sri Lanka: Zwischen 1983 bis 2009 herrschte dort ein brutaler Bürgerkrieg. Mittlerweile floriert das Land wieder und freut sich über den wachsenden Tourismus.[806]

Terror (Erfolg): Audrey Cronin hat 457 terroristische Feldzüge aus der Zeit von 1968 bis 2006 untersucht und kommt zu dem Schluss, dass 87 Prozent der Gruppen kein einziges ihrer strategischen Ziele erreicht haben. Zudem werden die meisten nicht alt, ihre mittlere Lebensdauer beträgt fünf bis neun Jahre.[807]

Terror (weltweit): Die Terrorangriffe und die dabei Getöteten haben 2016 – laut US-Außenministerium – weltweit abgenommen. Die Angriffe gingen im Vergleich zu 2015 um neun Prozent, die Zahl der Terroropfer um 13 Prozent zurück.[808]

Terror (Westeuropa): Zwischen 1970 und 2000 hatte Westeuropa pro Jahr durchschnittlich 187 Tote zu beklagen. Zwischen 2001 und 2016 sank dieser Wert auf 38 Todesopfer pro Jahr.[809]

Todesfälle durch Waffengewalt: Die gesamte Zahl der Todesfälle durch Waffengewalt sank (absolut, nicht nur relativ) von jährlich

526.000 Getöteten in den Jahren 2004 bis 2009 auf 508.000 zwischen 2007 und 2012.[810]

Todesstrafe (Länder): 66 Prozent der Weltbevölkerung lebt schon in Ländern ohne Todesstrafe.[811]

Todesstrafe (Russland): Veränderung der Zahl der jährlich verübten Morde in Russland seit dem Aussetzen der Todesstrafe 1996: Null.[812]

Todesstrafe (USA): Im Oktober 2016 gab das *Pew Research Center* bekannt, dass die Zustimmung zur Todesstrafe in der amerikanischen Bevölkerung erstmals seit 1971 unter die 50-Prozent-Marke gefallen ist.[813]

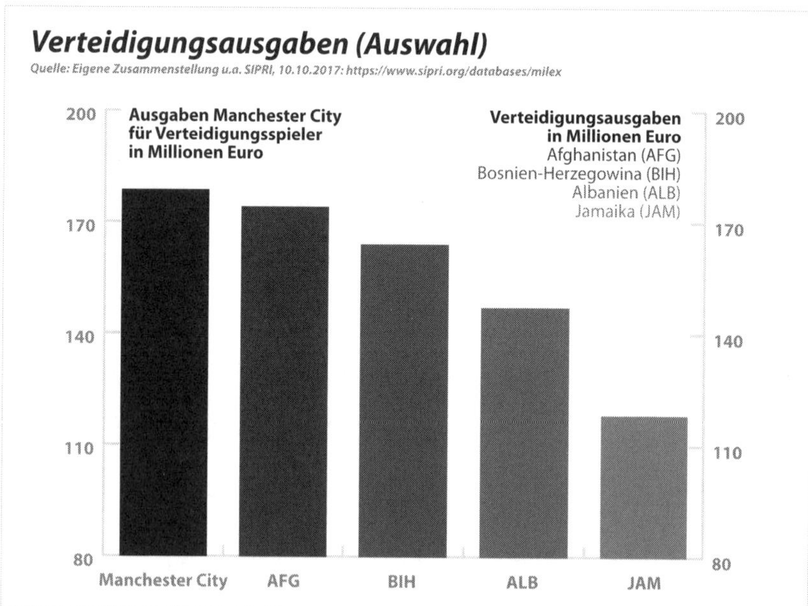

Abbildung 57: Verteidigungsausgaben (Auswahl)

Waffenverkäufe: Trotz der vielen militärischen Konflikte und politischen Spannungen sind die Waffenverkäufe 2015 das fünfte Jahr in Folge zurückgegangen.[814]

„Watschn" (Deutschland): 1962 hielten noch 85 Prozent der deutschen Eltern Schläge (z.B. Ohrfeige) für unerlässlich in der Erziehung, im Jahr 2005 äußerten sich nur noch acht Prozent in diesem Sinne.[815]

Zivildienst (Österreich): In Österreich entscheiden sich immer mehr junge Männer für den Zivildienst.[816]

ANMERKUNGEN (TEXTTEILE)

EINLEITUNG

a yougov.de, 06.01.2016: https://yougov.de/news/2016/01/06/chinesen-glauben-am-ehesten-dass-die-welt-besser-w/

b nzz.ch, 27.06.2015: https://www.nzz.ch/ld.813

c haz.de, 01.01.2016: http://www.haz.de/Sonntag/Top-Thema/Alles-wird-gut!-Die-Zukunft-ist-rosig

d haz.de, 01.01.2016: http://www.haz.de/Sonntag/Top-Thema/Alles-wird-gut!-Die-Zukunft-ist-rosig

e zeit.de, 15.08.2015: http://www.zeit.de/karriere/beruf/2015-08/positives-denken-karriere-job

f zeit.de, 15.08.2015: http://www.zeit.de/karriere/beruf/2015-08/positives-denken-karriere-job

g haz.de, 01.01.2016: ttp://www.haz.de/Sonntag/Top-Thema/Alles-wird-gut!-Die-Zukunft-ist-rosig

h diepresse.com, 28.03.2015: http://diepresse.com/home/science/4696461

i capital.de, 26.12.2015: https://www.capital.de/wirtschaft-politik/warum-die-welt-nicht-schlechter-wird

j statistiker-blog.de, 27.02.2017: http://www.statistiker-blog.de/archives/tag/armut

k Frankfurter Rundschau, 21.10.2016: http://www.fr.de/294994

l Frankfurter Rundschau, 01.11.2016: http://www.fr.de/297867

BEVÖLKERUNG

a orf.at, 18.09.2014: http://orf.at/stories/2246198/2246189/

b downtoearth.org, 22.10.2017: http://cdn.downtoearth.org.in/uploads/Africa_Baby_Boom.htm

c derstandard.at, 12.08.2014: http://derstandard.at/2000004288440

d Deutsche Stiftung Weltbevölkerung, 10.08.2017: https://www.dsw.org/meta/whats-your-number.html

e orf.at, 11.07.2016: http://orf.at/stories/2348612/2348611/

f spiegel.de, 31.10.2011: http://www.spiegel.de/spiegel/print/d-81303028.html

g diepresse.com, 27.10.2012: http://diepresse.com/home/science/1306137

h Vgl. dazu die Abbildungen in: Klingholz/Lutz: Wer überlebt?, Frankfurt 2016, 224 ff.

i orf.at, 20.06.2016: http://orf.at/#/stories/2345569/

j orf.at, 19.05.2016: http://orf.at/#/stories/2340034/

k derstandard.at, 06.07.2017: http://derstandard.at/2000060847784

l nzz.ch, 25.04.2017: https://www.nzz.ch/ld.1288673

m nzz.ch, 25.04.2017: https://www.nzz.ch/ld.1288673

n nzz.ch, 25.04.2017: https://www.nzz.ch/ld.1288673

GESUNDHEIT

a UNICEF, Fakten zur weltweiten Kindersterblichkeit 2015: https://www.unicef.de/blob/87046/620b106860f29eb81e1f56101e88f2d7/kindersterblichkeit-2015--faktenblatt-data.pdf

b UNICEF, Fakten zur weltweiten Kindersterblichkeit 2015: https://www.unicef.de/blob/87046/620b106860f29eb81e1f56101e88f2d7/kindersterblichkeit-2015--faktenblatt-data.pdf

c UNICEF, Fakten zur weltweiten Kindersterblichkeit 2015: https://www.unicef.de/blob/87046/620b106860f29eb81e1f56101e88f2d7/kindersterblichkeit-2015--faktenblatt-data.pdf

d orf.at, 23.06.2015: http://orf.at/#/stories/2285474/ UNICEF: Ohne Hilfe sterben bis 2030 70 Millionen Kinder

e spiegel.de, 12.11.2015: http://spon.de/aeCxP

f spiegel.de, 12.11.2015: http://spon.de/aeCxP

g spiegel.de, 12.11.2015: http://spon.de/aeCxP

h rp-online.de, 10.10.2017: http://www.rp-online.de/leben/gesundheit/news/1.569836

i Lungen Informationsdienst, 20.11.2015: https://www.lungeninformationsdienst.de/krankheiten/tuberkulose/verbreitung/index.html

j welt.de, 15.03.2016: http://www.welt.de/print/die_welt/wissen/article153295489

k orf.at, 28.10.2015: http://orf.at/stories/2306640/

l news.at, 17.03.2007: https://www.news.at/a/tuberkulose-bedrohung-jaehrlich-millionen-tb-erkrankte-167507

m UNAIDS, Global Report 2013: http://www.unaids.org/sites/default/files/media_asset/UNAIDS_Global_Report_2013_en_1.pdf

n nzz.ch, 18.07.2016: https://www.nzz.ch/ld.106243

o Der Begriffe MAL-ARIA bedeutet „Schlechte Luft“. Eingeführt wurde der Begriff angeblich vom italienischen Mediziners Torti im Jahr 1709. Er ist ein geradezu klassisches Beispiel für die Miasma-Lehre, die bis in 19. Jahrhundert in der Seuchenanalyse dominant war und davon ausging, dass ALLE Seuchen via (schlechte) Luft übertragen wurden.

p nzz.ch, 09.12.2015: https://www.nzz.ch/1.18660174

q derstandard.at, 20.04.2015: http://derstandard.at/2000014537915

r derwesten.de, 27.09.2016: https://www.derwesten.de/id12232455.html

s wikipedia.org, 30.09.2017: https://de.wikipedia.org/wiki/Masern

t Die ganze „Eroberung“ Mittel- und Süd-Amerikas durch die Weißen wäre wohl für die Europäer viel schwieriger, ja unmöglich gewesen, hätten sie nicht die „Unterstützung“ der Pocken gehabt.

u spiegel.de, 08.05.2000: http://spon.de/atR5

v presse.com, 20.11.2011: http://diepresse.com/home/science/626929

w daserste.de, 25.10.2017: http://www.daserste.de/information/wissen-kultur/w-wie-wissen/sendung/2012/seuchen-110.html

x Die Literatur zur Pockenbekämpfung ist unüberschaubar.

y daserste.de, 25.10.2017: http://www.daserste.de/information/wissen-kultur/w-wie-wissen/sendung/2012/seuchen-110.html

z orf.at, 06.10.2016: http://orf.at/#/stories/2361163/

aa orf.at, 15.05.2014: 15.05.2014; http://science.orf.at/stories/1738745

ab sueddeutsche.de, 17.10.2012: http://sz.de/1.1498547

ac derstandard.at, 12.10.2014: http://derstandard.at/2000006696568

ad spiegel.de, 05.10.2016: http://spon.de/aeQjF

ae wikipedia.org, 31.08.2017: https://de.wikipedia.org/wiki/Israel_Kristal

af kurier.at, 14.09.2016: https://kurier.at/chronik/weltchronik/221.127.799

ag n-tv.de, 11.10.2016: http://www.n-tv.de/panorama/113-Jaehriger-feiert-verspaetete-Bar-Mizwa-article18831121.html

ARMUT

a spiegel.de, 13.08.2015: http://spon.de/aeyKV

b spiegel.de, 13.08.2015: http://spon.de/aeyKV

c Frankfurter Rundschau, 06.06.2017: http://www.fr.de/1291742

d diepresse.com, 22.03.2010: http://diepresse.com/home/wirtschaft/economist/548050

e spiegel.de, 02.01.2012: http://spon.de/adxQV

f Akshaya Trust, 25.10.2017: http://www.akshayatrust.org

g Vgl. dazu: Akshaya is committed to helping the helpless, homeless, sick, elderly, mentally ill and destitute in Madurai, India by providing healthy food, care, and opportunity to rehabilitate in order to restore human dignity.

h spiegel.de, 16.07.2017: http://spon.de/ae1r2

i sueddeutsche.de, 19.10.2015: http://sz.de/1.2698301

j sueddeutsche.de, 19.10.2015: http://sz.de/1.2698301

FRAUEN

a welt.de, 18.10.2013: https://www.welt.de/debatte/kommentare/article121011494

b welt.de, 19.09.2015: https://www.welt.de/wirtschaft/article146532649

c nzz.ch, 16.11.2012: https://www.nzz.ch/1.17809071

d welt.de, 26.09.2015: https://www.welt.de/politik/ausland/article146885469

e wize.life, 15.01.2015: https://wize.life/themen/kategorie/politik/artikel/32334

f welt.de, 26.09.2015: https://www.welt.de/politik/ausland/article146885469

g zeit.de, 23.06.2017: http://www.zeit.de/karriere/2017-06/edition-f-award-erfinderinnen-auszeichnung-frauen

h daserste.de, 02.03.2008: http://www.daserste.de/information/politik-weltgeschehen/weltspiegel/index.html

i daserste.de, 02.03.2008: http://www.daserste.de/information/politik-weltgeschehen/weltspiegel/index.html

j nzz.ch, 03.08.2017: https://www.nzz.ch/ld.1308952

k faz.de, 01.08.2017: http://www.faz.net/-gus-90bz9

l derstandard.at, 02.12.2016: http://derstandard.at/2000048619169-1192182008495

m orf.at, 12.04.2017: http://orf.at/#/stories/2387159/

n orf.at, 27.07.2017: http://orf.at/#/stories/2400824

BILDUNG

a orf.at, 22.03.2016: http://oe1.orf.at/artikel/434905

b Weltbericht „Bildung für alle" 2015, Kurzfassung, Bonn 2015, S. 32; http://www.unesco.de/fileadmin/medien/Dokumente/Bildung/2015_GMR_deutsche_Kurzfassung_Bildung_f%C3%BCr_alle_2000-2015_Bilanz.pdf

c derstandard.at, 12.07.2012: http://derstandard.at/1341844889200

d faz.net, 11.05.2017: http://www.faz.net/-gv6-8xp5m

e spiegel.de, 01.12.2016: http://spon.de/aeSkd

f spiegel.de, 13.07.2015: http://spon.de/aexwB

g derstandard.at, 23.05.2016: http://derstandard.at/2000037435990

h spiegel.de, 03.07.2016: http://spon.de/aeMwT

i wiwo.de, 26.02.2015: http://www.wiwo.de/13551304.html

j Frankfurter Rundschau, 04.04.2016: http://www.fr.de/360834

k sueddeutsche.de, 15.06.2017: http://www.sueddeutsche.de/1.3542775

l luzernerzeitung.ch, 08.11.2011: http://www.luzernerzeitung.ch/art72,128338

m Frankfurter Rundschau, 25.05.2017: http://www.fr.de/1285443

n UNESCO, Bildungsagenda 2030: https://www.unesco.de/bildung/bildung-2030.html

LANDWIRTSCHAFT

a orf.at, 10.12.2014: http://science.orf.at/stories/1750515

b orf.at, 10.12.2014: http://science.orf.at/stories/1750515

c spiegel.de, 10.12.2014: http://spon.de/aeogH

d Frankfurter Rundschau, 27.07.2015: http://www.fr.de/445842

e nzz.ch, 26.06.2015: https://www.nzz.ch/ld.803

f nzz.ch, 28.07.2015: https://www.nzz.ch/1.18586386

g Frankfurter Rundschau, 20.07.2016: http://www.fr.de/325319

h Süddeutsche Zeitung Magazin, 20/2013: http://sz-magazin.sueddeutsche.de/texte/anzeigen/39959%20

i Frankfurter Rundschau, 16.06.2017: http://www.fr.de/1297418

j derstandard.at, 24.12.2016: http://derstandard.at/2000049767336

k orf.at, 29.05.2017: http://orf.at/stories/2380461/2380471/

l orf.at, 29.05.2017: http://orf.at/stories/2380461/2380471

m nzz.ch, 10.07.2016: https://www.nzz.ch/ld.104792

HUNGER

a Zitiert mach Nussbaumer J., Rüthemann G., Gewalt.Macht.Hunger. Schwere Hungerkatastrophen seit 1845, Innsbruck 2003, S. 17.

b Letztlich sind alle so genannten „ökonomischen Gesetze" in ihrem Wesen Sozialgesetze.

c Vgl. dazu auch Nussbaumer J., Neuner St., Kleiner Kreuzweg des Hungers, in: Steiner Johannes (Hrsg.), Grenzen des Hungers. Ernährungssicherung in Zeiten des globalen Wandels, Wien 2014, S. 15-46, S. 17.

d Vgl. dazu etwa: Nussbaumer J., Rüthemann G., Gewalt.Macht.Hunger, Innsbruck 2003, S. 168. Zum Vergleich: Laut den Empfehlungen der FSA (Food Standards Agency), sollten einem erwachsenen Mann ca. 2.550 Kcal zur Verfügung stehen

e Ron Lammar, Das ist unsere Welt. Der Mensch im 21. Jahrhundert, BoD Norderstedt 2013, S. 102.

f World Food Programme, 30.10.2017: http://de.wfp.org/hunger/hunger-statistik

ENERGIE

a Jevons bezog diese Formulierung auf die Kohle, der damals (1865) dominanten Energieform in England, dem Mutterland der Industriellen Revolution. Vgl. dazu sein Buch „The Coal Question" (London 1865), das selbst im englischen Parlament diskutiert wurde.

b Gerd Rosenkranz, Megatrends der globalen Energiewende, 18.04.2016, S 11: http://www.thega.de/fileadmin/thega/pdf/thega-forum/2016/vortraege/plenum/rosenkranz.pdf

c Gerd Rosenkranz, Megatrends der globalen Energiewende, 18.04.2016, S 7: http://www.thega.de/fileadmin/thega/pdf/thega-forum/2016/vortraege/plenum/rosenkranz.pdf

d derstandard.at, 14.10.2013: http://derstandard.at/1379292591909

e derstandard.at, 14.10.2013: http://derstandard.at/1379292591909

f orf.at, 03.06.2014: http://science.orf.at/stories/1740002

g orf.at, 09.05.2011: http://science.orf.at/stories/1682530

h Frankfurter Rundschau, 16.09.2014: http://www.fr.de/563832

i diepresse.com, 29.08.2014: http://diepresse.com/home/wirtschaft/energie/3862254

j Siehe dazu unten die vielen angeführten Hoffnungstropfen

k Gerd Rosenkranz, Megatrends der globalen Energiewende, 18.04.2016, S 16: http://www.thega.de/fileadmin/thega/pdf/thega-forum/2016/vortraege/plenum/rosenkranz.pdf

l Frankfurter Rundschau, 19.05.2015: http://www.fr.de/471847

m Frankfurter Rundschau, 24.06.2014: http://www.fr.de/576185

n orf.at, 02.09.2014: http://science.orf.at/stories/1745401

o diepresse.com, 27.10.2012: http://diepresse.com/home/science/1306137

p faz.net, 08.11.2016: http://www.faz.net/-gvz-8n6ww

q Odinn Melsted, 03.08.2017: https://www.uibk.ac.at/newsroom/wie-island-zu-seiner-energierevolution-kam.html.de

r manager-magazin.de, 04.10.2013: http://www.manager-magazin.de/politik/artikel/energiewende-mit-windkraft-und-fernwaerme-in-daenemark-a-925586.html

s Internationales Wirtschaftsforum Regenerative Energien, 23.08.2016: http://www.iwr.de/news.php?id=31934

t spiegel.de, 30.04.2008: http://spon.de/actiB

ÖKONOMIE

a handelsblatt.de, 24.03.2016: http://www.handelsblatt.com/finanzen/anlagestrategie/trends/13364596.html

b handelsblatt.de, 24.03.2016: http://www.handelsblatt.com/finanzen/anlagestrategie/trends/13364596.html

c independent.co.uk, 27.01.2017: http://www.independent.co.uk/a7549121.html

d nzz.ch, 01.06.2017: https://www.nzz.ch/ld.1298690

e wiwo.de, 11.06.2012: http://www.wiwo.de/6728086-3.html

f wiwo.de, 11.06.2012: http://www.wiwo.de/6728086-3.html

g zeit.de, 04.12.2012: http://www.zeit.de/zeit-wissen/2013/01/Cradle-to-Cradle-Recycling-Abfall

h sueddeutsche.de, 18.05.2015: http://www.sueddeutsche.de/1.2483168

FAIR TRADE

a diw.de, 22.09.2016: https://www.diw.de/documents/publikationen/73/diw_01.c.542845.de/16-38-2.pdf

b geo.de, 31.10.2017: http://www.geo.de/natur/oekologie/12124-bstr-kritischer-konsum-kann-einkaufen-die-welt-verbessern/121903-img-

c faz.net, 10.10.2013: http://www.faz.net/-hbj-7i9ii

d diepresse.com, 12.11.2013: http://diepresse.com/home/wirtschaft/international/1475663

e bmbf.de, 31.05.2016: https://www.bmbf.de/de/jeder-dritte-wuerde-auf-eigentum-verzichten-und-produkte-lieber-teilen-2930.html

f Frankfurter Rundschau, 07.10.2012: http://www.fr.de/801201

MOBILITÄT

a spiegel.de, 28.10.2014: http://www.spiegel.de/spiegel/spiegelwissen/d-130025988.html

b derstandard.at, 06.01.2016: http://derstandard.at/2000028487593

c daserste.de, 09.11.2011: http://www.daserste.de/information/wissen-kultur/wissen-vor-acht-zukunft/sendung-zukunft/2011/tastatur-als-kraftwerk-102.html

d nzz.ch, 07.07.2017: https://www.nzz.ch/ld.1304742

e nzz.ch, 07.07.2017: https://www.nzz.ch/ld.1304742

BIOSPHÄRE

a derstandard.at, 10.01.2017: http://derstandard.at/2000050474159

b spektrum.de, 06.04.2016: http://www.spektrum.de/rezension/1406618

c derstandard.at, 11.07.2016: http://derstandard.at/2000040872864

ATMOSPHÄRE

a zeit.de, 29.10.2014: http://www.zeit.de/wirtschaft/2014-10/klimawandel-hunger-konflikt-risiko

b orf.at, 03.11.2014: http://orf.at/stories/2252127/2252129

c Frankfurter Rundschau, 16.09.2014: http://www.fr.de/563832

d zeit.de, 29.10.2014: http://www.zeit.de/wirtschaft/2014-10/klimawandel-hunger-konflikt-risiko

e orf.at, 03.11.2014: http://orf.at/stories/2252127/2252129

f derstandard.at, 08.08.2017: http://derstandard.at/2000062398753

g zeit.de, 23.03.2017: http://www.zeit.de/wissen/umwelt/2017-03/klimawandel-co2-ausstoss-halbierung-klima-forschung

h sueddeutsche.de, 14.06.2017: http://sz.de/1.3538486

i sueddeutsche.de, 14.06.2017: http://sz.de/1.3538486

j Frankfurter Rundschau, 26.09.2014: http://www.fr.de/548633

k zeit.de, 26.06.2017: http://www.zeit.de/2017/26/klimaerwaermung-co2-filter-climeworks-schweiz

l spektrum.de, 01.07.2017: http://www.spektrum.de/news/rohstoff-kohlendioxid/1478179

m nzz.ch, 19.07.2017: https://www.nzz.ch/ld.1306835

n spektrum.de, 29.06.2015: http://www.spektrum.de/news/1352353

WASSER

a Frankfurter Rundschau, 22.02.2016: http://www.fr.de/377871

b UN, Millenium-Entwicklungsziele Bericht 2015: http://www.unis.unvienna.org/pdf/2015/MDG_2015_PR_Key_Facts_Global_de.pdf

c diepresse.com, 06.03.2012: http://diepresse.com/home/panorama/welt/737764

d derstandard.at, 12.07.2012: http://derstandard.at/1341844889200

e Frankfurter Rundschau, 22.02.2016: http://www.fr.de/377871

f Frankfurter Rundschau, 22.02.2016: http://www.fr.de/377871

g diepresse.com, 21.03.2013: http://diepresse.com/home/panorama/welt/1379196

h welt.de, 26.09.2015: http://www.welt.de/politik/ausland/article146885469

i diepresse.com, 065.09.2015: http://diepresse.com/home/science/4814431

j diepresse.com, 065.09.2015: http://diepresse.com/home/science/4814431

k orf.at, 24.05.2017: http://orf.at/#/stories/2392828/

ABFALL

a Frankfurter Rundschau, 29.07.2015: http://www.fr.de/447406; Die Berichterstattung über Afrika beschäftigt sich meist mit Flüchtlingen, Hungersnöten, Kriegen und Krankheiten. Doch auf dem zweitgrößten Kontinent der Erde passiert noch weitaus mehr. In Afrika leben mehr als 1,1 Milliarden Menschen, die ihren Alltag bewältigen, lieben und lernen und ihre Umwelt kreativ gestalten. Um einen vielfältigeren Blick auf ihr Leben zu werfen, kooperiert die FR mit dem Projekt JournAfrica. Das deutschsprachige Nachrichtenportal für Journalismus ist kostenlos.

b wiwo.de, 08.06.2012: http://www.wiwo.de/6721482-2.html

c Greenpeace, 15.06.2014: http://www.greenpeace.org/austria/de/themen/konsum/Hintergrund-Info/bewusst-einkaufen/probleme/abfall-verpackungen/Plastikmuell/Plastiksackerl/

d news.at, 04.11.2013: https://www.news.at/a/plastiksackerl-verbot-aufheben

e dw.com, 16.04.2014: http://www.dw.com/de/wege-aus-dem-plastikmüll/a-17223418

f Greenpeace, 15.06.2014: http://www.greenpeace.org/austria/de/themen/konsum/Hintergrund-Info/bewusst-einkaufen/probleme/abfall-verpackungen/Plastikmuell/Plastiksackerl/

g chemie.de, 15.03.2016: http://www.chemie.de/news/157251

h Frankfurter Rundschau, 19.10.2015: http://www.fr.de/430812

WALD

a Frankfurter Rundschau, 04.06.2017: http://www.fr.de/1290076

b tagesspiegel.de, 02.05.2016: http://www.tagesspiegel.de/13523540.html

c Frankfurter Rundschau, 04.06.2017: http://www.fr.de/1290076

d wiwo.de, 08.06.2012: http://www.wiwo.de/6721482-2.html

e ze.tt, 04.09.2017: http://ze.tt/wie-12-000-tonnen-orangenschalen-aus-nichts-einen-urwald-machten/

DEMOKRATIE

a Center for Systemic Peace, 09.10.2017: http://www.systemicpeace.org/polity/polity4.htm

b Center for Systemic Peace, Global Report 2009: http://www.systemicpeace.org/vlibrary/GlobalReport2009.pdf

c Bundeszentrale für politische Bildung, 01.10.2017: http://www.bpb.de/nachschlagen/zahlen-und-fakten/globalisierung/52838/demokratie

d huffingtonpost.de, 05.08.2015: http://www.huffingtonpost.de/n_7937264.html

e Frankfurter Rundschau, 20.03.2016: http://www.fr.de/371235

f Frankfurter Rundschau, 20.03.2016: http://www.fr.de/371235

g zeit.de, 30.11.2016: http://blog.zeit.de/teilchen/2016/11/30/donald-trump-demokratie-widerstand/

h Frankfurter Rundschau, 03.07.2016: http://www.fr.de/319893

KATASTROPHEN

a Nussbaumer Josef, Rüthemann Guido, Gewalt.Macht.Hunger, Innsbruck 2003, S. 35.

b Vgl. dazu etwa die Übersichtsabbildung 2 in: Nussbaumer J. Die Gewalt der Natur. Eine Chronik der Naturkatastrophen von 1500 bis heute, Grünbach [2]1998, S. 24.

c Vgl. Nussbaumer J., Die Gewalt der Natur, Grünbach 1998, S. 12; Vgl. dazu auch die Bilanz, die der Geophysiker James Daniell vom Karlsruher Institut für Technologie (KIT) erstellt: welt.de, 19.04.2016: https://www.welt.de/newsticker/dpa_nt/infoline_nt/wissenschaft_nt/article154538165

d Nussbaumer Josef., Wörter Martin, Industriekatastrophen: Risiken industrieller Entwicklung – eine empirische Untersuchung, unveröffentlichter Diskussionsbeitrag d. Inst. f. Wirtschafts- und Sozialgeschichte der Universität Innsbruck, Innsbruck 1998 (Abb. 4)

GEWALT

a Vgl. Pinker, Steven, Gewalt: eine neue Geschichte der Menschheit, Frankfurt am Main: S. Fischer; 2011

b Vgl. dazu The New Republic, 236, S. 18 und diepresse.com, 19.10.2011: http://diepresse.com/home/science/702380

c amnesty.ch, Dezember 2015: https://www.amnesty.ch/de/ueber-amnesty/publikationen/magazin-amnesty/2015-4/friedensprophet-mit-taschenrechner

d weltwoche.de, 03.11.2017: http://www.weltwoche.ch/ausgaben/2014_47/artikel/immer-friedlicher-die-weltwoche-ausgabe-472014.html e amnesty.ch, Dezember 2015: https://www.amnesty.ch/de/ueber-amnesty/publikationen/magazin-amnesty/2015-4/friedensprophet-mit-taschenrechner

f amnesty.ch, Dezember 2015: https://www.amnesty.ch/de/ueber-amnesty/publikationen/magazin-amnesty/2015-4/friedensprophet-mit-taschenrechner

g Bundeszentrale für politische Bildung, 10.11.2015: http://www.bpb.de/internationales/weltweit/innerstaatliche-konflikte/54508

h Die Erhebungen von Kriegstoten schwankt zum Teil erheblich. So weist etwa ein Bericht im Spiegel online vom Juni 2008 darauf hin, dass bei Kriegen wesentlich mehr Menschen getötet worden wären, als bislang angenommen wurde; vgl. Spiegel.de, 20.06.2008: http://spon.de/acv1w

i diepresse.com, 25.09.2014: http://diepresse.com/home/meinung/quergeschrieben/rudolftaschner/3874965

j Vgl. dazu The New Republic, 236, S. 18 und diepresse.com, 19.10.2011: http://diepresse.com/home/science/702380

k amnesty.ch, Dezember 2015: https://www.amnesty.ch/de/ueber-amnesty/publikationen/magazin-amnesty/2015-4/friedensprophet-mit-taschenrechner

l amnesty.ch, Dezember 2015: https://www.amnesty.ch/de/ueber-amnesty/publikationen/magazin-amnesty/2015-4/friedensprophet-mit-taschenrechner

m zeit.de, 23.03.2016: http://blog.zeit.de/teilchen/2016/03/23/terror-in-zahlen/

n zeit.de, 23.03.2016: http://blog.zeit.de/teilchen/2016/03/23/terror-in-zahlen/

o zeit.de, 23.03.2016: http://blog.zeit.de/teilchen/2016/03/23/terror-in-zahlen/

p derstandard.at, 01.08.2017: http://derstandard.at/2000061466364

HOFFNUNGSTROPFEN (QUELLENVERZEICHNIS)

BEVÖLKERUNG

1 spiegel.de, 30.01.2017: http://spon.de/aeUIs

2 faz.net,12.02.2014: http://www.faz.net/-gqq-7l82b?GEPC=s3

3 derstandard.at, 04.04.2017, Kim Son Hoang: http://derstandard.at/2000055324404

4 spiegel.de,19.06.2016: http://spon.de/aeLOc

5 spektrum.de, 24.08.2016: http://www.spektrum.de/news/1420943

6 Mingels G., 2017, S. 14.

7 brandeins.de, April 2002: https://www.brandeins.de/archiv/2002/oekologie-oekonomie/die-welt-in-zahlen/

8 sueddeutsche.de, 18.07.2016: http://sz.de/1.3083163

9 spiegel.de, 21.09.2016: http://spon.de/aePH2

10 spiegel.de, 21.09.2016: http://spon.de/aePH2

11 spektrum.de, 13.01.2016: http://www.spektrum.de/news/1393247

12 derstandard.at, 08.10.2015: http://derstandard.at/2000023350424

13 welt.de, 01.08.2014, Björn Lomborg: https://www.welt.de/article130758415

14 welt.de, 26.09.2015, https://www.welt.de/article146885469

15 derstandard.at, 12.02.2016: http://derstandard.at/2000030976445

16 orf.at, 04.10.2016: http://orf.at/#/stories/2360725/

17 Frankfurter Rundschau, 14.01.2016: http://www.fr.de/391098

18 sueddeutsche.de, 03.11.2016: http://sz.de/1.3232173

19 welt.de, 24.10.2011: https://www.welt.de/vermischtes/article160307631

20 Klingholz/Lutz, Wer überlebt?, 2016, S.139 Mingels G., 2017, S. 14.

21 spiegel.de, 25.10.2016: http://spon.de/aeQPg

22 derstandard.at, 12.08.2014: http://derstandard.at/2000004288440

23 welt.de, 19.09.2015: https://www.welt.de/wirtschaft/article146532649

24 Zervas Georgios, Spiegel Peter, Die 1-Dollar Revolution. Globaler Mindestlohn gegen Ausbeutung und Armut, München 2016, 133 ff.

25 spiegel.de, 21.09.2016: http://spon.de/aePH2

26 spiegel.de, 28.05.2015: http://spon.de/aevGn

27 orf.at, 14.06.2017: http://www.orf.at/#/stories/2395504/

28 Klingholz/Lutz, Wer überlebt?, 2016, S.87 f.

29 zeit.de, 22.08.2016: http://www.zeit.de/wirtschaft/2016-08/world-economic-forum-umfrage-weltbuerger

GESUNDHEIT

30 orf.at, 08.06.2016: http://www.orf.at/#/stories/2343857/

31 Mingels G, 2017, S. 62.

32 derstandard.at, 14.09.2015: http://derstandard.at/2000022186095

33 spiegel.de, 11.05.2017: http://spon.de/aeYBV

34 diepresse.com, 13.07.2016: http://diepresse.com/home/science/5049296

35 derstandard.at, 25.05.2015: http://derstandard.at/2000016355933

36 Licht für die Welt: Tätigkeitsbericht 2015/16: https://www.licht-fuer-die-welt.at/sites/default/files/tb15_16_screen.pdf

37 gute-nachrichten.com, 07.11.2013:http://www.gute-nachrichten.com.de/2013/11/erfolgsgeschichten/eindollar-brille-wurde-als-eine-der-innovativsten-ideen-ausgezeichnet/

38 Tiroler Tageszeitung Online, 13.02.2017: http://www.tt.com/go/12615721?lrstc=1CK1Q

39 sueddeutsche.de, 19.04.2016: http://sz.de/1.2956227

40 Mingels G, 2017, S . 110

41 brandeins.de, April 2003: https://www.brandeins.de/archiv/2003/fuehrung/die-welt-in-zahlen/

42 faz.net, 14.10.2016: http://www.faz.net/-gx3-8mcba?GEPC=s3

43 orf.at, 19.05.2017: http://science.orf.at/stories/2844083

44 gute-nachrichten.com, 11.07.2012: http://www.gute-nachrichten.com.de/2012/07/allgemein/handy-ambulanz-in-kenia/

45 diepresse.com, 21.05.2016: http://diepresse.com/home/leben/gesundheit/4993557

46 spiegel.de, 09.10.2016: http://spon.de/aeQlY

47 faz.net, 11.05.2017: http://www.faz.net/-gv6-8xp5m?GEPC=s3

48 spiegel.de, 17.05.2017: http://spon.de/aeYPy

49 derstandard.at, 25.11.2016: http://derstandard.at/2000048200386

50 derstandard.at, 19.09.2016: http://derstandard.at/2000044583834

51 Mingels G, 2017, S. 110.

52 Mingels G, 2017, S. 110.

53 gute-nachrichten.com, 14.02.2014: http://www.gute-nachrichten.com.de/2014/02/gesundheit/indien-ist-von-kinderlaehmung-befreit/

54 faz.net, 11.05.2017: http://www.faz.net/-gv6-8xp5m?GEPC=s3

55 derstandard.at, 19.01.2017: http://derstandard.at/2000051114323

56 diepresse.com, 31.01.2017: http://diepresse.com/home/leben/gesundheit/5162690

57 spiegel.de, 20.01.2016: http://spon.de/aeFd6

58 gute-nachrichten.com, 19.09.2012: http://www.gute-nachrichten.com.de/2012/09/gesundheit/eine-positive-lebenseinstellung-lenkt-unsere-gesundheit/

59 spiegel.de, 19.12.2016: http://spon.de/aeTdt

60 orf.at, 05.10.2016: http://science.orf.at/stories/2801351

61 spiegel.de, 25.10.2016: http://spon.de/aeQPg

62 spiegel.de, 05.10.2016: http://spon.de/aeQjF

63 Mingels G, 2017, S. 12.

64 sueddeutsche.de, 28.06.2017: http://sz.de/1.3564707

65 spiegel.de, 05.10.2016: http://spon.de/aeQjF

66 sueddeutsche.de, 28.06.2017: http://sz.de/1.3564707

67 orf.at, 05.10.2016: http://science.orf.at/stories/2801351

68 Mingels G, 2017, S. 12.

69 Frankfurter Rundschau, 22.01.2015: http://www.fr.de/513495

70 derstandard.at, 12.04.2017: http://derstandard.at/2000055782921

71 Mingels G., 2017, S. 7.

72 orf.at, 13.12.2016: http://science.orf.at/stories/2814319/

73 thelancet.com, 09.08.2016: http://www.thelancet.com/journals/lancet/article/PIIS0140-6736(16)30445-7/abstract

74 diepresse.com, 22.09.2016: http://diepresse.com/home/leben/gesundheit/5089691

75 Mingels G., 2017, S. 7.

76 Mingels G, 2017, S. 110

77 spiegel.de, 10.05.2014: http://spon.de/aedvX

78 nzz.ch, 20.06.2016: https://www.nzz.ch/wirtschaft/ld.90147

79 gute-nachrichten.com, 19.02.2015: http://www.gute-nachrichten.com.de/2015/02/gesundheit/optimisten-und-ihr-gesundes-herz/

80 welt.de.18.10.2013: https://www.welt.de/article121011494

81 zeit.de, 26.09.2016: http://www.zeit.de/wissen/gesundheit/2016-09/polio-impfung-kinderlaehmung-pakistan-taliban-angriffe

82 derstandard.at, 23.02.2017: http://derstandard.at/2000053023954

83 pascalkiss.de, 13.02.2016: http://pascalkiss.de/allgemein/die-welt-ist-gar-nicht-schlimm-wie-wir-immer-denken-885/

84 sonnenseite.com, 11.09.2016: http://www.sonnenseite.com/de/tipps/oekoroutine.html

85 Frankfurter Rundschau, 20.07.2017: http://www.fr.de/1317163

86 sueddeutsche.de, 20.04.2017: http://sz.de/1.3469305

87 sueddeutsche.de, 17.12.2016: http://sz.de/1.3297918

88 nzz.ch, 11.02.2014: https://www.nzz.ch/panorama/1.18240406

89 zeit.de, 06.11.2014: http://www.zeit.de/2014/44/bill-gates-stiftung-gesundheit-spenden/komplettansicht

90 diepresse.com, 09.11.2016:http://diepresse.com/home/techscience/hightech/5115333

91 Evolution & Human Behavior, 05.12.2016: http://www.ehbonline.org/article/S1090-5138(16)30072-1/abstract

92 Mingels G., 2017, S. 8.

93 Mingels G, 2017, S. 74.

94 sueddeutsche.de, 20.04.2017: http://sz.de/1.3469305

95 derstandard.at, 13.04.2017: http://derstandard.at/2000055882764

96 gute-nachrichten.com, 09.08.2012: http://www.gute-nachrichten.com.de/2012/08/gesundheit/die-wahrheit-ist-gesund/

97 sueddeutsche.de, 20.04.2017: http://sz.de/1.3469305

98 brandeins.de, April 2013: https://www.brandeins.de/archiv/2013/fortschritt-wagen/die-welt-in-zahlen/

ARMUT

99 faz.net, 23.09.2016: http://www.faz.net/-ib3-8lp2s

100 Mingels G., 2017, S. 7.

101 haz.de, 01.01.2016: http://www.haz.de/Sonntag/Top-Thema/Alles-wird-gut!-Die-Zukunft-ist-rosig

102 nzz.ch, 02.01.2011: http://www.nzz.ch/aktuell/panorama/1.8958656

103 welt.de, 26.09.2015: https://www.welt.de/article146885469

104 faz.net, 23.09.2016: http://www.faz.net/-ib3-8lp2s

105 spiegel.de, 22.01.2015: http://spon.de/aepX1

106 orf.at, 15.03.2013: http://www.orf.at/stories/2171659/2171651/

107 faz.net, 22.09.2016: http://www.faz.net/-ib3-8lnzx

108 orf.at, 09.07.2015: http://orf.at/#/stories/2288408/

109 diepresse.com, 06.07.2015: http://diepresse.com/home/politik/aussenpolitik/4771264

110 sonnenseite.com, 29.07.2016: http://www.sonnenseite.com/de/zukunft/armut-ist-nicht-die-schuld-der-armen.html

111 sueddeutsche.de, 11.07.2016: http://sz.de/1.3073346

112 sueddeutsche.de, 20.05.2015: http://sz.de/1.2485142

113 sueddeutsche.de, 28.09.2015: http://sz.de/1.2668261

114 spiegel.de 28.09.2014: http://spon.de/aejO3

115 sueddeutsche.de, 22.01.2016: http://sz.de/1.2829834

116 faz.net, 21.05.2016: http://www.faz.net/-ica-8hbwe?GEPC=s3

117 diepresse.com, 26.12.2016: http://diepresse.com/home/wirtschaft/economist/5139047

118 derstandard.at, 10.05.2016: http://derstandard.at/2000036393559-1311802990919

119 Frankfurter Rundschau, 14.07.2017: http://www.fr.de/1314161

120 sueddeutsche.de, 20.11.2016: http://sz.de/1.3257958

121 faz.net, 21.01.2016: http://www.faz.net/-hod-8cn8a

122 spiegel.de, 27.01.2016: http://spon.de/aeFzd

123 zeit.de, 29.12.2015: http://www.zeit.de/wirtschaft/2015-12/digitale-revolution-telekom-timotheus-hoettges-interview

124 wikipedia.org, 19.09.2017: https://de.wikipedia.org/wiki/Bedingungsloses_Grundeinkommen

125 zeit.de, 04.04.2011: http://www.zeit.de/2011/14/Wirtschaftswachstum-Energie?page=2

126 faz.net, 27.05.2014: http://www.faz.net/-gqe-7ps9u
127 sueddeutsche.de, 16.01.2017: http://sz.de/1.3333868

FRAUEN

128 sueddeutsche.de, 31.01.2017: http://sz.de/1.3355943
129 brandeins.de, April 2013: https://www.brandeins.de/archiv/2013/fortschritt-wagen/die-welt-in-zahlen/
130 de.statista.com, 01.07.2017: https://de.statista.com/statistik/daten/studie/151106
131 nzz.ch, 02.01.2011: https://www.nzz.ch/1.8958656
132 sueddeutsche.de, 08.04.2017: http://sz.de/1.3456905
133 nzz.ch, 15.01.2016: https://www.nzz.ch/ld.4201
134 brandeins.de, April 2005: https://www.brandeins.de/archiv/2005/machtwechsel/die-welt-in-zahlen/
135 orf.at, 07.04.2016: http://orf.at/#/stories/2332672/
136 faz.net, 10.02.2017: http://plus.faz.net/deutschland-und-die-welt/2017-02-10/318742.html
137 derstandard.at, 07.03.2017: http://derstandard.at/2000053709974
138 Frankfurter Rundschau, 04.06.2015: http://www.fr.de/456127
139 brandeins.de, April 2012: https://www.brandeins.de/archiv/2012/zweite-chance/die-welt-in-zahlen/
140 derstandard.at, 29.04.2015: http://diestandard.at/2000015078210
141 Klingholz/Lutz, Wer überlebt?, 2016, S. 29.
142 welt.de, 19.09.2015: https://www.welt.de/wirtschaft/article146532649
143 orf.at, 12.09.2016: http://religion.orf.at/stories/2796085/
144 UN, Milleniums-Entwicklungsziele Bericht 2015: http://www.unis.unvienna.org/pdf/2015/MDG_2015_PR_Key_Facts_Global_de.pdf
145 derstandard.at, 09.06.2008: http://derstandard.at/1207285783048
146 orf.at, 06.10.2016: http://www.orf.at/#/stories/2361195/
147 orf.at, 07.12.2016: http://religion.orf.at/stories/2813462/
148 sueddeutsche.de, 07.10.2016: http://sz.de/1.3187984
149 derstandard.at, 20.10.2016: http://derstandard.at/2000046240155
150 diepresse.com, 29.08.2016: http://diepresse.com/home/politik/aussenpolitik/5076487
151 derstandard.at, 12.10.2016: http://derstandard.at/2000045760306
152 dw.com, 26.11.2015: http://www.dw.com/a-18877390
153 derstandard.at, 17.11.2014: http://diestandard.at/2000008238349
154 derstandard.at, 27.01.2017: http://derstandard.at/2000051623565
155 huffingtonpost.de, 19.01.2017: http://www.huffingtonpost.de/serife-nur-turan/b_14247740.html
156 diepresse.com, 21.05.2016: http://diepresse.com/home/wirtschaft/international/4993543
157 diepresse.com, 21.02.2017: http://diepresse.com/home/wirtschaft/economist/5173172
158 Frankfurter Rundschau, 30.09.2016: http://www.fr.de/302428
159 welt.de, 26.09.2015: http://www.welt.de/politik/ausland/article146885469
160 welt.de, 26.09.2015: http://www.welt.de/politik/ausland/article146885469
161 wiwo.de, 07.08.2015: http://www.wiwo.de/politik/ausland/12121964-2.html
162 derstandard.at, 25..01.2016: http://derstandard.at/2000029688733
163 spiegel.de, 25.10.2016: http://spon.de/aeQPg
164 brandeins.de, April 2012: https://www.brandeins.de/archiv/2012/zweite-chance/die-welt-in-zahlen/
165 zeit.de, 05.03.2017: http://www.zeit.de/zeit-magazin/2017/08/gael-garcia-bernal-schauspieler-traum
166 derstandard.at, 25.06.2014: http://derstandard.at/2000002310485
167 spiegel.de, 12.10.2016: http://spon.de/aeQxr
168 Frankfurter Rundschau, 19.10.2015: http://www.fr.de/a-294450
169 derstandard.at, 12.10.2016: http://derstandard.at/2000045790677
170 nzz.ch, 01.02.2017: https://www.nzz.ch/ld.143010

171 spiegel.de 24.03.2017: http://spon.de/aeWKI

172 sonnenseite.com, 09.01.2017: http://www.sonnenseite.com/de/umwelt/kenianische-studentin-entwickelt-geschaeftsidee-gegen-duerre.html

173 zeit.de, 11.01.2017: http://www.zeit.de/politik/deutschland/2017-01/manuela-schwesig-gesetz-lohngleichheit-maenner-frauen-kabinett

174 faz.net, 21.12.2016: http://www.faz.net/-gun-8olks

175 faz.net, 26.10.2016: http://www.faz.net/-gqi-8mqhq?GEPC=s3

176 orf.at, 15.07.2017: http://religion.orf.at/stories/2855108/

177 spiegel.de, 17.05.2017: http://spon.de/aeYPy

178 brandeins.de, April 2004: https://www.brandeins.de/archiv/2004/fortschritte/die-welt-in-zahlen/

179 diepresse.com, 21.02.2017: http://diepresse.com/home/wirtschaft/economist/5173172

180 orf.at, 10.04.2017: http://orf.at/#/stories/2386813/

181 daserste.de,03.07.2005: http://www.daserste.de/weltspiegel/beitrag_dyn~uid,ya831ly663r06wgy~cm.asp

182 derstandard.at, 24.01.2016: http://derstandard.at/2000029661906

183 orf.at, 11.07.2017: http://orf.at/#/stories/2398819/

184 ze.tt, 12.05.2017: http://ze.tt/dieser-indische-arzt-rettet-maedchenleben/?

185 diepresse.com, 13.03.2017: http://diepresse.com/home/kultur/medien/5182735

186 welt.de, 15.04.2008: https://www.welt.de/politik/article1904570

BILDUNG

187 spiegel.de, 15.03.2008: http://spon.de/acq34

188 Mingels G., 2017, S. 30.

189 derstandard.at, 08.01.2013: http://derstandard.at/1356426743603

190 spektrum.de, 12.11.2015: http://www.spektrum.de/kolumne/1375949

191 faz.net, 21.12.2016: http://www.faz.net/-gun-8olks

192 zeit.de, 23.06.2016: http://www.zeit.de/2016/25/microsoft-roboter-bedingungsloses-grundeinkommen-sabine-bendiek/komplettansicht

193 orf.at, 18.12.2016: http://orf.at/stories/2369838/2370732/

194 faz.net, 19.10.2016: http://www.faz.net/-gxh-8mf2u

195 welt.de, 21.10.2007: https://www.welt.de/wams_print/article1284285

196 Mingels G, 2017, S . 84.

197 diepresse.com, 18.12.2015: http://diepresse.com/home/politik/aussenpolitik/4890721

198 Klingholz/Lutz, Wer überlebt?, 2016, S.140.

199 derstandard.at, 28.10.2016: http://derstandard.at/2000046579324

200 welt.de, 26.09.2015: https://www.welt.de/politik/ausland/article146885469

201 brandeins.de, April 2015: https://www.brandeins.de/archiv/2015/selbstbestimmung/die-welt-in-zahlen/

202 derstandard.at, 27.05.2016:http://derstandard.at/2000037773070

203 faz.net, 11.05.2017: http://www.faz.net/-gv6-8xp5m?GEPC=s3

204 sonnenseite.com, 21.06.2016: http://www.sonnenseite.com/de/zukunft/zukunft-der-bildung-bildung-der-zukunft.html

205 faz.net, 11.05.2017: http://www.faz.net/-gv6-8xp5m?GEPC=s3

206 sonnenseite.com, 21.06.2016: http://www.sonnenseite.com/de/zukunft/zukunft-der-bildung-bildung-der-zukunft.html

LANDWIRTSCHAFT

207 Frankfurter Rundschau, 20.07.2016: http://www.fr.de/325319

208 nzz.ch, 10.07.2016: https://www.nzz.ch/ld.104792

209 nzz.ch, 01.08.2013: https://www.nzz.ch/1.18126242

210 Frankfurter Rundschau, 14.01.2016: http://www.fr.de/387781

211 nzz.ch, 10.07.2016: https://www.nzz.ch/ld.104792

212 derstandard.at, 20.02.2016: http://derstandard.at/2000031453863

213 Frankfurter Rundschau, 17.11.2016: http://www.fr.de/292387

214 faz.net, 16.05.2013: http://www.faz.net/-gsf-792ft

215 faz.net, 15.08.2016: http://www.faz.net/-gx3-81ozp

216 Frankfurter Rundschau, 27.07.2016: http://www.fr.de/327382

217 bento.de, 03.11.2015: http://www.bento.de/essen/uebergewicht-in-usa-gute-ernaehrung-im-trend-96083/

218 diepresse.com. 24.07.2017: http://diepresse.com/home/wirtschaft/economist/5256803

219 zeit.de, 15.12.2014: http://www.zeit.de/wirtschaft/2014-12/mc-donalds-fast-food-usa/komplettansicht

220 sueddeutsche.de, 18.04.2016: http://sz.de/1.2954495

221 orf.at, 25.08.2014: http://orf.at/stories/2242545/2242543/

222 Hänggi Marcel, Fortschrittsgeschichten, 2015, S. 173.

223 nzz.ch, 28.07.2016: https://www.nzz.ch/ld.107883

224 nzz.ch, 10.07.2016: https://www.nzz.ch/ld.104792

225 faz.net, 02.04.2015: http://www.faz.net/-gx3-81ozp

226 faz.net, 10.07.2016: http://www.faz.net/-hsn-8j85v

227 derstandard.at, 28.02.2016: http://derstandard.at/2000031655975

228 zeit.de, 16.07.2017: http://www.zeit.de/wirtschaft/2017-07/landwirtschaft-oekologischer-anbau-rekordhoch

229 Vgl. Ulrike Windsperger's „Handbuch Permakultur – Klug planen und nachhaltig gärtnern"; eine praktische Anleitung zur Selbstversorgung.

230 diepresse.com, 25.01.2016: http://diepresse.com/home/wirtschaft/economist/4911804

231 zeit.de, 17.10.2012: http://www.zeit.de/wirtschaft/2012-10/fs-kenia-garten-2

232 derstandard.at, 19.01.2016: http://derstandard.at/2000029333427

233 orf.at, 16.03.2017: http://noe.orf.at/news/stories/2831239

HUNGER

234 zeit.de, 20.02.2015: http://www.zeit.de/2015/06/bill-gates-stiftung-armut-hilfe/komplettansicht

235 zeit.de, 27.03.2014: http://www.zeit.de/wirtschaft/2014-03/infografik-nahrungsmittel-nicht-genug-geld-laendervergleich

236 futurezone.at, 28.08.2015: https://futurezone.at/science/mit-weniger-fleischkonsum-die-welt-nachhaltig-ernaehren/145.170.092

237 World Food Programme, 29.09.2017: http://de.wfp.org/hunger/hunger-statistik

238 orf.at, 01.10.2013: http://orf.at/#/stories/2200634/

239 nzz.ch, 14.11.2015: https://www.nzz.ch/1.18646127

240 Mingels G, 2017, S . 104.

241 orf.at, 16.05.2017: http://orf.at/#/stories/2391769/

242 orf.at, 16.08.2016: http://orf.at/#/stories/2354019/

243 zeit.de, 22.10.1982: http://www.zeit.de/1982/43/bevoelkerungsgesetz

244 Share the Meal, 02.06.2017: https://sharethemeal.org/de/help.html

245 Welthungerhilfe, 07.06.2017: http://www.welthungerhilfe.de/welthungerhilfe-profil.html

246 World Food Programme, 02.06.2017: http://de.wfp.org/%C3%BCber-wfp

ARBEIT

247 welt.de, 19.09.2015: https://www.welt.de/wirtschaft/article146532649

248 welt.de, 26.09.2015: http://www.welt.de/politik/ausland/article146885469

249 orf.at, 21.12.2016: http://orf.at/#/stories/2371948/

250 derstandard.at, 24.09.2015: http://derstandard.at/2000022104555

251 faz.net, 09.07.2016: http://www.faz.net/-gqq-8j73y

252 spektrum.de, 31.03.2015: http://www.spektrum.de/news/1340229

253 brandeins.de, April 2015: https://www.brandeins.de/archiv/2015/talent/die-welt-in-zahlen/

254 zeit.de, 26.09.2016: http://www.zeit.de/karriere/beruf/2016-09/flexible-arbeitszeit-vier-tage-woche-unternehmen/komplettansicht

255 ze.tt, 26.05.2016: http://ze.tt/goeteborg-testet-den-6-stunden-arbeitstag-mit-ueberraschenden-ergebnissen/

256 Tiroler Tageszeitung Online, 19.10.2016: http://www.tt.com/wirtschaft/arbeitsmarkt/12150672-91/italienisches-parlament-stoppt-ausbeutung-von-saisonniers.csp

257 derstandard.at, 31.05.2016: http://derstandard.at/2000037903256

258 welt.de, 19.09.2015: http://www.welt.de/wirtschaft/article146532649

259 derstandard.at, 24.06.2015: http://derstandard.at/2000017944920/Fachkraeftemangel-steigt-weltweit

260 Bundeszentrale für politische Bildung, Juni 2015: http://www.bpb.de/politik/hintergrund-aktuell/208138

261 faz.net, 27.05.2014: http://www.faz.net/-gqe-7ps9u

262 derstandard.at, 01.03.2017: http://derstandard.at/2000053325549

263 sueddeutsche.de, 27.03.2016: http://sz.de/1.2913625

264 orf.at, 07.10.2015: http://orf.at/#/stories/2302673/

265 spiegel.de, 06.02.2015: http://spon.de/aeqh6

266 diepresse.com, 29.03.2016: http://diepresse.com/home/wirtschaft/international/4955871

267 Frankfurter Rundschau, 31.01.2016: http://www.fr.de/393548

268 derstandard.at, 21.10.2016: http://derstandard.at/2000045433560

269 derstandard.at, 21.10.2016: http://derstandard.at/2000045433560

270 Frankfurter Rundschau, 26.04.2015: http://www.fr.de/485774

271 gute-nachrichten.com, 20.08.2015: http://www.gute-nachrichten.com.de/2015/08/erfolgsgeschichten/tchibo-foerdert-bessere-arbeitsbedingungen-bei-zulieferern/

ENERGIE

272 spektrum.de, 11.01.2017: http://www.spektrum.de/news/afrikas-zukunft-liegt-im-wind/1434861

273 diepresse.com, 06.07.2016: http://diepresse.com/home/meingeld/aktien/5042549

274 Frankfurter Rundschau, 08.02.2016: http://www.fr.de/372991

275 zeit.de, 16.11.2016: http://blog.zeit.de/herdentrieb/2016/11/16/trump-setzt-auf-fossile-brennstoffe-und-damit-auf-das-falsche-pferd_10009

276 zeit.de, 04.02.2016: http://www.zeit.de/2016/04/erneuerbare-energien-fluechtlinge-afrika-entwicklung-risiko-subsahara

277 sonnenseite.com, 16.07.2016: http://www.sonnenseite.com/de/energie/lg-solar-unterstuetzt-nachhaltige-energieerzeugung-in-der-antarktis.html

278 zeit.de, 17.07.2016: http://www.zeit.de/2016/28/aethiopien-staudamm-erneuerbare-energien-industrie/komplettansicht

279 Frankfurter Rundschau, 03.09.2015: http://www.fr.de/415808

280 spiegel,de, 22.05.2016: http://spon.de/aeKD0

281 Frankfurter Rundschau, 02.11.2016: http://www.fr.de/298213

282 derstandard.at, 09.11.2017: http://derstandard.at/2000067530115/Frankreich-verabschiedet-sich-von-Energiewende

283 nzz.ch, 06.02.2015: https://www.nzz.ch/1.18476857

284 orf.at, 20.07.2014: http://orf.at/stories/2237005/2237004/

285 zeit.de, 04.02.2016: http://www.zeit.de/2016/04/erneuerbare-energien-fluechtlinge-afrika-entwicklung-risiko-subsahara

286 spektrum.de, 06.06.2017: http://www.spektrum.de/news/mit-unkraut-und-kuhmist-gegen-abholzung-und-klimawandel/1460297

287 nzz.ch, 06.02.2015: https://www.nzz.ch/1.18476857

288 wiwo.de, 11.08.2015: http://www.wiwo.de/13552454.html

289 wiwo.de, 26.03.2015: http://www.wiwo.de/13551528.html

290 diepresse.com, 24.09.2015: http://diepresse.com/home/wirtschaft/economist/4828755

291 Umweltbundesamt.de, März 2017: https://www.umweltbundesamt.de/sites/default/files/medien/376/publikationen/erneuerbare_energien_in_deutschland_daten_zur_entwicklung_im_jahr_2016.pdf

292 spiegel.de, 08.08.2017: http://spon.de/ae2o4

293 Fraunhofer Institut, 15.08.2017: https://www.ise.fraunhofer.de/content/dam/ise/de/documents/publications/studies/aktuelle-fakten-zur-photovoltaik-in-deutschland.pdf

294 Frankfurter Rundschau, 05.05.2017: http://www.fr.de/1272888

295 zeit.de, 16.11.2016: http://blog.zeit.de/herdentrieb/2016/11/16/trump-setzt-auf-fossile-brennstoffe-und-damit-auf-das-falsche-pferd_10009

296 windkraft-journal.de, 07.10.2016: http://www.windkraft-journal.de/2016/10/07/weltenergierat-zeigt-der-globale-energiebedarf-sinkt-dauerhaft/93109

297 derstandard.at, 03.02.2011: http://derstandard.at/1296696286341

298 zeit.de, 14.06.2015: http://www.zeit.de/wirtschaft/2015-06/klimaschutz-dekarbonisierung/komplettansicht

299 Energetisch Bauen und Sanieren, 21.09.2016: https://www.enbausa.de/heizung/aktuelles/artikel/schweizer-mehrfamilienhaus-heizt-ohne-externe-energie-4955.html

300 zeit.de, 16.05.2013: http://www.zeit.de/wirtschaft/2013-05/interview-braungart

301 spiegel.de, 14.12.2015: http://spon.de/aeDMn

302 greenpeace-energy.de, 12.08.2017: https://www.greenpeace-energy.de/privatkunden.html

303 derstandard.at, 23.11.2015: http://derstandard.at/2000026210874

304 diepresse.com, 09.12.2016: http://immobilien.diepresse.com/home/oesterreich/5131842

305 Frankfurter Rundschau, 24.06.2014: http://www.fr.de/576185

306 sueddeutsche.de, 25.11.2015: http://sz.de/1.2663053

307 derstandard.at, 22.06.2017: http://derstandard.at/2000059650926

308 orf.at, 16.11.2016: http://science.orf.at/stories/2809068/

309 orf.at, 21.09.2015: http://orf.at/#/stories/2300045/

310 diepresse.com, 20.06.2015: http://diepresse.com/home/science/falsifiziert/4759248

311 sonnenseite.com, 15.10.2016: http://www.sonnenseite.com/de/franz-alt/kommentare-interviews/die-welt-wandelt-sich.html

312 zeit.de, 21.09.2015: http://www.zeit.de/wirtschaft/2015-09/klimaschutz-energiewende-erneuerbare-energien-umstellung-klimakonferenz

313 sueddeutsche.de, 03.07.2017: http://sz.de/1.3571438

314 Frankfurter Rundschau, 19.06.2016: http://www.fr.de/340955

315 zeit.de, 10.06.2015: http://www.zeit.de/wirtschaft/2015-06/energiegenossenschaft-erneuerbare-energie-griechenland

316 Eco News, 30.11.2016: http://www.eco-world.de/scripts/basics/econews/basics.prg?a_no=32251

317 orf.at, 06.03.2017: http://orf.at/stories/2381488/2381490/

318 derstandard.at, 28.01.2016: http://derstandard.at/2000029875603

319 oekonews.at, 18.01.2017: http://oekonews.at/?mdoc_id=1112030

320 orf.at, 15.11.2015: http://orf.at/stories/2309211/2309276/

321 sueddeutsche.de, 04.11.2015: http://sz.de/1.2720116

322 Mingels G ., 2017, S. 72.

323 Frankfurter Rundschau, 15.01.2016: http://www.fr.de/511505

324 energiezukunft.eu, 29.09.2017: https://www.energiezukunft.eu/umwelt/technik/50-prozent-erneuerbare-heiz-energie-bis-2040-moeglich-gn104062/

325 Frankfurter Rundschau, 24.11.2015: http://www.fr.de/411310

326 Frankfurter Rundschau, 02.11.2016: http://www.fr.de/298056

327 orf.at, 21.11.2016: http://orf.at/#/stories/2367648/

328 orf.at, 27.11.2015: http://orf.at/#/stories/2311649/

329 Sueddeutsche.de, 23.11.2016: http://sz.de/1.3261095

330 zeit.de, 13.01.2017: http://www.zeit.de/wissen/umwelt/2017-01/klima-energie-barack-obama-klimawandel

331 diepresse.com, 28.11.2017: http://diepresse.com/home/panorama/klimawandel/346149

332 diepresse.com, 06.11.2014: http://immobilien.diepresse.com/home/gebaeude/4587956

333 zeit.de, 13.01.2017: http://www.zeit.de/wissen/umwelt/2017-01/klima-energie-barack-obama-klimawandel

334 sonnenseite.com, 29.08.2016: http://www.sonnenseite.com/de/politik/kuba-will-erneuerbarer-werden.html

335 zeit.de, 14.06.2015: http://www.zeit.de/wirtschaft/2015-06/klimaschutz-dekarbonisierung/komplettansicht

336 Frankfurter Rundschau, 03.07.2016: http://www.fr.de/319961

337 spiegel.de, 21.03.2017: http://spon.de/aeWDx

338 sonnenseite.com 04.01.2017 http://www.sonnenseite.com/de/energie/photovoltaik-in-zehn-jahren-weltweit-billigste-energiequelle.html

339 faz.net, 05.11.2015: http://www.faz.net/-gx7-89pr3

340 zeit.de, 16.11.2016: http://blog.zeit.de/herdentrieb/2016/11/16/trump-setzt-auf-fossile-brennstoffe-und-damit-auf-das-falsche-pferd_10009

341 Frankfurter Rundschau, 02.08.2017: http://www.fr.de/1324081

342 brandeins.de, April 2009: https://www.brandeins.de/archiv/2009/arbeit/die-welt-in-zahlen/

343 sueddeutsche.de, 25.07.2016: http://sz.de/1.3093783

344 Frankfurter Rundschau, 19.11.2016: http://www.fr.de/292739

345 Frankfurter Rundschau, 05.05.2014: http://www.fr.de/436810

346 Frankfurter Rundschau, 07.08.2015:http://www.fr.de/436810

347 gute-nachrichten.com, 02.09.2014: http://www.gute-nachrichten.com.de/2014/09/erfolgsgeschichten/mit-der-sonne-kochen

348 Little Sun, 15.06.2017: http://www.littlesun.com

349 Frankfurter Rundschau, 01.03.2017: http://www.fr.de/1039640

350 derstandard.at, 14.07.2014: http://derstandard.at/2000003031843

351 sonnenseite.com, 26.12.2016: http://www.sonnenseite.com/de/energie/solarstrom-rechnet-sich-auf-groenland.html

352 zeit.de, 14.06.2015: http://www.zeit.de/wirtschaft/2015-06/klimaschutz-dekarbonisierung/komplettansicht

353 zeit.de, 18.11.2016: http://www.zeit.de/wirtschaft/2016-11/ouarzazate-solarthermie-marokko-energiewende/komplettansicht

354 sonnenseite.com, 30.04.2016: http://www.sonnenseite.com/de/wissenschaft/studentin-half-bei-der-entwicklung-von-solarzelten-fuer-fluechtlinge.html

355 sonnenseite.com, 09.07.2016: http://www.sonnenseite.com/de/wissenschaft/sonnen-sprit.html

356 orf.at, 30.09.2014: http://orf.at/#/stories/2247653/

357 brandeins.de, April 2004: https://www.brandeins.de/archiv/2004/mythos-zahl/die-welt-in-zahlen/

358 orf.at, 25.06.2015: http://orf.at/#/stories/2286211/

359 orf.at, 02.11.2014: http://noe.orf.at/news/stories/2677075/

360 orf.at, 20.09.2016: http://wien.orf.at/news/stories/2797537/

361 Wirtschaftswoche, 11.06.2012: http://www.wiwo.de/6728086-2.html

362 spiegel.de, 05.03.2015: http://spon.de/aer0t

363 derstandard.at, 28.11.2013: http://derstandard.at/1385169112838

364 sonnenseite.com, 15.10.2016: http://www.sonnenseite.com/de/energie/mehr-erneuerbare-energien-ausbauen-gerechte-kostenverteilung.html

365 zeit.de, 05.11.2016: http://www.zeit.de/2016/44/klimaschutz-energiewende-investoren-unternehmer

366 zeit.de, 23.03.2017: http://www.zeit.de/2017/11/erneuerbare-energien-deutschland-china-indien-investitionen

367 sonnenseite.com, 22.11.2016: http://www.sonnenseite.com/de/energie/erste-simulation-fuer-100-erneuerbare-elektrizitaetsversorgung-weltweit-vorgestellt.html

368 spiegel.de, 03.06.2015: http://spon.de/aeu26

369 spiegel.de, 03.06.2015: http://spon.de/aeu26

370 energiezukunft.eu, 22.11.2016: https://www.energiezukunft.eu/solar/photovoltaik/weltbank-verspricht-eine-billion-us-dollar-fuer-solarenergie-gn104191/

371 spiegel.de, 11.01.2012: http://spon.de/adyu3

372 zeit.de, 14.06.2015: http://www.zeit.de/wirtschaft/2015-06/klimaschutz-dekarbonisierung/komplettansicht

373 wiwo.de, 03.07.2014: http://www.wiwo.de/13549604.html

374 spiegel.de, 20.05.2015: http://spon.de/aeu8d

375 Handelsblatt, 27.08.2017: http://www.handelsblatt.com/technik/energie-umwelt/20243390.html

376 wiwo.de, 17.08.2016: http://www.wiwo.de/14024266.html

ÖKONOMIE

377 faz.net, 22.07.2013: http://www.faz.net/-gsf-7b5gd

378 brandeins.de, April 2010: https://www.brandeins.de/archiv/2010/familie/die-welt-in-zahlen/

379 spiegel.de, 13.02.2014: http://spon.de/ad97C

380 Frankfurter Rundschau, 15.04.2016: http://www.fr.de/364533

381 faz.net, 22.10.2015: http://www.faz.net/-gqi-89a2z

382 nzz.ch, 27.07.2014: https://www.nzz.ch/1.18351586

383 orf.at, 17.03.2017: http://science.orf.at/stories/2831424/

384 orf.at, 04.10.2016: http://orf.at/stories/2359832/2359799/

385 Frankfurter Rundschau, 11.10.2013: http://www.fr.de/670262

386 sueddeutsche.de, 01.02.2017: http://sz.de/1.3354062

387 sueddeutsche.de 05.12.2012: http://www.sz.de/1.1541950

388 diepresse.com, 21.02.2016: http://diepresse.com/home/techscience/mobil/4909166

389 zeit.de, 16.05.2013: http://www.zeit.de/wirtschaft/2013-05/interview-braungart

390 sueddeutsche.de, 31.01.2017: http://sz.de/1.2848839

391 spiegel.de, 19.12.2015: http://spon.de/aeDOA

392 energiezukunft.eu, 23.07.2012: https://www.energiezukunft.eu/bauen-wohnen/bauoekologie/nachhaltiges-bauen-haeuser-aus-altpapier-gn104089/

393 nzz.ch, 06.07.2016: https://www.nzz.ch/ld.104169

394 sueddeutsche.de, 16.10.2016: http://sz.de/1.3201880

395 welt.de, 01.07.2017: https://www.welt.de/finanzen/immobilien/article166146891

396 zeit.de, 28.04.2015: http://www.zeit.de/campus/2016/06/recycling-mode-wiederverwertung-trend

397 sonnenseite.com, 10.09.2016: http://www.sonnenseite.com/de/wissenschaft/forschungsprojekt-effiziente-wiederverwertung-von-lithium-ionen-batterien.html

398 TU Freiberg, 18.05.2016: http://tu-freiberg.de/presse/neue-verfahren-zur-lithiumgewinnung-aus-primaeren-und-sekundaeren-rohstoffen-patentiert

399 spiegel.de, 21.11.2016: http://spon.de/aeR9J

400 Eco News, 05.10.2016: http://www.eco-world.de/scripts/basics/econews/basics.prg?a_no=31988

401 orf.at, 21.07.2016: http://helpv2.orf.at/stories/1772128/index.html

402 Wirtschaftswoche, 01.04.2015: http://www.wiwo.de/13551570.html

403 zeit.de, 28.04.2015: http://www.zeit.de/campus/2016/06/recycling-mode-wiederverwertung-trend

404 Frankfurter Rundschau, 05.06.2016: http://www.fr.de/342341

405 nzz.ch, 23.01.2011: https://www.nzz.ch/1.9184982

406 orf.at, 15.09.2014, Radiokolleg: http://oe1.orf.at/programm/382230

407 orf.at, 13.08.2016: http://help.orf.at/stories/2791337/

408 orf.at, 08.10.2016: http://help.orf.at/stories/2801674

409 orf.at, 16.02.2017: http://orf.at/#/stories/2379579/

410 diepresse.com, 05.02.2010: http://diepresse.com/home/innenpolitik/537807

411 spektrum.de, 17.10.2016: http://www.spektrum.de/news/fabrik-soll-alkohol-aus-muell-produzieren/1426506

412 zeit.de, 16.05.2013: http://www.zeit.de/wirtschaft/2013-05/interview-braungart

413 spektrum.de, 17.10.2016: http://www.spektrum.de/news/fabrik-soll-alkohol-aus-muell-produzieren/1426506

414 zeit.de, 16.05.2013: http://www.zeit.de/wirtschaft/2013-05/interview-braungart

415 zeit.de, 11.06.2015: http://www.zeit.de/zeit-magazin/2015/21/repair-cafe-selbsthilfewerkstatt-deutschlandkarte

416 wikipedia.org, 05.08.2017: https://de.wikipedia.org/wiki/Repair-Caf%C3%A9

417 orf.at, 04.10.2016: http://orf.at/stories/2359832/2359799/

418 sonnenseite.com, 20.10.2016: http://www.sonnenseite.com/de/umwelt/schluss-mit-der-wegwerfgesellschaft-der-neue-trend-heisst-reparieren.html

419 sonnenseite.com, 28.07.2016: http://www.sonnenseite.com/de/wirtschaft/oeko-institut-entwirft-fahrplan-zur-rohstoffwende.html

420 sueddeutsche.de, 19.07.2017: http://sz.de/1.3588083

421 sueddeutsche.de, 19.07.2017: http://sz.de/1.3588083

422 spiegel.de, 26.07.2015: http://spon.de/aexxn

423 derstandard.at, 08.07.2013: http://derstandard.at/1371171993157

424 zeit.de, 06.10.2016: http://blog.zeit.de/teilchen/2016/10/06/kobalt-kongo-minen-smartphones/

425 sonnenseite.com, 08.12.2016: http://www.sonnenseite.com/de/energie/studie-umweltgewinn-von-solarmodulen-uebertrifft-umweltkosten-der-herstellung.html

426 Bio Strohhalme, 30.09.2017: https://www.bio-strohhalme.com/stroh/

427 Frankfurter Rundschau, 10.01.2017: http://www.fr.de/737607

428 orf.at, 23.09.2016: http://orf.at/stories/2358854/2358853/

429 orf.at, 20.12.2013: http://wien.orf.at/news/stories/2620693

430 spiegel.de, 06.10.2016: http://spon.de/aeQeL

431 nzz.ch, 17.12.2016: https://www.nzz.ch/ld.135268

FAIR TRADE

432 geo.de, 01.10.2017: http://www.geo.de/natur/oekologie/12124-bstr-kritischer-konsum-kann-einkaufen-die-welt-verbessern/121903-img-

433 ze.tt, 19.01.2017: http://ze.tt/wie-kann-ich-mode-konsumieren-ohne-andere-auszubeuten/

434 spiegel.de, 03.12.2012: http://spon.de/adODk

435 orf.at, 26.10.2016: http://noe.orf.at/news/stories/2805125/

436 faz.net, 14.07.2016: http://www.faz.net/-gqi-8jcs1

437 Frankfurter Rundschau, 11.05.2015: http://www.fr.de/469165

438 Frankfurter Rundschau, 10.05.2016: http://www.fr.de/349764

439 gute-nachrichten.com, 26.03.2013: http://www.gute-nachrichten.com.de/2013/03/erfolgsgeschichten/schott-land-ist-offizielle-fairtrade-nation/

440 orf.at, 15.10.2016: http://orf.at/stories/2361150/2360862/

441 derstandard.at, 08.10.2015: http://derstandard.at/2000023350424

442 zenodo.org, 28.10.2016: https://zenodo.org/record/163639

443 diepresse.com, 15.12.2015: http://diepresse.com/home/science/4888215

444 spiegel.de, 03.12.2012: http://spon.de/adODk

445 Frankfurter Rundschau, 28.06.2013: http://www.fr.de/689290

446 Eco News, 09.12.2016: http://www.eco-world.de/scripts/basics/econews/basics.prg?a_no=32265

447 ze.tt, 05.10.2016: http://ze.tt/wie-eine-berlinerin-mit-minimalismus-ihr-leben-verbesserte

MOBILITÄT

448 Tiroler Tageszeitung Online, 18.06.2014: tt.com v. 29. Juni 15; http://www.tt.com/wirtschaft/markt/10202230-91/weniger-autobesitz-trend-geht-zum-teilen.csp

449 diepresse.com, 30.12.2014: http://diepresse.com/home/wirtschaft/energie/4628597

450 zeit.de, 12.12.2016: http://www.zeit.de/mobilitaet/2016-12/general-motors-detroit-autoindustrie-usa-batterie-labor

451 huffingtonpost.de, 27.07.2017: http://www.huffingtonpost.de/2017/07/27/in-diesen-landern-sollen-bald-keine-autos-mit-diesel--und-benzinmotoren-mehr-fahren_n_17597616.html

452 sueddeutsche.de, 05.07.2016: http://sz.de/1.3064859

453 zeit.de, 14.06.2015: http://www.zeit.de/wirtschaft/2015-06/klimaschutz-dekarbonisierung/komplettansicht

454 zeit.de, 26.09.2016: http://www.zeit.de/mobilitaet/2016-09/verkehr-autos-carsharing-elektromobilitaet-agora-verkehrswende

455 manager-magazin.de, 10.08.2017: http://www.manager-magazin.de/unternehmen/autoindustrie/vorstellung-sono-motors-sion-solar-elektroauto-als-autobranchen-warnung-a-1160229.html

456 diepresse.com, 20.10.2015: http://diepresse.com/home/panorama/wien/5105478

457 sonnenseite.com, 3010.2016: http://www.sonnenseite.com/de/tipps/ohne-auto-leben.html

458 faz.net, 05.07.2017: http://www.faz.net/-gqi-8zh08?GEPC=s3

459 diepresse.com, 25.05.2015: http://diepresse.com/home/wirtschaft/international/4739121

460 sueddeutsche.de, 08.11.2015: http://sz.de/1.2714975

461 derstandard.at, 24.05.2016: http://derstandard.at/2000037578793

462 spiegel.de, 02.12.2015: http://spon.de/aeC9K

463 orf.at, 11.01.2017: http://orf.at/#/stories/2374535/

464 diepresse.com, 24.02.2017: http://diepresse.com/home/science/5174970

465 oekonews.at, 13.12.2016: http://www.oekonews.at/index.php?mdoc_id=1111352

466 faz.net, 08.11.2016: http://www.faz.net/-gya-8n3iu

467 sueddeutsche.de, 03.11.2016: http://sz.de/1.3231755

468 sueddeutsche.de, 28.09.2016: http://sz.de/1.3182633

469 faz.net, 24.05.2017: http://www.faz.net/-gqg-8y5a9

470 orf.at, 02.12.2016: http://orf.at/stories/2369291/2369290/

471 faz.net, 16.06.2017: http://www.faz.net/-gya-8ypz7

472 faz.net, 16.06.2017: http://www.faz.net/-gya-8ypz7

473 derstandard.at, 18.03.2015: http://derstandard.at/2000013081072

474 spiegel.de, 08.05.2014: http://spon.de/aedWH

475 oekonews.at, 05.02.2017: http://www.oekonews.at/?mdoc_id=1112347

476 spiegel.de, 06.09.2017: http://spon.de/ae3zP

477 sueddeutsche.de, 10.02.2017

478 bloomberg.com, 07.07.2017: https://www.bloomberg.com/news/articles/2017-07-06/the-electric-car-revolution-is-accelerating

479 spiegel.de, 23.07.2015: http://spon.de/aexSp

480 umweltbundesamt.de, 23.06.2016: http://www.umweltbundesamt.at/aktuell/presse/lastnews/news2016/news_160623/

481 orf.at, 12.05.2017: http://orf.at/stories/2391007/2391010

482 zeit.de, 03.01.2017: http://www.zeit.de/2016/43/der-leise-atem-der-zukunft-ulrich-grober

483 faz.net, 10.12.2016: http://www.faz.net/-gqi-8o86x

484 spiegel.de, 02.12.2015: http://spon.de/aeC9K

485 spiegel.de, 03.04.2017: http://spon.de/aeW8m

486 faz.net, 23.08.2016: http://www.faz.net/-gya-8klru

487 zeit.de, 06.02.2016: http://www.zeit.de/mobilitaet/2016-02/solarstrom-strasse-frankreich-photovoltaik

488 orf.at, 16.03.2017: http://science.orf.at/stories/2831055/

489 Frankfurter Rundschau, 06.11.2016: http://www.fr.de/299225

490 Mingels G, 2017, S. 60.

491 Frankfurter Rundschau, 21.06.2016: http://www.fr.de/334283

492 zeit.de, 10.04.2012: http://www.zeit.de/zeit-wissen/2012/03/Rio-20-Interview

493 zeit.de, 14.06.2015: http://www.zeit.de/wirtschaft/2015-06/klimaschutz-dekarbonisierung/komplettansicht

494 orf.at, 16.03.2017: http://science.orf.at/stories/2831055/

495 spiegel.de, 26.09.2016: http://spon.de/aePYb

496 orf.at, 18.01.2017: http://www.orf.at/#/stories/2375615/

497 orf.at, 20.03.2017: http://wien.orf.at/news/stories/2831950/

498 sonnenseite.com, 29.12.2016: http://www.sonnenseite.com/de/mobilitaet/erstmals-elektro-lkw-in-sueddeutschland-im-einsatz.html

499 orf.at, 17.07.2017: http://orf.at/#/stories/2399567/

500 umweltbundesamt.de, 17.06.2016: http://www.umweltbundesamt.de/presse/pressemitteilungen/treibhausgasneutraler-gueterverkehr-ist-noetig

501 nzz.ch, 07.07.2017: https://www.nzz.ch/ld.1304742

502 faz.net, 22.06.2016: http://www.faz.net/-gqe-8ijol

503 sueddeutsche.de, 09.02.2017: http://sz.de/1.3369119

504 spiegel.de, 14.09.2017: http://spon.de/ae3Wj

505 sueddeutsche.de, 09.03.2015: http://sz.de/1.2380670

506 zeit.de, 21.07.2016: http://www.zeit.de/2016/29/tokio-stadtplanung-sicherheit-sauberkeit-infrastruktur-konformitaet

507 orf.at, 23.03.2016: http://orf.at/#/stories/2330905/

508 derstandard.at, 18.03.2015: http://derstandard.at/2000013081072

509 spiegel.de, 02.12.2015: http://spon.de/aeC9K

510 orf.at, 23.08.2013: http://salzburg.orf.at/news/stories/2599508/

511 spiegel.de, 28.10.2015: http://spon.de/aeBFB

512 oekonews.at, 09.03.2016: http://www.oekonews.at/?mdoc_id=1105517

513 Der Spiegel, 30.09.2017, Nr.40, S 110

514 nzz.ch, 29.04.2015: https://www.nzz.ch/1.18531911

515 nzz.ch, 29.04.2015: https://www.nzz.ch/1.18531911

516 orf.at, 28.10.2016: http://orf.at/#/stories/2364155/

517 spiegel.de, 27.08.2014: http://spon.de/aejd0

518 Frankfurter Rundschau, 265.08.2016: http://www.fr.de/317446

519 nzz.ch, 16.12.2011: https://www.nzz.ch/1.13668906

520 orf.at, 22.12.2016: http://www.orf.at/#/stories/2372159/

521 Mingels G., 2017, S . 34.

522 presseportal.de, 02.05.2016: http://www.presseportal.de/pm/32053/3316681

523 derstandard.at, 18.03.2015: http://derstandard.at/2000013081072/

524 Mingels G., 2017, S . 34.

BIOSPHÄRE

525 swr.de, 16.05.2017: https://www.swr.de/swr2/programm/sendungen/wissen/wie-frankreich-den-aal-retten-will/-/id=660374/did=19347342/nid=660374/futz65/index.html

526 wiwo.de, 08.06.2012: http://www.wiwo.de/6721482.html

527 orf.at, 03.05.2016: http://science.orf.at/stories/2772062

528 Frankfurter Rundschau, 04.10.2016: http://www.fr.de/303254

529 nzz.ch, 25.05.2011: https://www.nzz.ch/1.10693163

530 spiegel.de, 02.10.2016: http://www.spiegel.de/wissenschaft/uebermorgen/borneo-vier-menschen-wollen-den-regenwald-retten-eine-multimedia-story-a-1112452.html

531 orf.at, 29.10.2016: http://orf.at/#/stories/2364301/

532 people4soil.eu, 08.12.2016: https://www.people4soil.eu/de

533 derstandard.at, 01.11.2016: http://derstandard.at/2000046488427

534 spektrum.de, 28.05.2015: http://www.spektrum.de/news/glueckliche-elefanten-in-uganda/1348605

535 faz.net, 27.01.2016: http://www.faz.net/-7nz9z-8ctmv?GEPC=s3

536 faz.net, 06.10.2016: http://www.faz.net/-gum-8zk3h

537 zeit.de, 02.10.2016: http://www.zeit.de/wissen/umwelt/2016-10/artenschutz-graupapagei-handelsverbot-cites-konferenz-johannesburg

538 spiegel.de, 18.06.2012: http://spon.de/adGnQ

539 orf.at, 18.09.2015: http://orf.at/#/stories/2299711/

540 faz.net, 30.12.2016: http://www.faz.net/-gqe-8ovtv

541 faz.net, 21.02.2016: http://www.faz.net/-i4a-8cno1

542 spektrum.de, 22.07.2015: http://www.spektrum.de/news/technikpaket-koennte-nashoerner-vor-wilderern-schuetzen/1357006

543 Mingels 2017, 7.

544 spektrum.de, 16.03.2017: http://www.spektrum.de/news/es-gibt-viel-mehr-pinguine-als-gedacht/1441720

545 derstandard.at, 21.12.2016: http://derstandard.at/2000049657178

546 spiegel.de, 15.09.2015: http://spon.de/aez7g

547 Frankfurter Rundschau, 01.12.2015: http://www.fr.de/413576

548 faz.net, 08.05.2015: http://www.faz.net/-gx4-82vrw

549 nzz.ch, 10.02.2015: https://www.nzz.ch/1.18479568

ATMOSPHÄRE

550 ThEGA-Forum – Energiewende im Wandel Weimar, 18.04.2016: http://www.thega.de/fileadmin/thega/pdf/thega-forum/2016/vortraege/plenum/rosenkranz.pdf

551 ThEGA-Forum – Energiewende im Wandel Weimar, 18.04.2016: http://www.thega.de/fileadmin/thega/pdf/thega-forum/2016/vortraege/plenum/rosenkranz.pdf

552 derstandard.at, 18.12.2015: http://derstandard.at/2000026473608

553 sonnenseite.com, 10.09.2016: http://www.sonnenseite.com/de/umwelt/wer-mehr-verdient-lebt-meist-umweltschaedlicher.html

554 sueddeutsche.de, 20.03.2017: http://sz.de/1.3427908

555 sueddeutsche.de, 09.05.2011: http://sz.de/1.1094800

556 orf.at, 04.05.2017: http://orf.at/#/stories/2389991/

557 derstandard.at, 02.05.2014: http://derstandard.at/1397522253623

558 faz.net, 10.06.2015: http://www.faz.net/-i5j-84bgn

559 wwf.de, 12.10.2016: http://www.wwf.de/2016/oktober/schlupfloecher-mit-zahlen-stopfen/

560 orf.at, 04.01.2017: http://orf.at/stories/2373580/2373581/

561 orf.at, 04.01.2017: http://orf.at/stories/2373580/2373581/

562 sueddeutsche.de, 19.10.2016: http://sz.de/1.3212229

563 spiegel.de, 29.11.2015: http://spon.de/aeC91

564 Frankfurter Rundschau, 29.09.2017: http://www.fr.de/wirtschaft/1360458

565 Frankfurter Rundschau, 26.09.2014: http://www.fr.de/548633

566 zeit.de, 03.11.2016: http://www.zeit.de/2016/44/klimaschutz-energiewende-investoren-unternehmer

567 Frankfurter Rundschau, 06.07.2016: http://www.fr.de/320892

568 zeit.de, 30.06.2016: http://www.zeit.de/2016/28/aethiopien-staudamm-erneuerbare-energien-industrie

569 ecowatch.com, 19.03.2016: https://www.ecowatch.com/this-country-isnt-just-carbon-neutral-its-carbon-negative-1882195367.html

570 derstandard.at, 01.07. 2015: http://derstandard.at/2000018349567

571 spiegel.de, 08.06.2007: http://spon.de/accXU

572 umweltbundesamt.de, 10.10.2016: https://www.umweltbundesamt.de/daten/klimawandel/europaeische-energie-klimaziele

573 zeit.de, 25.05.2017: http://www.zeit.de/mobilitaet/2017-05/elektroauto-norwegen-foerderung-elektromobilitaet

574 zeit.de, 14.06.2015: http://www.zeit.de/wirtschaft/2015-06/klimaschutz-dekarbonisierung

575 theguardian.com, 03.10.2017: https://www.theguardian.com/environment/2017/oct/03/catholic-church-to-make-record-divestment-from-fossil-fuels

576 orf.at, 24.03.2016: http://orf.at/#/stories/2330977/

577 zeit.de, 05.11.2016: http://www.zeit.de/2016/44/klimaschutz-energiewende-investoren-unternehmer

578 Eco News, 18.09.2016: http://www.eco-world.de/scripts/basics/econews/basics.prg?a_no=31911

579 spiegel.de, 18.11.2016: http://spon.de/aeR0k

580 derstandard.at, 15.11.2016: http://derstandard.at/2000047613463

581 zeit.de, 18.11.2016: http://www.zeit.de/wirtschaft/2016-11/klimagipfel-marrakesch-optimismus-trump

582 Frankfurter Rundschau, 30.11.2015: http://www.fr.de/413203

583 derstandard.at, 30.01.2017: http://derstandard.at/2000051810542

584 faz.net, 26.03.2017: http://www.faz.net/-i5j-8w2rg

585 diepresse.com, 28.11.2007: http://diepresse.com/home/panorama/klimawandel/346149

586 derstandard.at, 10.10.2015: http://derstandard.at/2000023517353

587 zeit.de, 03.07.2017: http://www.zeit.de/wissen/umwelt/2017-07/klimaschutz-g20-laender-brown-to-green-bericht-klimaziele

588 orf.at, 24.05.2017: http://orf.at/stories/2392650/2392651/

589 Frankfurter Rundschau, 23.09.2016: http://www.fr.de/306673

590 faz.net, 02.06.2015: http://www.faz.net/-gx6-8gvgu

591 faz.net, 30.11.2015: http://www.faz.net/-ia2-8as65

592 derstandard.at, 29.04.2012: http://derstandard.at/1334796244507

593 nzz.ch, 06.02.2014: https://www.nzz.ch/1.18236073

594 Frankfurter Rundschau, 16.11.2016: http://www.fr.de/292195

595 orf.at, 16.06.2014: http://science.orf.at/stories/1740657

596 Frankfurter Rundschau, 30.11.2015: http://www.fr.de/413203

597 zeit.de, 26.09.2015: http://www.welt.de/politik/ausland/article146885469

598 brandeins.de, April 2003: https://www.brandeins.de/archiv/2003/geld/die-welt-in-zahlen/

599 faz.net, 07.10.2015: http://www.faz.net/-gx8-88qka

600 nzz.ch, 17.10.2016: https://www.nzz.ch/ld.122054

601 spiegel.de, 15.10.2016: http://spon.de/aeQGr

602 spiegel.de, 10.01.2017: http://spon.de/aeTYA

603 diepresse.com, 02.11.2014: http://diepresse.com/home/wirtschaft/international/4584490

WASSER

604 orf.at, 16.12.2015: http://orf.at/#/stories/2314826/

605 orf.at, 11.10.2016: http://orf.at/#/stories/2361703/

606 ntv.de, 25.05.2016: http://www.n-tv.de/wirtschaft/Iglo-und-McDonald-s-schonen-Arktis-Fisch-article17776256.html

607 derstandard.at, 18.03.2013: http://derstandard.at/1363239406121

608 spiegel.de, 07.02.2014: http://spon.de/ad9P9

609 orf.at, 06.06.2016: http://orf.at/#/stories/2343212/

610 spiegel.de, 13.08.2016: http://www.spiegel.de/spiegel/print/d-146269184.html

611 orf.at, 13.06.2015: http://orf.at/stories/2283833/2283834/

612 Frankfurter Rundschau, 18.07.2017: http://www.fr.de/1315773

613 Mingels G, 2017, S . 90.

614 derstandard.at, 29.06.2017: http://derstandard.at/2000059970427

615 Frankfurter Rundschau, 23.08.2014: http://www.fr.de/555692

616 orf.at, 04.06.2016: http://orf.at/stories/2343077/2343080/

617 derstandard.at, 29.06.2017: http://derstandard.at/2000059970427

618 Mingels G, 2017, S . 90.

619 nzz.ch, 14.02.1015: https://www.nzz.ch/1.18482791

620 orf.at, 18.09.2015: http://orf.at/#/stories/2299711/

621 orf.at, 28.10.2016: http://orf.at/stories/2364114/

622 orf.at, 31.01.2017: http://orf.at/#/stories/2377476/

623 spiegel.de, 06.06.2017: http://spon.de/aeZyH

624 diepresse.com, 29.09.2015: http://diepresse.com/home/panorama/klimawandel/4831411

625 bmbf.de, 16.09.2016: https://www.bmbf.de/de/plastikpiraten-erobern-deutsche-fluesse-3332.html

626 sueddeutsche.de, 04.07.2017: http://sz.de/1.3571444

627 spiegel.de, 06.06.2017: http://spon.de/aeZyH

628 sueddeutsche.de, 26.08.2016: http://sz.de/1.3138412

629 helvetas.ch, 07.06.2017: https://www.helvetas.ch/de/was_wir_tun/wasser/schmutzwasser

630 orf.at, 05.08.2016: http://orf.at/stories/2352619/2352620/

631 diepresse.com, 11.07.2017: http://diepresse.com/home/wirtschaft/verbraucher/5250136/

632 faz.net, 12.10.2016: http://www.faz.net/-gqi-8marm

633 sueddeutsche.de, 28.07.2016: http://sz.de/1.3098302

634 zeit.de, 08.10.2015: http://www.zeit.de/2015/39/meerwasser-trinkwasser-israel-entsalzungsanlagen-teuer

635 orf.at, 17.11.2016: http://www.orf.at/#/stories/2367177/

636 wiwo.de, 07.02.2013: http://www.wiwo.de/13545258.html

637 faz.net, 03.05.2017: http://www.faz.net/-gx7-8wzeu

638 derstandard.at, 07.01.2015: http://derstandard.at/2000010069112

639 Eawag, 2016: http://www.eawag.ch/fileadmin/Domain1/News/2016/0428gap/gap_fs_d.pdf

640 Ingenieure ohne Grenzen, 02/2014: https://www.ingenieure-ohne-grenzen.org/de/projekte/tza-iog19

641 diepresse.com, 21.11.2008: http://diepresse.com/home/techscience/hightech/432641/

642 latina-press.com, 22.10.2014: http://latina-press.com/news/187661-brasilien-ingenieur-erfindet-maschine-die-wasser-aus-der-luft-filtert/

643 krone.at, 03.06.2013: http://www.krone.at/363864

644 welt.de, 16.07.2014: https://www.welt.de/wirtschaft/webwelt/article130214530

645 orf.at, 13.07.2016: http://science.orf.at/stories/2785475

646 diepresse.com, 21.03.2013: http://diepresse.com/home/panorama/welt/1379196

647 spektrum.de, 22.11.2016: http://www.spektrum.de/news/trinkwasser-aus-reiner-sonnenenergie/1430455

648 diepresse.com, 16.08.2014: http://diepresse.com/home/techscience/startups/3855483

649 welt.de, 26.09.2015: http://www.welt.de/politik/ausland/article146885469

650 Mingels G, 2017, S . 91.

651 sonnenseite.com, 2210.2016: http://www.sonnenseite.com/de/zukunft/eine-dusche-ohne-wasserverbrauch.html

652 orf.at, 02.08.2015: http://orf.at/stories/2309211/2291539/

653 helvetas.ch, 14.07.2017: https://www.helvetas.ch/de/was_wir_tun/wasser/trinkwasser/

654 derstandard.at, 24.11.2015: http://derstandard.at/2000026107891

655 helvetas.ch, 14.07.2017: https://www.helvetas.ch/de/was_wir_tun/wasser/trinkwasser/

656 Stieglitz, Pamperrien, 2016

657 diepresse.com, 17.08.2015: http://diepresse.com/home/panorama/welt/4801207

658 orf.at, 14.04.2017: http://science.orf.at/stories/2837101

659 helvetas.ch, 15.08.2017: https://www.helvetas.ch/de/was_wir_tun/wasser/trinkwasser/

660 Frankfurter Rundschau, 19.11.2016: http://www.fr.de/292739

661 sonnenseite.com, 0506.2016: http://www.sonnenseite.com/de/umwelt/wasserknappheit-trifft-vier-milliarden-menschen.html

662 derstandard.at, 27.06.2012: http://derstandard.at/1339639150829

663 diepresse.com, 03.10.2015: http://diepresse.com/home/wirtschaft/international/4835173

664 Frankfurter Rundschau, 22.02.2016: http://www.fr.de/377871

665 gute-nachrichten.com, 30.12.2013: http://www.gute-nachrichten.com.de/2013/12/erfolgsgeschichten/das-wasserrad-entlastet-frauen-in-armen-laendern

666 wiwo.de, 19.02.2016: http://www.wiwo.de/13553886.html

667 sonnenseite.com, 02.05.2016: http://www.sonnenseite.com/de/wissenschaft/winzige-mikroroboter-die-wasser-reinigen-koennen.html

668 wiwo.de, 08.06.2012: http://www.wiwo.de/6721482-2.html

669 faz.net, 10.08.2015: http://www.faz.net/-guw-86jcb

670 welt.de, 26.09.2015: http://www.welt.de/politik/ausland/article146885469/Die-17-UN-Ziele-fuer-eine-bessere-Welt-kurz-erklaert.html

671 helvetas.ch, 20.08.2017: https://www.helvetas.ch/de/was_wir_tun/wasser/trinkwasser

672 derstandard.at, 12.07.2012: http://derstandard.at/1341844889200

ABFALL

673 bento.de, 27.10.2016: http://www.bento.de/nachhaltigkeit/coffee-to-go-ist-bald-kein-muellproblem-mehr-954409

674 abfallwirtschaft.steiermark.at, 02.11.2017: http://www.abfallwirtschaft.steiermark.at/cms/ziel/67162184/DE/

675 derstandard.at, 24.07.2017: http://derstandard.at/2000061675600-364

676 derstandard.at, 28.01.2016: http://derstandard.at/2000029875603

677 faz.net, 09.12.2014: http://www.faz.net/-gwz-7xbyj

678 sonnenseite.com, 19.04.2016: http://www.sonnenseite.com/de/umwelt/deutlich-weniger-quecksilber-und-blei-mehr-weichmacher.html

679 derstandard.at, 01.03.2017: http://derstandard.at/2000053400463

680 Frankfurter Rundschau, 17.03.2016: http://www.fr.de/370111

681 gute-nachrichten.com, 06.12.2013: http://www.gute-nachrichten.com.de/2013/12/erfolgsgeschichten/funky-junk-recycelte-plastiktueten-werden-zu-bunten-accessoires

682 brandeins.de, April 2005: https://www.brandeins.de/archiv/2005/lernen/die-welt-in-zahlen/

683 brandeins.de, April 2012: https://www.brandeins.de/archiv/2012/nichtstun/die-welt-in-zahlen

684 orf.at, 17.01.2017: http://orf.at/#/stories/2375359/

685 greenpeace.de, Jänner 2017: http://www.greenpeace.de/sites/www.greenpeace.de/files/publications/20170105_greenpeace_umfrage_plastik_kosmetik.pdf

686 zeit.de, 23.10.2016: http://www.zeit.de/campus/2016/06/recycling-mode-wiederverwertung-trend

687 derstandard.at, 01.12.2016: http://derstandard.at/2000048542128

688 diepresse.com, 27.09.2016: http://diepresse.com/home/leben/mode/5090947

689 gute-nachrichten.com, 07.03.2013: http://www.gute-nachrichten.com.de/2013/03/erfolgsgeschichten/musik-aus-muell-instrumenten-begeistert-menschen-aus-aller-welt

690 diepresse.com, 04.11.2016: http://diepresse.com/home/sport/fussball/international/5112892

691 faz.net, 05.04.2015: http://www.faz.net/-gx6-80htc

692 derstandard.at, 02.11.2016: http://derstandard.at/2000046733860

693 sueddeutsche.de, 19.09.2016: http://sz.de/1.3169895

694 handelsblatt.de, 25.09.2014: http://www.handelsblatt.com/10707052.html

695 ze.tt, 25.02.2016: http://ze.tt/wie-asien-gegen-die-verschmutzung-der-weltmeere-vorgeht

696 sueddeutsche.de, 11.05.2015: http://sz.de/1.2468972

697 umweltbundesamt.de, April 2013: http://www.umweltbundesamt.de/presse/pressemitteilungen/treibhausgasneutraler-gueterverkehr-ist-noetig

698 ze.tt, 25.02.2016: http://ze.tt/wie-asien-gegen-die-verschmutzung-der-weltmeere-vorgeht

699 sueddeutsche.de, 16.06.2017: http://sz.de/1.3548640

700 faz.net, 20.09.2016: http://www.faz.net/-gqi-8ll4c

701 spektrum.de, 23.11.2016: http://www.spektrum.de/news/zwangsabgabe-auf-plastiktueten-wirkt/1430485

702 orf.at, 28.04.2015: http://orf.at/#/stories/2275610/

703 sueddeutsche.de, 19.09.2016: http://sz.de/1.3169895

704 ze.tt, 25.02.2016: http://ze.tt/wie-asien-gegen-die-verschmutzung-der-weltmeere-vorgeht

705 diepresse.com, 30.09.2014: http://diepresse.com/home/panorama/klimawandel/3878646

706 diepresse.com, 02.03.2017: http://diepresse.com/home/panorama/oesterreich/5177560

707 sueddeutsche.de, 23.10.2015: http://sz.de/1.2704978

708 brandeins.de, April 2010: https://www.brandeins.de/archiv/2010/irrationalitaet/die-welt-in-zahlen/

709 Tu was! 77 Tipps für eine bessere Welt, Hamburg 2011 (Greenpeace), S. 68.

710 faz.net, 21.12.2016: http://www.faz.net/-gqg-8omvo

711 spektrum.de, 01.10.2015: http://www.spektrum.de/news/mehlwuermer-verdauen-styropor/1368822

712 spiegel.de, 17.09.2014: http://spon.de/aekaq

713 Frankfurter Rundschau, 31.10.2016: http://www.fr.de/297640

714 diepresse.com, 21.12.2013: http://diepresse.com/home/leben/mode/1510349/

715 Frankfurter Rundschau, 21.06.2017: http://www.fr.de/1299280

WALD

716 n-tv.de, 15.05.2017: http://www.n-tv.de/reise/Costa-Ricas-Natur-ist-Exotik-pur-article19841463.html

717 derstandard.at, 07.12.2015: http://derstandard.at/2000027074467

718 orf.at, 17.05.2015: http://www.orf.at/#/stories/2278996/

719 galileo.tv, 08.09.2017: http://at.galileo.tv/earth-nature/ueber-800-000-inder-pflanzten-50-millionen-baeume-an-nur-einem-tag/

720 diepresse.com, 08.12.2014: http://diepresse.com/home/panorama/klimawandel/4614334

721 spiegel.de, 07.04.2014: http://spon.de/aecsh

722 diepresse.com, 28.11.2007: http://diepresse.com/home/panorama/klimawandel/346149

723 sonnenseite.com, 25.04.2016: http://www.sonnenseite.com/de/umwelt/baeume-pflanzen-gegen-klimakrise-und-armut.html

724 theguardian.com, 13.01.2017: https://www.theguardian.com/lifeandstyle/gardening-blog/2017/jan/13/seeds-little-time-capsules-that-could-secure-our-future

725 orf.at, 31.03.2015: http://science.orf.at/stories/1756198/

726 spiegel.de, 05.10.2017: http://www.spiegel.de/wissenschaft/uebermorgen/borneo-vier-menschen-wollen-den-regenwald-retten-eine-multimedia-story-a-1112452.html

727 orf.at, 06.06.2014: http://science.orf.at/stories/1740149

728 Frankfurter Rundschau, 01.08.2017: http://www.fr.de/1323238

729 derstandard.at, 12.01.2017: http://derstandard.at/2000050574003

730 sueddeutsche.de, 17.02.2016: http://sz.de/1.2865747

731 faz.net, 09.11.2015: http://www.faz.net/-gx8-89pqz

732 derstandard.at, 07.11.2016: http://derstandard.at/2000046799897

733 orf.at, 22.07.2016: http://science.orf.at/stories/2787178

734 sueddeutsche.de, 11.10.2016: http://sz.de/1.3199966

735 sonnenseite.com, 18.12.2016: http://www.sonnenseite.com/de/umwelt/saeurebelastung-der-waelder-hat-sich-deutlich-verringert.html

736 suedkurier.de, 10.12.2013: https://www.suedkurier.de/art409965,6527334

737 spiegel.de, 02.10.2016: http://www.spiegel.de/wissenschaft/uebermorgen/borneo-vier-menschen-wollen-den-regenwald-retten-eine-multimedia-story-a-1112452.html

738 spiegel.de, 02.02.2016: http://spon.de/aeFSq

739 welt.de, 26.09.2015: http://www.welt.de/politik/ausland/article146885469

740 zeit.de, 12.08.2015: http://www.zeit.de/wirtschaft/2015-08/stadtentwicklung-stadtplanung-asien-nachhaltige-entwicklung

741 derstandard.at, 26.04.2016: http://derstandard.at/2000035345183

742 spiegel.de, 02.10.2016: http://www.spiegel.de/wissenschaft/uebermorgen/borneo-vier-menschen-wollen-den-regenwald-retten-eine-multimedia-story-a-1112452.html

743 spiegel.de, 12.05.2017: http://spon.de/aeYFF

744 sonnenseite.com, 09.05.2016: http://www.sonnenseite.com/de/wissenschaft/flaechenbraende-je-mehr-mensch-desto-weniger-feuer.html

745 spiegel.de, 02.10.2016: http://www.spiegel.de/wissenschaft/uebermorgen/borneo-vier-menschen-wollen-den-regenwald-retten-eine-multimedia-story-a-1112452.html

DEMOKRATIE

746 spiegel.de, 04.01.2015: http://spon.de/aeoUu

747 zeit.de, 04.01.2017: http://www.zeit.de/wissen/geschichte/2016-12/ns-zeit-adolf-hitler-atombombe-entwicklung-werner-heisenberg-kernphysik/komplettansicht

748 Mingels G, 2017, S. 82.

749 faz.net, 11.05.2017: http://www.faz.net/-gv6-8xp5m

750 sonnenseite.com,09.07.2016: http://www.sonnenseite.com/de/tipps/oekoroutine.-damit-wir-tun-was-wir-fuer-richtig-halten.html

751 fossilfreeberlin.org, 06.10.2017: https://fossilfreeberlin.org/was-ist-divestment/

752 Universität Wien, 01.09.2017: http://www.unis.unvienna.org/pdf/2015/MDG_2015_PR_Key_Facts_Global_de.pdf

753 Frankfurter Rundschau, 22.01.2017: http://www.fr.de/741293

754 orf.at, 10.12.2016: http://www.orf.at/#/stories/2370435/

755 sonnenseite.com, 11.01.2017: http://www.sonnenseite.com/de/zukunft/ein-parlament-fuer-die-welt.html

756 sueddeutsche.de, 15.12.2016: http://sz-magazin.sueddeutsche.de/texte/anzeigen/45368/Ein-schwarzer-Pianist-entmachtet-den-Ku-Klux-Klan

757 Frankfurter Rundschau, 26.01.2017: http://www.fr.de/742279

758 Bundeszentrale für politische Bildung, 01.10.2017: http://www.bpb.de/nachschlagen/zahlen-und-fakten/globalisierung/52838/demokratie

759 sueddeutsche.de, 02.07.2016: http://sz.de/1.3056316

760 sueddeutsche.de, 17.01.2017: http://sz.de/1.3334128

761 derstandard.at, 18.12.2016: http://derstandard.at/2000049504771

762 Frankfurter Rundschau, 20.03.2016: http://www.fr.de/371235

763 diepresse.com, 16.02.2017: http://diepresse.com/home/ausland/aussenpolitik/5170935

KATASTROPHEN

764 brandeins.de, April 2005: https://www.brandeins.de/archiv/2005/marke/die-welt-in-zahlen/

765 spiegel.de, 30.04.2015: http://spon.de/aeulJ

766 gute-nachrichten.com, 09.04.2015: http://www.gute-nachrichten.com.de/2015/04/erfolgsgeschichten/erdbebensichere-recyclinghaeuser/

767 orf.at, 11.07.2017: http://orf.at/#/stories/2398792/

768 faz.net, 11.05.2017: http://www.faz.net/-gv6-8xp5m

769 brandeins.de, April 2005: https://www.brandeins.de/archiv/2005/marke/die-welt-in-zahlen/

GEWALT

770 derstandard.at, 21.07.2015: http://derstandard.at/2000019515899

771 Frankfurter Rundschau, 21.10.2016: http://www.fr.de/294994

772 orf.at, 04.08.2017: http://orf.at/#/stories/2401868/

773 sueddeutsche.de, 28.05.2016: http://sz.de/1.3009701

774 orf.at, 03.07.2017: http://orf.at/#/stories/2397753

775 Frankfurter Rundschau, 10.07.2017: http://www.fr.de/1310631

776 Weltwoche, Nr.47/2014: http://www.weltwoche.ch/ausgaben/2014_47/artikel/immer-friedlicher-die-weltwoche-ausgabe-472014.html

777 sueddeutsche.de, 23.12.2016: http://sz.de/1.3305531

778 spiegel.de, 09.10.2013: http://spon.de/ad3e6

779 spiegel.de, 06.08.2017: http://spon.de/abHVJ

780 ort.at, 06.06.2016: http://oe1.orf.at/artikel/437417

781 faz.net, 01.06.2017: http://www.faz.net/-hbi-8yejy

782 brandeins.de, April 2011: https://www.brandeins.de/archiv/2011/transparenz/die-welt-in-zahlen/

783 orf.at, 28.09.2016: http://science.orf.at/stories/2799807/

784 sonnenseite.com, 17.10.2016: http://www.sonnenseite.com/de/politik/gorbatschow-fordert-verbot-des-krieges.html

785 derstandard.at, 24.01.2016: http://derstandard.at/2000029661906/

786 nzz.ch, 21.12.2016: https://www.nzz.ch/ld.136050

787 Mingels G., 2017, S . 24.

788 orf.at, 01.04.2015: http://orf.at/#/stories/2271424/

789 derstandard.at, 20.08.2015: http://derstandard.at/2000021038755

790 orf.at, 25.10.2016: http://orf.at/#/stories/2363745/

791 sueddeutsche.de, 08.01.2017: http://sz.de/1.3320288

792 Frankfurter Rundschau, 10.01.2017: http://www.fr.de/737756

793 diepresse.com, 22.12.2016: http://diepresse.com/home/politik/aussenpolitik/5137647

794 Weltwoche, Nr.47/2014: http://www.weltwoche.ch/ausgaben/2014_47/artikel/immer-friedlicher-die-weltwoche-ausgabe-472014.html

795 derstandard.at, 07.04.2008: http://derstandard.at/3290333

796 spiegel.de, 07.04.2014: http://spon.de/aecsh

797 orf.at, 13.01.2017: http://orf.at/#/stories/2374928/

798 Mut Magazin für Lösungen, 01/2016, S 49: http://media.voog.com/0000/0035/5604/files/%20%20MUT_Magazin_050816_totalfinal.compressed.pdf

799 orf.at, 10.12.2014: http://orf.at/#/stories/2257101/

800 news.de, 06.09.2011: http://www.news.de/panorama/855219366/daran-stirbt-die-menschheit-tag-fuer-tag/1/

801 brandeins.de, April 2014: https://www.brandeins.de/archiv/2014/alternativen/die-welt-in-zahlen/

802 Mingels G., 2017, S . 26.

803 Mingels G, 2017, S. 46.

804 Mingels G, 2017, S. 46.

805 Weltwoche, Nr.47/2014: http://www.weltwoche.ch/ausgaben/2014_47/artikel/immer-friedlicher-die-weltwoche-ausgabe-472014.html

806 faz.net, 02.12.2016: http://www.faz.net/-gxh-8nwos

807 Mingels G, 2017, S. 64.

808 orf.at, 19.07.2017: http://www.orf.at/#/stories/2399947/

809 Errechnet aus dem Coverblatt von Mingels G, 2017

810 Orf.at, 08.05.2015: http://www.orf.at/#/stories/2277781/

811 brandeins.de, April 2013: https://www.brandeins.de/archiv/2013/verhandeln/die-welt-in-zahlen/

812 brandeins.de, April 2002: https://www.brandeins.de/archiv/2002/zusammenarbeit/europa-in-zahlen/

813 Mingels G., 2017, S . 24.

814 orf.at, 05.12.2016: http://orf.at/#/stories/2369719/

815 Mingels G., 2017, S . 26

816 orf.at, 13.04.2017: http://orf.at/#/stories/2387248/

LITERATURVERZEICHNIS

Wichtiger Hinweis: Die hier zusammengestellte Literaturliste umfasst nur die in den Kurztexten jedes Kapitels verwendete Literatur ohne Periodika (vor allem Zeitungen). Sie erfasst nicht die in den Fußnoten der jeweiligen Kapitel „Hoffnungstropfen" verwendeten Periodika. Eine Auflistung dieser Einzelbeiträge hätte das Literaturverzeichnis sinnlos aufgebläht, zudem ist ein Rückgriff auf die darin verwendeten Informationen ohnedies durch die Fußnoten möglich. Die regelmäßig verwendeten Periodika für das vorliegende Buch waren: Brandeins, Eco news, Frankfurter Rundschau, Frankfurter Allgemeine Zeitung (FAZ), Gute Nachrichten, Neue Zürcher Zeitung (NZZ), Österreichischer Rundfunk (ORF), Die Presse, Sonnenseite, Spectrum.de, Der Spiegel, Der Standard, Süddeutsche Zeitung, Tiroler Tageszeitung, Die ZEIT (Hamburg), Die Welt und wikipedia. Da ein Großteil der Beiträge online zitiert wird, ist es für die Leserin oder den Leser, welche die eine oder andere Information noch genauer nachlesen möchte, relativ einfach, die jeweilige Quelle zu suchen und zu finden.

Braungard Michael, McDonough William, Einfach und intelligent produzieren. Cradle to cradle. Die Natur zeigt, wie wir die Dinge besser machen können, Dt. erstmals Berlin 2003, 7. Aufl. 2012.

Brüntrup Michael, Welthunger und Welternährung, in: Aus Politik und Zeitgeschichte 2015; http://www.bpb.de/apuz/216225/welthunger-und-welternaehrung?p=all

Eisenriegler Sepp, Konsumtrottel. Wie uns die Elektro-Multis abzocken und wie wir uns wehren, Wien 2016.

Emmott Stephen, ZEHN Milliarden, Berlin 2013.

Fell Hans-Josef, Globale Abkühlung: Strategien gegen die Klimaschutzblockade ökologisch, wirtschaftlich, erfolgreich, Berlin 2013.

Ferguson Niall, Der Aufstieg des Geldes. Die Währung der Geschichte. Berlin 2009.

Global Trends 2030. Alternativ Worlds. A publication of the National Intelligence Council, December 2012; https://globaltrends2030.files.wordpress.com/2012/11/global-trends-2030-november2012.pdf

Grober Ulrich, Der leise Atem der Zukunft - Vom Aufstieg nachhaltiger Werte in Zeiten der Krise, München 2016.

Haller Willi, Neher Hermann, Arbeiten wir zeitgemäß? Flexible Arbeitszeit als unternehmerische Chance, Wiesbaden 1986.

Hänggi Marcel, Fortschrittsgeschichten. Für einen guten Umgang mit Technik, Frankfurt 2015.

Klingholz Reiner, Sklaven des Wachstums. Die Geschichte einer Befreiung, Frankfurt 2014.

Klingholz Reiner, Lutz Wolfgang, Wer überlebt? Bildung entscheidet über die Zukunft der Menschheit, Frankfurt 2016.

Knierim Bernhard, Ohne Auto leben - Handbuch für den Verkehrsalltag, Wien 2016.

Kopatz Michael, Ökoroutine - Damit wir tun, was wir für richtig halten, München 2016.

Lammar Ron, Das ist unsere Welt. Der Mensch im 21. Jahrhundert, BoD Norderstedt 2013.

Mingels Guido, Früher war alles schlechter. Warum es uns trotz Kriegen, Krankheiten und Katastrophen immer besser geht, München 2017.

Maddison Angus, The World Economy, Paris 2001.

Müller Henrik, Die sieben Knappheiten: Wie sie unsere Zukunft bedrohen und was wir ihnen entgegensetzen können, Frankfurt 2008.

Nussbaumer Josef, Winkler Helmut, Wird die Natur gewalttätiger? Die Bilanz der letzten hundert Jahre. Empirische Implikationen zur Naturkatastrophenforschung, in: VSWG (Bd 84) 1997, S. 544-562.

Nussbaumer Josef, Die Gewalt der Natur. Eine Chronik der Naturkatastrophen von 1500 bis heute, Grünbach ²1998.

Nussbaumer Josef, Wörter Martin, Industriekatastrophen: Risiken industrieller Entwicklung – eine empirische Untersuchung. Unveröffentlichter Diskussionsbeitrag d. Inst. f. Wirtschafts- und Sozialgeschichte der Universität Innsbruck, Innsbruck 1998.

Nussbaumer Josef, Tragödien. Eine Chronik der Katastrophen in Industrie, Verkehr und Zivilleben, Grünbach 1999 (Teil I: Textteile, Teil II: Chroniken).

Nussbaumer Josef, Rüthemann Guido, Gewalt.Macht.Hunger. Schwere Hungerkatastrophen seit 1845, Innsbruck 2003.

Nussbaumer Josef, Exenberger Andreas, Neuner Stefan, Unser kleines Dorf. Eine Welt mit 100 Menschen, Kufstein 2009 (div. Auflagen).

Nussbaumer Josef, Neuner Stefan, Kleiner Kreuzwege des Hungers, in: Steiner Johannes (Hrsg.), Grenzen des Hungers. Ernährungssicherung in Zeiten des globalen Wandels, Wien 2014, 15-46.

Nussbaumer Josef, Exenberger Andreas, Neuner Stefan, Leidenswege der Ökonomie, Innsbruck 2015.

Österreichische Industriegeschichte 1848-1955. Die verpasste Chance, Hrsg. v. der Österreichischen Industriegeschichte GmbH, Linz (Autoren: Jetschgo Johannes, Lacina Ferdinand, Pammer Michael, Sandgruber Roman), Wien 2004.

Pies Ingo, Chancengerechtigkeit durch Ernährungssicherung – Zur Solidaritätsfunktion der Marktwirtschaft bei der Bekämpfung des weltweiten Hungers, Halle-Wittenberg 2013, Onlineversion, abrufbar unter: http://ethik.wiwi.uni-halle.de/forschung/news199883/

Pinker Steven, Gewalt: eine neue Geschichte der Menschheit, Frankfurt am Main 2011.

Rosenkranz Gerd, Megatrends der globalen Energiewende (ThEGA- Forum-Energiewende im Wandel, Weimar, 18. April 2016), vgl. http://www.thega.de/fileadmin/thega/pdf/thega-forum/2016/vortraege/plenum/rosenkranz.pdf

Scheidler Fabian, Das Ende der MEGA Maschine, Wien 2015.

Schmidl Johannes, Energie und Utopie, Wien 2014.

Schmidt-Bleek Friedrich, Grüne Lügen: Nichts für die Umwelt, alles fürs Geschäft - wie Politik und Wirtschaft die Welt zugrunde richten, München 2014.

Schmidt-Bleek Friedrich, Die 10 Gebote der Ökologie, München 2016.

Schor Juliet B., Wahrer Wohlstand - Mit weniger Arbeit besser leben, München 2016.

Strawe Christoph: Arbeitszeit, Sozialzeit, Freizeit. Ein Beitrag zur Überwindung der Arbeitslosigkeit, Berlin 1994.

van Zanden J.L., Baten J., Földvari P., van Leeuwen B.,The Changing Shape of Global Inequality 1820–2000: Exploring a New Dataset, Review of Income 60, New Jersey 2014, S. 279-297.

van Zanden J. L. et al., How Was Life?: Global Well-being since 1820, Paris, OECD Publishing 2014, doi: 10.1787/9789264214262-en .

Weiss Rick, Der Kampf gegen die Seuchen, in: National Geographic Deutschland, Februar 2002, 40-73.

Weltbericht „Bildung für alle" 2015, Kurzfassung, Bonn 2015, vgl. http://www.unesco.de/fileadmin/medien/Dokumente/Bildung/2015_GMR_deutsche_Kurzfassung_Bildung_f%C3%BCr_alle_2000-2015_Bilanz.pdf

Werner Götz W., Weik Matthias, Friedrich Marc, Sonst knalt´s! Warum wir Wirtschaft und Politik radikal neu denken müssen, Köln 2017.

WHO, Global Health Estimates, http://www.who.int/healthinfo/global_burden_disease/estimates/en/index1.html bzw. http://www.who.int/entity/healthinfo/global_burden_disease/GHE2015_Deaths_Global_2000_2015.xls?ua=1

Windsperger Ulrike, Handbuch Permakultur – Klug planen und nachhaltig gärtnern; eine praktische Anleitung zur Selbstversorgung.Stuttgart 2016.

World Peace Foundation (2015), online unter: http://fletcher.tufts.edu/World-Peace-Foundation/Program/Research;

WWF Deutschland und LichtBlick SE (Hrsg.), Red. Rosenkranz Gerd, Megatrend der globalen Energiewende, online: http://www.energiewendebeschleunigen.de/fileadmin/fm-wwf/lichtblick/Megatrends-der-globalen-Energiewende.pdf

Zahlen zur Energiewende: Vgl. http://www.energiewendebeschleunigen.de/zahlen/

Zervas Georgios, Spiegel Peter, Die 1-Dollar Revolution. Globaler Mindestlohn gegen Ausbeutung und Armut, München 2016.

DANKE

Für die Produktion eines Buches bedarf es eines wohlwohlenden Umfelds und vieler helfender Personen. Sie alle hier zu nennen würde zu einer unübersichtlichen Auflistung führen. Besonders bedanken möchten wir uns stellvertretend bei:

Andreas, Christine, Daniel, Edelgund, Gisela, Marina, Maria, Matthias, Natascha, Nina, Paul, Reinhard, Sabine